Sind die Kirchen noch zukunftsfähig?

Bestandsaufnahme und Herausforderung
Ein journalistischer Diskussionsbeitrag

Mit Dank an **Hans Jürgen Schultz,**
der 1958 mit der SDR-Sendereihe
"Kritik an der Kirche" den Grundstein gelegt hat
für eine journalistische, unabhängige und sachkundige
Beschäftigung mit dem Selbstverständnis
und dem Auftrag von Kirche in der heutigen Welt.

Überarbeitete und aktualisierte **Neuauflage** und erste **Reaktionen**
Herstellung und Verlag:
BoD-Books on Demand, Norderstedt
ISBN: 978-3-7347-4314-6

„Kirche soll Licht der Welt sein, nicht ihr Rücklicht"
Hans Jürgen Schultz in einem Vortrag
auf dem Deutschen Evangelischen Kirchentag in Dortmund 1963

Zum Inhalt:

    Vorbemerkung   3

  I. Defizite in der gegenwärtigen Situation   5
      oder: **Wie ein Hamster im Rad**

 II. Die Ökumene und die „Weltverantwortung"   10
      oder: **Wir waren schon mal weiter**

III. Wunsch und Wirklichkeit   27
      oder: **Die Grenzen der ökumenischen Idee**

IV. Rückzug in die Perspektivlosigkeit   36
      oder: **Die Macht der Gewohnheit**

  V. Umdenken und Erneuerung: Fehlanzeige   55
      oder: **'Viel Geschrei und wenig Wolle'**

VI. Herausforderung im 21. Jahrhundert   65
      oder: **'Hoffnung wider alle Hoffnung' ?**

VII. Nach(t)gedanken   81
      oder: **Der Traum vom Bündnis der Religionen**

    DOKUMENTATIONEN
      1. Kommentare und Berichte   89
      2. Zitate   154
      3. Literaturhinweise   177
      4. Namens- und *Stichwort*register   181

    Nachwort zur Neuauflage   185
    Reaktionen   186

Vorbemerkung

Die folgenden Überlegungen stützen sich auf mehr als fünf Jahrzehnte journalistischer Begleitung kirchlicher Vorgänge und Entwicklungen; vorwiegend in Deutschland und in der Ökumene. Angestoßen und immer neu bestimmt von der Frage, warum es den Kirchen offensichtlich so wenig gelingt, ihre überaus wichtige Botschaft verständlicher und überzeugender zu vertreten und zu verbreiten. Warum verliert der christliche Glaube im ursprünglich „christlichen Abendland" mit wachsender Geschwindigkeit an Bedeutung, trotz aller Anstrengungen und vielfältiger Rettungsversuche derer, die ihn von Amts wegen verwalten und verkündigen?

Es geht dabei nicht um grundlegend neue Erkenntnisse. Kirchen- und theologiekritische Untersuchungen und Forderungen behandeln seit langem alle erdenklichen Aspekte dieser Thematik. Die unterschiedlichen Strömungen, Blickwinkel und die dazugehörigen Auseinandersetzungen füllen inzwischen Bibliotheken und werden von Jahr zu Jahr offener diskutiert. Allerdings werden sie von den etablierten Kirchen und ihrer Theologie kaum beachtet und nach Möglichkeit verdrängt. Die überkommenen Traditionen und Strukturen verhindern trotz anderslautender Erklärungen immer wieder notwendige Öffnungen und neue Schritte. Selbst die intensiven Versuche des Ökumenischen Rates der Kirchen, die 'Gaben *und* Aufgaben' des Glaubens neu zu interpretieren, sind am Beharrungsvermögen der Institutionen weitgehend gescheitert.

Die hier vorgelegten Beobachtungen und Erfahrungen sollen symptomatische kirchliche Vorgänge seit der Mitte des vorigen Jahrhunderts in Erinnerung bringen und notwendige Schlussfolgerungen anmahnen. Dabei argumentiere ich als Journalist, gemäß meiner ursprünglichen kritischen Fragestellung. Mit dem "Mut zur Lücke", und wo nötig auch über die eine oder andere 'rote Linie' hinaus. Bei selbstverständlichen theologischen Aussagen habe ich auf die übliche Herleitung aus der Fülle zweitausendjähriger exegetischer Erkenntnisse und kirchengeschichtlicher Vorgaben verzichtet. In der Überzeugung, dass die Kernaussagen des jüdischen Propheten aus Nazareth auch heute noch plausibel genug sind, um für sich selber zu sprechen. Und in der Hoffnung, durch die Beschreibung wichtiger Grundlinien und Beispiele entscheidende Probleme und die Dringlichkeit anstehender Aufgaben deutlicher sichtbar zu machen, als das in systematischen Untersuchungen meist der Fall ist. -

Die ausführlichen Rückblenden und die Dokumentationen sollen helfen, wichtige kirchliche Entwicklungslinien und prägende Persönlichkeiten der vergangenen sechs Jahrzehnte vor dem drohenden Vergessen zu bewahren, ihre Einordnung zu erleichtern und ihre Bedeutung für die heute notwendigen Entscheidungen zu verdeutlichen. 'Wer will denn die alten Geschichten heute noch lesen', haben wohlmeinende und sachkundige Freunde mich gefragt? Obwohl ich die Frage gut verstehe, halte ich an dieser 'aussschweifenden' Rückschau fest. Sie soll nicht nur helfen, aus immer wiederkehrendem Fehlverhalten zu lernen, sondern auch zeigen, wieviel Erneuerung schon seit langem in der Luft liegt. Vor allem anderen aber soll der kritische Rückblick dazu ermutigen, die immer zahlreicher und grundsätzlicher werdenden Diskussionen um die Zukunft der Kirchen zu unterstützen und manches, was so oft schon gründlich bedacht und auch gefordert worden ist, weiterzudenken und weiter zu entwickeln in die Welt und Wirklichkeit von heute. Meine gelegentlichen theologischen und kirchenpolitischen 'Grenzüberschreitungen' mögen hier und da als Provokation erscheinen, vielleicht auch als Anmaßung. Und sicher kommt manches derzeit noch einer Utopie näher als einem erreichbaren Ziel. Aber ohne den Mut und die Bereitschaft, über das bisher Erlaubte und Vorstellbare hinaus zu denken und neue Schwerpunkte zu setzen, - ohne Umkehr und Neuanfang - , kann ich mir eine 'nachhaltige' Zukunft der christlichen Kirchen - und der großen Religionen überhaupt - nicht mehr vorstellen.

August 2014   Hans-Joachim Girock

I. Defizite in der gegenwärtigen Situation
oder: Wie ein Hamster im Rad

„Kirche der Freiheit" heißt ein umfangreiches „Impulspapier" der Evangelischen Kirche in Deutschland von 2006, das „Perspektiven für die Evangelische Kirche im 21. Jahrhundert" aufzeigen soll. Ein Autorenteam hat im Auftrag des Rates versucht, das Selbstverständnis der EKD zu definieren und einen Aufgabenkatalog für die nächsten Jahre zu erstellen. Die ‚Kernaufgaben' der Kirche werden nicht nur aufgelistet und beschrieben, sondern auch mit qualitativen und quantitativen Verbesserungswünschen versehen. Außerdem werden strukturelle Vereinfachungen angemahnt, vor allem mit Blick auf die Vielzahl der kleineren und größeren Landeskirchen. Zwölf sogenannte „Leuchtfeuer" beschreiben am Ende die erhoffte Kirche von morgen.

Inhalt und Innovationskraft dieses ausführlichen Grundlagenpapiers bleiben jedoch hinter seinen vollmundigen Ansprüchen weit zurück. Wer erwartet hatte, die seit langem rückläufigen Mitglieder- und Beteiligungszahlen sowie die schwindende Anziehungskraft und nachlassende öffentliche Bedeutung der verfassten Kirchen hätten selbstkritisches Nachdenken hervorgerufen und die kirchliche Lebenspraxis samt ihrer Theologie auf den Prüfstand gestellt, wird gründlich enttäuscht. Das wortreiche und seitenstarke Papier bleibt der Tradition der allermeisten kirchlichen Untersuchungen in eigener Sache treu: Es beschränkt sich im wesentlichen auf Fragen der Selbsterhaltung und auf Forderungen und Rezepte, die spätestens seit der Mitte des vorigen Jahrhunderts auf der Tagesordnung stehen (müssten), die vielfach auch lange schon diskutiert werden, die aber seit Jahrzehnten kaum etwas anderes hervorgebracht haben, als eine Bestätigung und Befestigung der überkommenen (und weitgehend als unantastbar betrachteten) Verhältnisse. Zwar werden die wichtigsten aktuellen Stichworte auch in diesem 'Impulspapier' genannt. Von „Ökumene" und „Weltverantwortung" ist selbstverständlich die Rede, ebenso vom „Friedensauftrag" der Kirchen und vom "Dialog" mit anderen Religionen. Aber über rhetorische Beschwörungsformeln oder waghalsige Behauptungssätze reicht das selten hinaus. Allenthalben dominiert die Neigung, Wünsche und Vorstellungen so zu beschreiben, als seien sie heute schon, spätestens aber morgen selbstverständliche Realität.

Das gilt vor allem für die –oft ermüdend langatmige– Behandlung der sogenannten „Kernaufgaben". Die Endlosdiskussion etwa um den Gottesdienst wird fortgesetzt ohne erkennbar neue Impulse. Einige seit Jahrzehnten schon unternommene Öffnungsversuche wie Jugend-, Familien- oder Themengottesdienste, „Citykirche" oder „Thomasmesse", auch gelegentliche Experimente bei Kirchentagen und in diesem oder jenem Radio- und Fernsehgottesdienst, - all diese Versuche sind ohne erkennbar übergreifende Ergebnisse geblieben. Aber das wird weder thematisiert noch hinterfragt. Der normierte Sonntagsgottesdienst ist weiterhin unangefochten zentraler Ausdruck des Gemeindelebens. An seiner Praxis wird über kosmetische Hinweise hinaus so gut wie nichts verändert. Der liturgische Rahmen widersteht wie bisher allen ernsthaften Reformversuchen, die Auslegung der Bibeltexte dürfte sich kaum häufiger als bisher über die bekannten und erwarteten Schlussfolgerungen hinauswagen. Nach wie vor dominiert der „Frontalunterricht". Reaktionen der Gemeinde sind außer bestätigenden Gebeten und Gesängen nicht vorgesehen. Der Gottesdienst, so ist zu fürchten, wird auch nach den Ratschlägen und Forderungen des Impulspapiers nicht wirksamer als bisher zum bewussteren Umgang mit den Fragen und Herausforderungen des Glaubens anleiten, und damit weiterhin wenig Aufmerksamkeit und Anziehungskraft wecken über die „Kerngemeinden" hinaus. Er wird in erster Linie „Trost des Evangeliums" bleiben für die immer kleiner werdende Schar derer, die nichts anderes erwarten.

Natürlich werden die seit langem rückläufigen Mitglieder- und Teilnehmerzahlen inzwischen eingestanden und bedauert. Aber als Ausweg aus der Misere empfehlen die Autoren der Grundsatzüberlegungen genau besehen nicht mehr als ein besseres „Qualitätsmanagement". Nach Prinzipien des Wirtschaftslebens und dem Vorbild bekannter Werbeagenturen sollen Predigt und Gottesdienstformen auf bessere Akzeptanz hin überprüft und verbessert werden. Die Pfarrerinnen und Pfarrer, so scheint es, sollen's richten. Wie und nach welchen Kriterien, ist nicht so recht erkennbar. Von der Möglichkeit veränderter theologischer Erkenntnisse und zeitgemäßer Ausbildungswege ist konkret nicht die Rede.

Vergleichbar vage bleiben auch die meisten sonstigen Überlegungen und Vorschläge des Papiers. In schwer nachvollziehbarem Optimismus werden Forderungen und Behauptungen aneinander gereiht, als sei damit der Erfolg schon gewährleistet. So heißt es beispielsweise im 1. „Leuchtfeuer": *„Im Jahre 2030 ist die evangelische Kirche nahe bei den Menschen. Sie bietet Heimat und Identität für die Glaubenden und ist ein zuverlässiger Lebensbegleiter für alle, die dies wünschen".*
Wie mit solchem Wunschdenken der erhoffte „Aufbruch" in Richtung „Kirche der Freiheit" und die immer wieder beschworene „Schärfung des protestantischen Profils" erreicht werden soll, ist schwer vorstellbar.

Entsprechend zwiespältig waren die Reaktionen. Während in den oberen Rängen der kirchlichen Hierarchie viel Beifall geklatscht und von Verheißung geredet wurde, überwogen bei den Praktikern im Mittelfeld Zurückhaltung und Skepsis. Dort wird die Fülle der Forderungen und Erwartungen eher als Kritik an der bisherigen Arbeit und als Belastung empfunden. Das Papier sei von einem „Innovations- und Steigerungsstress" gekennzeichnet, der auf Dauer „auslaugt, erschöpft und frustriert", befand der Vorsitzende des Verbandes evangelischer Pfarrer/innen in Deutschland und forderte in diesem Zusammenhang bessere Rahmenbedingungen für den Pfarrdienst. Diese Forderung bezieht sich sicher nicht nur auf Arbeitszeit, sondern vor allem auf den Arbeitsinhalt. Es wäre naheliegend, die theologischen Grunddaten und Zielvorstellungen zu überprüfen, nach denen und auf die hin Gemeindepfarrer/innen im 21. Jh. ausgebildet werden, und die sie den Menschen nahe bringen sollen. Aber auch davon ist im Impulspapier nicht ernsthaft die Rede.

In den allermeisten Gemeinden ist nach meiner Beobachtung das Papier „Kirche der Freiheit" so gut wie gar nicht 'angekommen'. Nicht zuletzt, weil bei uns nach dem 2. Weltkrieg die Gemeindeglieder von den neu verfassten Kirchen mit dem Glauben als Gegenstand der persönlichen Auseinandersetzung und als Maßstab für das Alltagsleben meist nur unzulänglich konfrontiert worden sind. Die Versuche, mit „Denkschriften", „Texten" oder anderen Stellungnahmen das Kirchenvolk zu aktivieren, blieben bis auf wenige Ausnahmen in den Leitungsgremien stecken. In den Gemeinden gibt es deshalb nur selten eine die Passivität als Norm hinterfragende Erwartungshaltung, und in der Regel auch kein entsprechendes Engagement. (Ausnahmen wie der „Deutsche Evangelische Kirchentag" und die eigenständige Entwicklung der Kirchen in der DDR müssen an anderer Stelle verdeutlicht und bedacht werden). **Ohne innere und äußerlich erkennbare Beteiligung der Gemeinden und Gemeindeglieder bleibt** aber **die Kirche mit all ihren Angeboten und Ansprüchen ein Koloss auf tönernen Füßen.**

Auch was inzwischen von den Vorschlägen und 'Leuchttürmen' des Papiers umgesetzt oder in Angriff genommen wurde, ist von Aufbruch oder Erneuerung weit entfernt. Ob es verschiedene Arbeitsgruppen sind mit Themenschwerpunkten wie Mission, Predigtausbildung oder die Vorbereitungen auf den 500. Geburtstag der Reformation: Immer geht es vor allem um die Befestigung des Bestehenden und um von Skrupeln ungetrübte Verweise auf die Prägekraft der Tradition. Kreativität und Innovation, verbunden gar mit selbstkritischer Bestandsaufnahme und der Offenheit für neues Denken sind bisher, in den Arbeitsgruppen selbst und darüber hinaus, seltene Ausnahmen. Zwar gibt es immer mal wieder kritische Rückfragen (z. B. an den Reformator), und zum Abschluss eines groß angelegten EKD-Zukunftsforums (im Mai 2014) hat der Ratsvorsitzende Nikolaus Schneider gesagt: "Wir erleben Veränderungen und wir gestalten sie auch". Aber die wenigen substanziellen

Ansätze zu verändertem Denken wurden entweder in innerkirchlichen Streitereien verschlissen, - wie das EKD-Papier über ein zeitgemäßes Familienverständnis -, oder zusätzlich - wie das Grundsatzpapier zum Verständnis der Reformation - katholischerseits harsch kritisiert und als unökumenisch zurückgewiesen. Dass "*die Chance, sich wieder stärker selbst zu begreifen*", die der frühere Bundesverfassungsrichter Udo di Fabio als (katholischer) Vorsitzender des 'Wissenschaftlichen Beirats des Kuratoriums zur Vorbereitung des Reformationsjubiläums 2017' auf dem genannten Zukunftsforum beschworen hat, - dass diese Chance nicht nur *be-*, sondern auch *er*griffen wird, ist kaum irgendwo zu erkennen. -

Zusammenfassend dominiert also der Eindruck: Was mit dem Innovationspapier als Grundlage und Anweisung gedacht war für Selbstverständnis, Arbeit, Denken und Verkündigung der Kirche im nächsten Jahrzehnt, ist mehr oder weniger stecken geblieben im überkommenen Vorverständnis und in den alten, verkrusteten Strukturen. Auch Jahre nach der Veröffentlichung sieht es nicht so aus, als ob "Kirche der Freiheit" die erhofften und immer wieder verheißenen Veränderungen und Erneuerungen bewirken kann. Trotz all ihrer Aktivitäten und zweifellos vorhandenen Bemühungen gleicht die Kirche derzeit einem Hamster, der die ganze Nacht sein Rädchen antreibt, und am Morgen immer noch auf der Stelle tritt.

II. Die Ökumene und die "Weltverantwortung"
oder: Wir waren schon mal weiter

Im Vergleich mit dem derzeitigen Zustand zeigt ein Blick zurück in die zweite Hälfte des vorigen Jahrhunderts ein ganz anderes Bild. Nicht sosehr von den Kirchen in ihrem Verhalten und ihren unterschiedlichen Organisationsformen, sondern von dem, was innerhalb der Christenheit rumorte und über Konfessionsgrenzen hinweg als Selbstverständnis und Auftrag des Glaubens sich Bahn zu brechen begann.

Erkennbar wurde das mit der **Gründung des Ökumenischen Rates der Kirchen** 1948. Sie war das (durch den 2. Weltkrieg verzögerte) Ergebnis unterschiedlicher Wünsche und Forderungen nach mehr Einheit und Präsenz der vielfach gespaltenen Christenheit. Auf verschiedenen Konferenzen der „Bewegung für Weltmission" und des internationalen Rates „für praktisches Christentum" vor allem in Stockholm (1925), Oxford und Edinburgh (1937) waren solche Überlegungen zutage getreten und in Ausschüssen weiterentwickelt worden. Es entstand die Vorstellung vom Zusammenschluss möglichst vieler Einzelkirchen in einem Ökumenischen Rat, der zwar keine Über- oder Oberkirche werden sollte, mit seinen Mitgliedern aber gemeinsame Ziele entwickeln und allen die Verfolgung gemeinsam gefasster Beschlüsse nahe legen konnte. Die Arbeit sollte sich auf **zwei Schwerpunkte** konzentrieren: **Die Einheit der Kirchen** und **die Weltverantwortung der Christen.**.

Der erste Generalsekretär dieses Ökumenischen Rates, der holländische Theologe **Willem A. Visser`t Hooft**, war für die Umsetzung dieser Überlegungen bestens geeignet. Er hatte sich schon in jungen Jahren in leitenden Funktionen beim internationalen CVJM und als Generalsekretär des Christlichen Studentenweltbundes mit den unterschiedlichen theologischen Strömungen weltweit auseinandergesetzt und dabei auf einem festen Glaubensfundament aufmerksam und in unerschrockener Offenheit die Zuständigkeit der christ-

lichen Botschaft auch für die Probleme der Welt erkannt. Seine ungewöhnliche Sprachbegabung hatte ihm die Kontakte zu den führenden Köpfen der Weltchristenheit erleichtert und maßgebliche Teilnahme ermöglicht an den zahlreichen internationalen Kirchenkonferenzen, die in den zwanziger und dreißiger Jahren auf unterschiedlichen Wegen nach neuen Antworten suchten. Zum Beispiel auf *„die bedeutsame Frage nach dem Verhältnis von ‚jenseitiger' und ‚diesseitiger' Interpretation des christlichen Glaubens"* oder nach der *„biblische(n) Vollmacht für die soziale und politische Botschaft der Kirchen heute".*(Willem A. Visser't Hooft: "Die Welt war meine Gemeinde", S. 246 u. 297)
Es war daher naheliegend, dass Visser 't Hooft zum Generalsekretär vorgeschlagen und gewählt wurde, und dass er für lange Zeit unbestritten der maßgebliche Kopf des allmählich Gestalt gewinnenden Ökumenischen Rates der Kirchen blieb.

Zu seinen ersten Aufgaben gehörte es, die Verbindung zu und zwischen den anfangs 147 Mitgliedskirchen aus 44 Ländern zu klären und zu stabilisieren. Dank der wichtigen Rolle, die er während des Krieges bei der Vermittlung verschiedener verdeckter Friedensbemühungen kirchlicher und politischer Gruppen gespielt hatte, (u. a. für den deutschen Pfarrer und Widerstandskämpfer Dietrich Bonhoeffer), kannte er die entstandenen Spannungen und Verwerfungen gut genug, um Verständigung und - wo nötig - Versöhnung zwischen den von mancherlei Misstrauen befallenen Kirchen und Kirchengruppen in die Wege zu leiten. Zum Beispiel beim Treffen einer ÖRK-Delegation aus Genf mit maßgeblichen Männern des deutschen Protestantismus schon im Oktober 1945. Das „Stuttgarter Schuldbekenntnis", das dabei als Wort der Buße unter maßgeblicher Beteiligung von Karl Barth und Martin Niemöller verfasst wurde, öffnete die Türen für den Beitritt der gerade sich strukturierenden neuen „Evangelischen Kirche in Deutschland" zum ÖRK, und für einen Neubeginn der internationalen Beziehungen auch zwischen den Kirchen.

Das Selbstverständnis des Ökumenischen Rates kam in zwei wichtigen Aussagen zum Ausdruck. Die theologische Grundlegung, die „Basis" des ÖRK, formuliert kurz und eindeutig christologisch: *„Der Ökumenische Rat der Kirchen ist eine Gemeinschaft von Kirchen, die den Herrn Jesus Christus gemäß der Heiligen Schrift als Gott und Heiland bekennen und darum gemeinsam zu erfüllen trachten, wozu sie berufen sind, zur Ehre Gottes, des Vaters, des Sohnes und des Heiligen Geistes".*
Und in die Welt hinein lautete einer der ersten und wichtigsten Sätze: *„Krieg soll nach Gottes Willen nicht sein".* -

Diesem Ansatz entsprechend gewannen zwei Arbeitsbereiche besondere Bedeutung:
Die Abteilung **„Glaube und Kirchenverfassung"** (Faith and Order) war im weitesten Sinne zuständig für die Fragen nach der „Einheit" der Christenheit und einem möglichst umfassenden theologischen Selbstverständnis; - und im Arbeitsbereich **„Kirche und Gesellschaft"** (Church and Society) sollte und wollte man sich auf die Suche begeben nach der *„Präsenz der Kirche in einer sich rasch verändernden Welt",* und sich kümmern um die vielfältigen, schwierigen und nicht selten auch umstrittenen gesellschafts- und sozialpolitischen Aufgaben, denen sich Christen bei recht verstandenem Glauben nicht entziehen können. Nach den Vorstellungen des Generalsekretärs sollte der Ökumenische Rat *„...ein weltweites Diskussionsforum über Botschaft und Auftrag der Kirche sein. Und die fortschreitende Erneuerung der Kirchen ebenso zeigen müssen wie ihre Einheit in den zentralen Fragen des christlichen Glaubens trotz aller Verschiedenheit".* (Visser 't Hooft, ebd. 246)
An anderer Stelle fasste der Generalsekretär Wesen, Ziele und Arbeitsweise des Weltrats in zwei Fragen zusammen:
1. Wie versteht der Weltrat sich selbst und seine Aufgabe im Verhältnis zu den Kirchen? Anders ausgedrückt: Welches ist seine ekklesiologische Bedeutung? - und
2. Welche Position bezieht der Weltrat in den ideologischen und politischen Konflikten unserer Zeit, insbesondere im Ost-West-Konflikt?"
(Visser `t Hooft, ebd. 261)

Ein Schwerpunkt bei den **Bemühungen um die Einheit der Christen** war natürlicherweise **das Gespräch mit der römisch-katholischen Kirche.** Diese hatte nach vielfältigen Kontakten und Versuchen eine Mitgliedschaft im sich bildenden ÖRK zwar abgelehnt, ihre Mitarbeit in einzelnen Bereichen aber nicht ausgeschlossen. Möglichkeiten dafür zu suchen und zu installieren – z.B. durch die Teilnahme offizieller katholischer „Beobachter" - war lange Zeit ein wichtiges Thema. Mit wechselnden Erfolgen, und abhängig auch von unterschiedlicher Nähe zwischen den jeweiligen Repräsentanten in Rom und Genf. Ein wirklicher Zusammenschluss aber gilt, nicht zuletzt wegen der erdrückenden Größe der römischen Weltkirche gegenüber den anderen ÖRK-Mitgliedskirchen, längst beiderseits als unrealistisch.

Erfolgreicher verlief **die innerökumenische Entwicklung.** Auf der 2. Vollversammlung in Evanston, (1954), war erkennbar geworden, dass der Weltrat auf dem Wege zu seinem Ziel, *'Zusammenleben in einer geteilten Welt', vom ‚Zusammenbleiben' (Amsterdam) zum ‚Zusammenwachsen' fortgeschritten ist, ...dass das Zusammenrücken der Kirchen wirklich einen Sinn und für ihr Leben und ihr Zeugnis konkrete Folgen* hatte, und dass der ÖRK *theologische Spannungen im Inneren und politische Spannungen in der Umwelt unversehrt überstehen* konnte. (V.'t H. ebd. 296) Sein Ansehen und die Zahl der Mitgliedskirchen war kontinuierlich gewachsen. Und als auf der 3. Vollversammlung in Neu-Delhi (1961) der große Block der orthodoxen Kirchen des Ostens sich zum Beitritt entschlossen hatte, konnte sich der Ökumenische Rat zu recht als ein „Weltrat" der (nichtkatholischen) Christenheit betrachten.

Neben diesen Bemühungen um mehr christliche Einheit spielte **die Frage nach der „Weltverantwortung"** bald eine immer größere Rolle. Schon in Amsterdam 1948 war klar geworden, dass die *„biblische Vollmacht für die soziale und politische Botschaft der Kirchen heute"* (V.`t.H 246) zum unausweichlichen Selbstverständnis und Auftrag des neu gegründeten Ökumenischen Rates gehört. Auf einer Sektionssitzung über „Die Kirche und die Auflösung der gesellschaftlichen Ordnung" war der Begriff „*Verantwortliche Gesellschaft*" als christliche Aufgabenstellung formuliert worden, und dieses Leitbild ist über Jahrzehnte ein entscheidender Bezugspunkt des ökumenischen Denkens geblieben.

Das deutlichste Signal für den Willen zur Mitverantwortung in einer sich rasch verändernden Welt war die 1966 nach Genf einberufene **„Weltkonferenz für Kirche und Gesellschaft"** zum Thema: *„Christen im technischen und sozialen Umbruch unserer Zeit"*. Nach jahrelanger Vorarbeit hat das zuständige Referat dafür aus allen Kontinenten führende Fachleute zu den wichtigsten Fragen aus Politik, Wirtschaft und Gesellschaft, aus Sozialethik und natürlich auch der Theologie gewinnen können, - mehrheitlich sog. Laien. Auch die 420 Teilnehmer aus 80 Nationen und inzwischen 164 Mitgliedskirchen waren zur Hälfte Nichttheologen. Der übliche Charakter solcher kirchlichen Zusammenkünfte wurde dahingehend geändert, dass *„aus einer Konferenz, die im Namen der Kirchen sprechen sollte, eine Konferenz wurde, die* **zu *den Kirchen sprechen*** *und sie bei der christlichen Antwort auf die Herausforderungen der revolutionären Wandlungen in unserer Zeit beraten würde."*
(s. "Von Neu-Delhi nach Uppsala", ÖRK 1968, S. 72).
Vorrangiges Ziel sollte sein, *„das soziale Denken und Handeln des ÖRK und seiner Mitgliedskirchen und die Entwicklung in vielen Lebens- und Arbeitsbereichen der Ökumene nachhaltig zu beeinflussen"* (ebd., S. 69).

Dazu waren in vier Bänden unter Mitarbeit von 60 Wissenschaftlern folgende Themen vorbereitet worden:
- *Christliche Sozialethik in einer sich wandelnden Welt,*
- *Verantwortliche Regierung in einem revolutionären Zeitalter,*
- *Wirtschaftliche Entwicklung in weltweiter Sicht,*
- *Der Mensch in der Gemeinschaft.* -
Zu allen Themenbereichen sprachen mehrere Referenten und Koreferenten vor dem Plenum. Danach wurden die Referate in den einzelnen Sektionen und Arbeitsgruppen beraten, und der Extrakt dieser Beratungen landete als Hilfe für die Beschlussfassung nochmals im Plenum.

Die Ergebnisse dieser Konferenz entsprachen voll und ganz ihrer ungewöhnlichen Zusammensetzung und den noch ungewöhnlicheren Zielvorgaben. Zu letzteren hatte der Generalsekretär in seinem richtungsweisenden Eingangsreferat deutliche Worte gefunden. An die Adresse der Fachleute und Referenten hatte er gesagt:
„*Wir bitten Sie nicht, im Rahmen der Kirchen oder des Ökumenischen Rates der Kirchen zu sprechen, sondern wir bitten Sie, zu uns allen zu sprechen. Der Grund dafür liegt nicht darin, dass die Mehrheit dieser Konferenz aus Laien besteht. Das macht sie mehr und nicht weniger repräsentativ für das wirkliche Leben der christlichen Gemeinschaft. Der Grund ist vielmehr der, dass Sie volle Freiheit haben sollen, Ihre Ansichten zu äußern. Die Ergebnisse Ihrer Arbeit werden den Kirchen und auch dem Ökumenischen Rat der Kirchen auf seiner nächsten Vollversammlung im Jahre 1968 in Uppsala vorgelegt, und wir versprechen Ihnen, dass die Ergebnisse sehr ernsthaft bedacht werden. -... Was erwarten wir von Ihnen:*
Erstens: Bringen Sie die Kirchen dazu, sich mit den Realitäten des raschen sozialen Wandels auseinander zu setzen, damit die Kirchen sich nicht mit den Problemen von gestern, sondern mit denen von heute und morgen befassen.
Zweitens: Zeigen Sie, dass wir trotz unserer verschiedenen Herkunft und theologischen Meinungsverschiedenheiten ein relevantes Wort zu den dringenden sozialen Fragen sprechen und damit zeigen können, dass wir im Evangelium die Kraft finden, nationale, rassische oder ideologische Anliegen oder Interessen zu überschreiten. Wir hoffen auch, dass wir in diesen Fragen in zunehmendem Maße eine gemeinsame Sprache für die Kirchen des Ökumenischen Rates und die römisch-katholische Kirche finden können.
Drittens: Zeigen Sie den Kirchen, welches ihre besondere Aufgabe bei der Gestaltung einer verantwortlichen Gesellschaft ist, sowohl durch ihre eigene geistliche und erzieherische Arbeit als auch durch ihr Zeugnis vor den Völkern und ihren Regierungen.
Viertens: Arbeiten Sie aus, welches die gemeinsame Position und Aktion der Kirchen als weltweite Gemeinschaft sein müsste, damit die Kluft zwischen den immer reicher werdenden und den von Hunger und Armut bedrohten Nationen überwunden wird.

Fünftens: Helfen Sie den Kirchen, verantwortliche Partner zu werden, wenn es darum geht, Entscheidungen für die zukünftige Entwicklung der Gesellschaft zu treffen, das heißt, wenn es um Entscheidungen geht, in denen der Sinn des menschlichen Lebens überhaupt auf dem Spiele steht. Ich möchte mit einem verblüffend bedeutsamen Wort eines der ersten Propheten schließen. Es ist bedeutsam, weil ein Laie es an das Volk Gottes richtet. Es warnt uns davor, unsere Konferenz für einen Selbstzweck zu halten, und sagt uns, welches Gottes Plan für uns ist. Bei dem Propheten Amos im 5. Kapitel heißt es: „Gott der Herr spricht: Ich mag eure Versammlungen nicht riechen". Das ist eine Warnung. Aber der Herr sagt weiter: „Es soll aber das Recht offenbart werden wie Wasser und die Gerechtigkeit wie ein starker Strom" (Amos 5, 24). -- Das sind unsere Marschbefehle.
(aus: "Appell an die Kirchen der Welt"; Kreuzverlag 1967, S. 41/2)

Dass mit solcher Zielsetzung **ein tiefgreifendes Umdenken** im Blick auf das Verständnis des christlichen Glaubens und das daraus abzuleitende Handeln der Christen und Kirchen eingefordert werden sollte, war nicht zu übersehen. Zusätzlich sorgte die Kompetenz der hochrangigen Fachleute aus aller Welt nicht nur für ein ungewöhnlich umfassendes Niveau der Konferenz , sondern auch für die Erweiterung des Blickwinkels über die geläufigen kirchlichen Horizonte hinaus. Hier wurden die wichtigsten Fragen der im Umbruch befindlichen Welt aufgelistet und dargestellt, unabhängig von christlichen Erwartungen und kirchlichem Vorverständnis. Neben dem allgegenwärtigen Ost-West-Konflikt kamen auch die damals noch weitgehend unbeachteten und unterschätzten Problemfelder und die weltweiten sozialen und gesellschaftspolitischen Verschiebungen in Sicht, darunter auch erste Hinweise auf den drohenden Klimawandel und seine Ursachen. Hauptthema aber war noch die Ausbreitung des Hungers als Folge des sog. Nord-Süd-Gefälles, als immer dringlichere Anfrage an die Menschen auf der nördlichen Halbkugel, - an die sog. „westliche Welt".

Die „Botschaft der Konferenz" hielt denn auch unmissverständlich fest, was man künftig unter Beteiligung an einer 'verantwortlichen Gesellschaft` verstehen wollte. Dort heißt es u. a.:
Im Lichte dessen, was jetzt in unserer Gesellschaft geschieht, können wir Christen dem Ruf zum ernsthaften Studium und kraftvollen Handeln nicht ausweichen..
und an anderer Stelle (nahezu prophetisch):
In vielen Teilen der heutigen Welt stellt die Kirche eine verhältnismäßig kleine Minderheit dar, die sich zusammen mit anderen religiösen und weltlichen Bewegungen am Kampf um die Zukunft des Menschen beteiligt. Zudem kann sie nur dann hoffen, *zur Umwandlung der Welt beizutragen, wenn sie selber im Kontakt mit der Welt umgewandelt wird...* (ebd. , S. 267 u. 269)

Zwei Jahre später, auf der 4. Vollversammlung in Uppsala, wurde deutlich, dass der ÖRK es mit dem Stichwort von der verantwortlichen Gesellschaft durchaus ernst meinte. Unter dem Konferenzmotto *„Siehe, ich mache alles neu"* ging es zwar weiterhin um die zentralen Fragen der Einheit der Christenheit , wobei die Möglichkeiten engeren Zusammenrückens mit der römisch-katholischen Kirche einen optimistischen Höhepunkt erreichten. Daneber aber spielten die Programmplanungen, die sich aus der Beziehung zwischen der „Einheit der Kirche und der Einheit der Menschheit" ergeben, eine mindestens ebenso wichtige Rolle. Die Frage nach *„Christliche(n) Antworten auf die technische und gesellschaftliche Revolution unserer Zeit"* stellte sich ebenso dringend wie nach einer *„Zukunft des Menschen und der Gesellschaft in einer wissenschaftlichtechnischen Welt".* **Wachsende Gewalt weltweit und der Kampf um soziale Gerechtigkeit drängten ebenso ins Bewusstsein wie die allmähliche Einsicht in die Notwendigkeit des Dialogs mit anderen Religionen.**

Besonders bedeutsam sollte der Beschluss von Uppsala werden, ein **„Programm zur Bekämpfung des Rassismus"** zu entwickeln. Hier zeigte sich deutlicher als bei den bisherigen Aktivitäten, dass kirchliche Stellungnahmen zu sensiblen gesellschaftspolitischen Fragen nicht nur öffentliche Aufmerksamkeit erregen können, sondern auch mit Widerspruch und Widerstand rechnen müssen, sowohl innerkirchlich als auch seitens politischer Interessengruppen. Dass Rassismus unvereinbar ist mit dem christlichen Menschenbild war kein neues Thema. Aber die wachsende Zahl von Mitgliedskirchen aus Afrika, Asien und Lateinamerika hatte im ÖRK das Gefühl für solche Fragen stärker sensibilisiert als zuvor. Und da „weißer" Rassismus weiter verbreitet und weltweit augenfälliger war (und ist) als „farbiger", sahen die bisher tonangebenden 'abendländischen' Kirchen sich erstmals mit einer Thematik konfrontiert, die ihr eigenes Verhalten kritisch hinterfragte. Folgerichtig hatten sie mit Unverständnis und mit massivem Unwillen in den eigenen Reihen zum Teil erhebliche Probleme. Bei der Konzentration des 'Antirassismusprogramms' zunächst auf das südliche Afrika war ja nicht nur das rassistische Verhalten einiger ehemaliger „Missionskirchen" zu korrigieren. Auch die wirtschaftliche Unterstützung des rigorosen südafrikanischen Apartheitsystems durch namhafte -auch deutsche- Großunternehmen geriet ins Visier der Ökumene, - keineswegs immer im Einverständnis mit den zuständigen kirchlichen Institutionen. Innerhalb der deutschen Landeskirchen kam es bei Synoden und bei Tagungen ökumenischer Gremien gelegentlich zu heftigen Diskussionen über die Frage, ob das 'Antirassismusprogramm' überhaupt die Zustimmung der EKD-Kirchen bekommen sollte oder nicht. Auf einer Tagung des ÖRK-Zentralausschusses in Addis Abeba (1971) drohte der damalige EKD-Finanzchef unverhohlen mit Kürzung der Gelder, falls Genf sich deutschen Vorbehalten beim Umgang mit der Rassismusfrage widersetzen sollte. Da die EKD nach den US-Kirchen zweitgrößter Finanzier der Ökumene war, lief diese Drohung auf einen glatten Erpressungsversuch hinaus. Er konnte zwar von der deutschen Delegation unter Leitung des Berliner Bischofs Kurt Scharf, (der im Unterschied zu anderen deutschen Kirchenführern ein überzeugter „Ökumeniker" war), verhindert werden. Aber insgesamt blieb das Antirassismusprogramm (nicht nur) in der EKD umstritten.

Auch die weiteren Versuche des Ökumenischen Rates, in den Kirchen und Gemeinden das Bewusstsein für die Mitverantwortung in der Welt aus Glaubensgehorsam zu vertiefen, sorgten in den folgenden Jahren für immer neue Auseinandersetzungen.
Zwar entstanden - auch in katholischen Kirchen - Bewegungen mit ethisch-gesellschaftspolitischen Schwerpunkten, wie die „Theologie der Befreiung", (sogar „...der Revolution)" in Lateinamerika, die "Politische Theologie" und weltweit auch die „Feministische Theologie". Ihnen standen aber nicht nur die römische -, sondern auch viele etablierte nichtkatholische Kirchen und die meisten frei-kirchlichen Gruppierungen distanziert bis massiv ablehnend gegenüber. Mit ihrem organisatorisch und dogmatisch tradierten Rigorismus verhinderten sie eine nachhaltige Ausbreitung der neuen, als „unibisch" verdächtigten, dem sog. „Zeitgeist" verfallenen und mindesens als unbotmäßig empfundenen theologischen Denkrichtung und Verhaltensweisen. Im deutschsprachigen Raum konnten sich diese konservativen Gegenströmungen vorwiegend mit dem griffigen Slogan „Kein anderes Evangelium" als Beschützer und Bewahrer des „wahren" Glaubens darstellen und in vielen Gemeinden eine vermeintlich „kirchentreue" und „rechtgläubige" Anhängerschaft für sich gewinnen. Ihre lautstarken und unduldsamen Wortführer gründeten schließlich die evangelikale „Lausanner Bewegung" und inszenierten einen offenen Glaubenskrieg gegen die Genfer Ökumene. Dieser richtete sich hierzulande speziell gegen den „Deutschen Evangelischen Kirchentag" (DEKT), der sich als protestantische Laienbewegung nach dem Kriege zu einer vielbeachteten Diskussionsplattform auch für die Fragen von 'Kirche und Welt' entwickelt hatte. Mit Blick auf ÖRK und DEKT gleichermaßen formierten die „evangelikalen" Kreise nach und nach und ziemlich erfolgreich ihren gezielten Widerstand gegen eine nach ihrer Meinung unerlaubte „Politisierung" der offiziellen Kirchen.

Diese Auseinandersetzung zwischen herkömmlicher, weitgehend innerkirchlicher „Rechtgläubigkeit" und dem erwachten Bewusstsein für die Welt(mit)verantwortung der Christen konnte zu Beginn der 80er Jahre noch einmal überdeckt werden von dem kräftigen

Einsatz der Ökumene für die sog. **„Konvokation"**, eine 'Zusammenrufung' der Christenheit – möglichst unter Beteiligung auch der katholischen Kirche - zum Thema **„Gerechtigkeit, Frieden und Bewahrung der Schöpfung"**. Die dramatisch angewachsene Bedrohung der Menschheit durch atomare und biologische Waffensysteme von bis dahin nicht gekannter Vernichtungskraft hatte nicht nur dem Friedensauftrag der Kirchen neuen Auftrieb gegeben, sondern auch die Aufmerksamkeit der nichtkirchlichen Öffentlichkeit für solche Themen sensibilisiert. Deshalb fand der Ökumenische Rat viel Beachtung, als auf seiner VI. Vollversammlung im kanadischen Vancouver 1983 **die Forderung nach einem allgemeinen umfassenden christlichen Friedenskonzil** laut wurde.

Der Gedanke war nicht neu. Schon fünf Jahre vor Beginn des 2. Weltkriegs hatte ein junger Pfarrer namens Dietrich Bonhoeffer in einer Morgenandacht der ökumenischen Jugendkonferenz im dänischen Fanö unter dem Eindruck der drohenden politischen Entwicklung in Deutschland die später vielzitierte Frage gestellt:
„Wer ruft zum Frieden, dass die Welt es hört, zu hören gezwungen ist, dass alle Völker darüber froh werden müssen? Nur das eine große ökumenische Konzil der Heiligen Kirche Christi aus aller Welt kann es so sagen, dass die Welt zähneknirschend das Wort vom Frieden vernehmen muss."
Freilich war die Forderung, den christlichen Friedensauftrag auf einem gesamtchristlichen „Konzil" voranzutreiben, 1934 noch so visionär, dass Bonhoeffers dramatischer Appell ohne die Verknüpfung mit dem späteren Gewicht seines Namens sicher unbeachtet geblieben wäre. Weder in den Kirchen des Westens noch in denen des Ostens, weder auf der nördlichen noch auf der südlichen Halbkugel hätte die Vorstellung von soviel christlicher Gemeinsamkeit ernsthaften Erwägungen standgehalten. Und für die römisch-katholische Kirche war eine 'allchristliche' Erneuerung der Tradition altkirchlicher Konzilien ohnehin undenkbar.
Aber die Überzeugung, in einer immer unruhiger werdenden Welt aus christlichem Glaubensgehorsam ein weithin sichtbares Signal für Frieden und Gerechtigkeit setzen zu müssen, fand immer neue Anhänger. Und gleichzeitig wuchs die Einsicht, dass diese Aufgabe,

wenn überhaupt, nur in größtmöglicher Übereinstimmung sinnvoll angepackt werden kann. So war es nur folgerichtig, dass ein Vorschlag der DDR-Kirchendelegation auf der ÖRK-Vollversammlung in Vancouver die Forderung enthielt, es müsse *"geprüft werden, ob die Zeit reif ist für ein allgemeines christliches Friedenskonzil, wie es Dietrich Bonhoeffer angesichts des drohenden 2. Weltkriegs vor 50 Jahren für geboten hielt."*

Trotz grundsätzlicher Zustimmung konnte der Ökumenische Rat eine langwierige Debatte über die Möglichkeiten und Unmöglichkeiten eines „Konzils" nicht verhindern. Erst als der bekannte Physiker und Philosoph **Carl Friedrich von Weizsäcker auf dem Deutschen Evangelischen Kirchentag in Düsseldorf 1985** den Gedanken eines „konziliaren Prozesses" aufgriff und an die Kirchenleitungen appellierte, '*um der Gefährdung des Überlebens willen*' ein gesamtkirchliches Friedenskonzil einzuberufen, und als er das wenig später mit seinem vielbeachteten Buch „Die Zeit drängt" untermauerte, gewann das Thema in den Kirchen selbst und darüber hinaus erkennbaren Auftrieb. **Weizsäckers wichtigste Forderung war ein „Bewusstseinswandel"**, *"..als notwendige Konsequenz einer Selbstkritik der heutigen Welterfahrung".* Theologisch heißt das *„Umkehr"*, erinnerte er und beklagte, *„dass die Weise, wie vom Evangelium gesprochen werden sollte, heute nicht konsensfähig ist....Noch immer verwandeln sich Wahrnehmungen in eindeutig intendierte Sätze, aus Angst, wie mir scheint. Das ist der Hort der traditionellen Theologie."* Und gegen diese Theologie gerichtet gab Weizsäcker zu bedenken, *„was die Christen zu erkennen vermöchten, wenn sie nicht Angst vor den Folgen dieser Erkenntnisse hätten."* ("Die Zeit drängt".)
Obwohl solche Kritik in den kirchlichen Amtsstuben bei weitem nicht von allen geteilt wurde, sicherte der Appell eines so souveränen Denkers, -vielleicht gerade *weil* er kein Theologe war -, dem Thema größte Aufmerksamkeit.

Als Reaktion lud die „Arbeitsgemeinschaft christlicher Kirchen" (ACK) 1987 die Kirchen der Bundesrepublik zu einem Forum für „Gerechtigkeit, Frieden und Bewahrung der Schöpfung" ein, auf dem die biblisch-theologischen und die ethischen Aspekte des Themas bedacht und diskutiert werden sollten.

Das Forum tagte 1988 in Stuttgart und Königstein und empfahl in einer Erklärung die Weiterentwicklung der zugrunde liegenden Ideen und Absichten. Nahezu zeitgleich hatte 1987 die **Arbeitsgemeinschaft Christlicher Kirchen in der DDR** ihrerseits mit den Vorbereitungen einer „Ökumenischen Versammlung" für 'Gerechtigkeit, Frieden und Bewahrung der Schöpfung' begonnen. Sie wurde 1988/89 in Dresden (2x) und Magdeburg vorangetrieben und löste in der DDR ein breites und lebhaftes Echo aus. Der Aufruf **„Eine Hoffnung lernt gehen"**, verbunden mit der Aufforderung, sich mit Vorschlägen an der Vorbereitung der geplanten Versammlung-(en) zu beteiligen, erbrachte aus den Reihen der DDR-Gemeindeglieder wie auch von 'Kirchenfernen' rund 10000 schriftliche Reaktionen. Die vielfältigen Diskussionen, die dabei entstanden und sich über Kirchenräume hinaus fortsetzten, waren ein wesentlicher Auslöser für die später sogenannten „Montagsdemonstrationen" und für den Bewusstseinswandel, der schließlich den Zusammenbruch des DDR-Staates herbeiführte. Der Erfurter Probst Heino Falcke, einer der wichtigsten Initiatoren der damaligen Bewegung, hat in seinem Buch „Wo bleibt die Freiheit? – Christsein in Zeiten der Wende" (2009) rückblickend festgehalten:

"Im Ende der DDR-Diktatur fanden die Kirchen zu ihrer Freiheit, indem sie zwei Grenzen überschritten: Die konfessionellen Grenzen und die Grenzen zwischen institutioneller Kirche und Basisinitiativen. Weiter fanden sie ihre Freiheit, als sie ihren konkreten Auftrag im Notstand der Gesellschaft theologisch begriffen und ihn als Handlungsgemeinschaft vom Evangelium her aufgriffen. Vielleicht will sich uns darin ja etwas Exemplarisches zeigen...-
-...In der Ökumenischen Versammlung mussten die Kirchen über sich selbst hinausgehen – nicht nur ökumenisch aufeinander zu, sondern vor allem in die Weltverantwortung hinein;....Die Ökumenische Versammlung bewegte sich..im Übergang zur Welt und Gesellschaft. Sie setzte die Fragen auf die Tagesordnung, die auf der Tagesordnung der Welt standen oder doch auf sie gehörten. Wir mischten uns ein in das Gespräch säkularer

Kulturkritik, politischer Vernunft und Zukunftsverantwortung. Die Ökumenische Versammlung verband eine theologisch-kirchliche mit einer sozialethisch-gesellschaftlichen Zielsetzung und machte diese Verbindung verpflichtend..." (s. Falcke: "Wo bleibt die Freiheit?"; S. 91, 107/108))

Natürlich war das „Exemplarische" dieser Ökumenischen Versammlungen zum Teil an die besondere Situation der Kirchen in der DDR gebunden und auf vergleichbare Aktivitäten in der BRD oder anderswo nicht eins zu eins übertragbar. Aber die Einbeziehung der „Tagesordnung der Welt" in ein neu zu entwickelndes Selbstverständnis der Kirchen hatte vor dem Hintergrund der lebhaften (friedens)politischen Diskussionen der damaligen Zeit schon so breite Resonanz ausgelöst, dass der **Geist christlicher Weltverantwortung** als Thema einer überkonfessionellen Konferenz nicht mehr in die Flasche zurückzudrängen war.

Folgerichtig erwuchs aus der Wirkung dieser ökumenischen Initiativen eine Fortsetzung zunächst auf europäischer Ebene. Die (ökumenische) 'Konferenz Europäischer Kirchen' (KEK) und der 'Rat der (katholischen) Bischofskonferenz' luden Mitte Mai 1989 zu einer Ökumenischen Versammlung nach Basel ein. „*Dort sollten*", so hat es Heino Falcke als wichtiger Mitinitiator später beschrieben, „*die europäischen Kirchen gemeinsam (beraten), was Gerechtigkeit, Friede, Schöpfungsbewahrung in dem ‚Europäischen Haus' bedeuten könnten, für das Gorbatschows ‚Neues Denken' und seine ‚Perestroikapolitik' gerade neue Gestaltungschancen eröffnet hatten. Wir spürten, dass ein Kairos in Europa anbrach, dass der Zeitpunkt für eine grundlegende Veränderung gekommen war, ohne zu ahnen, welche Tragweite er gewinnen würde.*" (Falcke, ebd., S. 95)

Die Bedeutung dieser **Basler Konferenz für „Frieden in Gerechtigkeit"** war vielfältig. Schon, dass zum ersten Mal die Kirchen Europas sich konfessionsübergreifend zusammenfanden, um gemeinsam über das Verständnis und den Auftrag ihres Glaubens nachzudenken, war ein „historisches" Ereignis. Die Fragen, ob eine solche Versammlung überhaupt zustande kommt und, wenn ja, was sie erbringen könnte, waren im Vorfeld durchaus offen. Und es war

keineswegs ausgemacht, ob ein mögliches Echo auf 'Basel' auch außerhalb der beteiligten Kirchen wahrgenommen wird und in den Kirchen selbst eine Bewusstseinsänderung herbeiführen könnte.
Lukas Vischer, Direktor für „Glauben und Kirchenverfassung" in Genf und neben Visser 't Hooft einer der wichtigsten Mitgestalter des ÖRK, hat rückblickend resümiert: *„Die Tage in Basel haben ihren Sinn und Wert zunächst darin gehabt, dass sie Begegnung, Besinnung und Austausch möglich gemacht haben. Ihre eigentliche Bedeutung wird sich aber erst in der Zukunft erweisen. Werden wir in einigen Jahren...sagen können, dass sich Neues daraus ergeben hat? Sind die konfessionellen Grenzen wirklich durchbrochen worden?...Werden die Möglichkeiten eines neuen europäischen Dialogs genutzt werden? Oder werden wir zu den bisherigen Tagesordnungen zurückkehren? Werden wir den Sinn für die Dringlichkeit unserer Situation behalten? Oder werden wir nach einigen kleinen Schritten in die Routine des heutigen Lebensstils zurückfallen?"*
(s.„Gerechtigkeit und Frieden umarmen sich – Europäische Ökumenische Versammlung, Basel 1989", Friedrich Reinhardt Verlag; S. 18)
In ähnlichem Sinne schrieb **Heino Falcke:** *„Das Ereignis von Basel geht nicht auf in dem Ergebnis von Basel.* **Das Ereignis aber enthält einen Anspruch und eine Prophetie**, *die sich im Zusammenleben der Kirchen erfüllen will. Die Kirchen sollen nicht nur Texte rezipieren und transpor-tieren, sie sollen Kirchen des Friedens und der Gerechtigkeit werden..."* (s. Gerechtigkeit und Frieden...." S. 26)
Und **C. F. v. Weizsäcker** hatte im Basler Schlussgottesdienst betont: *„***Nicht unsere schönen Worte sind wichtig***, die wir soeben wieder sprechen.* **Handlungen sind wichtig**, *die Tag für Tag geschehen. Nüchternheit ist notwendig. Nüchternheit darüber, was jeder einzelne tun kann. Nüchternheit über die großen Ziele".* (ebd. S. 64)

Die **Reaktionen** auf die Basler Versammlung waren zwiespältig. Zwar wurde die Großveranstaltung innerkirchlich und auch in der Öffentlichkeit als besonderes Ereignis empfunden, aber im Blick auf ihre *Auswirkungen und die Folgen* hatten auch die Veranstalter selbst sich eher zurückgehalten. Welche Chancen auf Weiterentwicklung hatten „Anspruch" und „Prophetie" der Basler Tage? Waren die

Hoffnungen auf „Kirchen des Friedens und der Gerechtigkeit" realistisch, oder bestand nicht die viel größere Gefahr, *„nach einigen kleinen Schritten in die Routine des heutigen Lebensstils zurück(zu)fallen"?* (Visser `t Hooft.) Im bemerkenswert lebhaften Medienecho traten **zwei Hauptprobleme** immer wieder zutage: **Der innerkirchliche Streit um erlaubte oder unerlaubte „Politisierung" der Kirche und die Frage, wieweit das in Basel proklamierte erweiterte Kirchenverständnis sich in die Gemeinden hinein transportieren lässt,** - ob und wie also die Kirchen ihre ‚Basis' erreichen. Schon in seiner Eröffnungspredigt hatte Heino Falcke gemahnt: *„Die Frage dieser Tage kann nicht lauten: Wie politisch darf die Kirche werden? Die Frage ist, ob uns die Liebe Christi erfüllt, sein Friede und seine Gerechtigkeit uns bewegen, wie politisch und brisant auch immer es dann werden mag."*

Der schweizerische ‚Le Courier' hat es im Rückgriff auf den bekannten Abbé Pierre so ausgedrückt:*„..Die Bewährungsprobe der Christen liegt heute vermutlich im Mut, der Tollheit der Welt zu widerstehen, zu glauben wie Verrückte und zu lieben wie die Toren. Eine Herausforderung, der sich die Versammlung zu stellen hat, will sie ihre Glaubwürdigkeit nicht verlieren".*

Und im Deutschen Allgemeinen Sonntagsblatt erinnerte Dietrich Sattler am 15. 5.: *„.....Die eigentliche Herausforderung für Verkündigung und Dienst der Kirche wohnt in der ‚Provinz'. Nur wenn sie mit ihrer Botschaft im Dorf dem elementaren Erleben der Menschen nahe und verbunden bleibt, kann das Christentum, können Glaube und Gewissheit (wieder) Wurzeln schlagen. Ohne den Humus der Provinz verliert die Kirche Ausstrahlung, Glaubwürdigkeit – ja Kompetenz."*

Tatsächlich waren beide Stichworte – die **„Politisierung der Kirchen"** und die **"Mobilisierung der Gemeinden"** – für die Nachwirkung der Basler Versammlung von wesentlicher Bedeutung. Die politische Entwicklung hatte in der zweiten Hälfte der 80er Jahre eine breitere Öffentlichkeit für die „Friedensfrage" sensibilisiert und Initiativen hervorgebracht, an denen auch die Kirchen wesentlichen Anteil hatten. Weniger in den Führungsspitzen und Leitungsgremien als in der „Provinz". Im Zuge der Diskussionen um (Atom)Kriegsgefahr und „Nachrüstung" bildeten sich in zahlreichen Kirchengemeinden kleinere oder größere Gruppen, die zu regelmäßigen Friedensandachten einluden oder mit Aktionen wie „Schweigen für den Frieden" die öffentliche Aufmerksamkeit suchten. Das herausfordernde Schlagwort „Frieden schaffen ohne Waffen" fand besonders unter Christen viel Zustimmung. Der Bezug auf Basel und den konziliaren Prozess für „Gerechtigkeit, Frieden und Bewahrung der Schöpfung" war Thema zahlreicher Gemeindeveranstaltungen und Akademietagungen. **Eine zeitlang herrschte in den Kirchen ungewohnte Lebendigkeit**, auch über ihre Mauern hinaus. **Die Ökumenische Bewegung hatte, so schien es, in ihren Bemühungen um größere Einheit der Christenheit *und* um Beteiligung an den großen Fragen der Welt erkennbare Erfolge erzielt.** -

III. Wunsch und Wirklichkeit
oder: **Die Grenzen der ökumenischen Idee**

Zu einem dauerhaften ökumenischen Aufbruch, und damit zu einer wirksamen Erneuerung der Kirchen, ist es jedoch nicht gekommen. Trotz deutlicher Anstrengungen in der Genfer Zentrale, auch in den unterschiedlichen Konfessionsfamilien oder den weltweiten Bünden und regionalen Zusammenschlüssen.
Die Ursachen dafür reichen weit in die Entwicklungsgeschichte der Christenheit zurück. Bis heute ist die in zwei Jahrtausenden gewachsene **Tradition** der Kirchen prägend. Mit der Bildung ihrer als unantastbar geltenden Glaubenssätze, ihrer **Dogmen**, Vorschriften, Ge- und Verbote, und mit den zu deren Sicherung und Verbreitung entstandenen **Strukturen**. Beides, die neuen Schwerpunkte der Botschaft wie die dazu passenden Arbeits- und Erscheinungsformen, hatte sich entwickelt, nachdem die „**Konstantinische Wende**" den bis dahin weithin verfemten und verfolgten Christen den Status der Staatsreligion zuerkannt hatte. Im Schutze der damit verbundenen Privilegien veränderte sich nicht nur das christliche Selbstverständnis, es wuchs auch das Selbstbewusstsein und der Wille zur Macht. Infragestellungen oder Gegenströmungen wurden als Bedrohung wahrgenommen und entsprechend abgewehrt. Zur Orientierung und auch zur (nicht selten gewaltsamen) Durchsetzung des Glaubens entstand **ein Regelwerk**, das im Laufe der Jahrhunderte immer komplizierter und unduldsamer wurde, und **das sich** damit freilich auch **von den klaren und gradlinien Vorgaben des charismatischen Wanderpredigers aus Nazareth immer weiter entfernte**. Infolge wachsender Indoktrination und Gesetzlichkeit, verstärkt durch unvermeidlichen und allzumenschlichen Fehlentwicklungen, führte das zur Aufspaltung der Christenheit in eine Fülle einander widersprechender und auf ausschließliche Richtigkeit der jeweiligen Standpunkte pochender Kirchen, Konfessionen, Denominationen und Sekten. Fast alle betonten zwar den Wunsch des Nazareners, dass 'alle eins' seien. In der Realität aber siegte und siegt bis heute die Verteidigung der jeweiligen Glaubensausprägungen und unter-

schiedlichen kulturellen und politischen Interessen über die Bereitschaft, die Botschaft gemeinsam, und damit glaubwürdiger zu verbreiten.

Vor diesem Hintergrund war die in der ersten Hälfte des 20. Jahrhunderts entstandene „Ökumenische Bewegung" ebenso mutig wie ungewöhnlich. Und die erstaunlichen Veränderungen, die der Ökumenische Rat in Genf in der zweiten Jahrhunderthälfte bewirken konnte, haben Hoffnungen geweckt auf eine wirkliche Erneuerung der Christenheit. Vieles, was auf ökumenischen (Welt)-konferenzen, in Ausschüssen und Arbeitsgruppen entwickelt, als Zielvorstellungen formuliert und gefordert wurde, fand - wenn auch oft nur vorübergehend - Niederschlag in Maßnahmen und Aktionen, die deutlicher als bisher die Fragen und Nöte der Welt einbezogen in christliches Denken und Verhalten. Sie wurden aufgenommen und differenziert in regionalen und überregionalen Aktivitäten, vom „Lutherischen -" und "Reformierten Weltbund", von der "Konferenz Europäischer Kirchen", der „Prager christlichen Friedenskonferenz" oder bei den kleinen aber feinen Treffen der „Konferenz der Kirchen am Rhein". Überall war die Bereitschaft erkennbar, tradiertes und gegenwärtiges Fehlverhalten zu hinterfragen und neue Aufgaben mit neuem Vorverständnis anzugehen. -(Beispiele s. Dokumentation)- Unterstützt wurde dieses theologische Umdenken durch das unter den Menschen wachsende Gefühl für ständig bedrohlicher werdende Gefahren und die damit verbundene zunehmende allgemeine Verunsicherung. Dagegen sollte der christliche Glaube nicht nur zu individueller Vergewisserung helfen, er sollte nach Überzeugung der „ökumenischen" Theologie auch seine Kräfte bündeln, um Mitverantwortung wahrnehmen zu können in den Bemühungen um eine „bessere", eine menschlichere Welt.

Aber so kräftig die Anstöße zur Erneuerung auch gewesen sein mögen, und so vergleichsweise viele Menschen sie erreicht haben: Von Dauer war das alles nicht. Spätestens Anfang der 90er Jahre, als mit dem Ende des "Ost-West-Konfliktes" und des „Kalten Krieges" die Ängste vieler Menschen vorübergehend überlagert wurden von neuen Hoffnungen, schwand unter den Christen wieder die gerade gewonnene Erkenntnis, für die weitere Entwicklung auf diesem Globus im Namen ihres Glaubens mitverantwortlich zu sein. Vor allem die Kirchen auf der nördlichen Halbkugel sahen im Schwinden der drohenden Gefahr eines Atomkrieges den Beginn friedlicherer Zeiten und reduzierten folgerichtig den Nachdruck, mit dem sie ihren Beitrag für eine „verantwortliche Gesellschaft" leisten wollten.

Natürlich hat das niemand so gesagt. Und vermutlich hat es auch niemand ernsthaft gewollt. Aber mit dem nachlassenden Druck von außen meldeten sich zwangsläufig die Verhältnisse im Innern der Kirchen wieder deutlicher zu Wort, und dort gab es wahrlich Probleme genug. Allen voran drangen die rückläufigen Mitgliederzahlen und die schwindende Bedeutung der Kirchen ins allgemeine Bewusstsein. Was eine Weile von den ökumenischen Programmen und vom erhöhtem gesellschaftspolitischen Engagement verdeckt worden war, trat nun in den Vordergrund. Es zeigte sich, dass die über Jahrhunderte tradierten Lebens- und Erscheinungsformen der Kirchen mit ihrer formal und inhaltlich starr und statisch gewordenen Botschaft die „aufgeklärte" Gesellschaft des 20. Jahrhunderts mehr und mehr verfehlen. Zwar sind die uralten Fragen nach 'Woher', Wohin' und 'Wozu' nach wie vor lebendig. Aber alle jemals versuchten Antworten, auch die der Kirchen, haben an Autorität und Überzeugungskraft verloren. Der Mensch von heute ist skeptisch gegenüber unhinterfragbaren „Wahrheiten". Noch dazu, wenn diese von einem Gott offenbart worden sein sollen, der in einer immer komplizierter und unüberschaubarer gewordenen Welt als 'allmächtiger' Schöpfer und 'barmherziger' Erhalter immer schwerer vorstellbar geworden ist. Es konnte deshalb nicht ausbleiben, dass die hartnäckige und undifferenzierte Wiederholung der gleichbleibenden kirchlichen Auskünfte und Behauptungen zunehmend als unbefriedigend empfunden werden, - als allzu stereotype Antwort auf Fragen, die - mindestens *so* - 'keiner mehr stellt'.

Und je länger die „offizielle" Kirche, die Verantwortlichen und ihre Gremien an den Schaltstellen der Institutionen diese Entwicklung zu ignorieren und zu verdrängen suchten, desto deutlicher wuchs der Druck aus ihren konservativen Kreisen. Was schon seit Jahren als Ablehnung gegenüber der „ökumenischen Bewegung" und ihrer Theologie gewachsen war, und was sich auch innerhalb der EKD an Unbehagen entwickelt hatte, (etwa gegen Geist und Erscheinungsformen der Kirchentage und deren theologische Offenheit), das trat allmählich immer selbstbewusster und kämpferischer zutage. Unter der eingängigen Parole „Kein anderes Evangelium" verstanden sich immer größere Teile der sogenannten „Kerngemeinden" als vermeintlich „Rechtgläubige", denen ihre Wortführer immer lauter und undifferenzierter beibrachten, Andersdenkende als Verräter am „wahren Glauben" zu betrachten. In „idea", der führenden Publikation der deutschen Evangelikalen, schrieb der Ehrenpräsident und Wortführer des Theologischen Konvents Bekennender Gemeinschaften, Prof. Walter Künneth im Januar 1989 unter der Überschrift: „Die Frage nach der Wahrheit entfällt – Warum die Bekennenden Gemeinschaften den konziliaren Prozess ablehnen" u.a.: *Dieser „Prozess", der, befangen in einem Humanitäts- und Weltoptimismus, sich der dämonischen Abgründe einer von Gott gelösten Wirklichkeit verschließt und von einer moralischen Reparation durch menschliche Weisheit und Kraft träumt, trägt zutiefst die Spuren des Utopismus. Diese kirchliche Großunternehmung – so gut gemeint sie auch sein mag – ist nicht auf dem Felsen gebaut, 'der von den Bauleuten verworfen und zum Eckstein geworden ist'. Von daher lehnen die Bekennenden Gemeinschaften in Deutschland die* (ökumenischen, Red.) *Versammlungen in Basel und Soul ab".*

Solche Aussagen und die dahinter stehende Anspruchshaltung verunsicherten allmählich nicht nur viele Gemeinden, sie unterminierten auch die ohnehin schon brüchige Glaubwürdigkeit der Kirche und damit der Christen ganz allgemein. Das wiederum verstärkte den „fortlaufenden" Erfolg unter den aktiven wie den passiven Gemeindegliedern. Die Zahl der Gottesdienstbesucher schrumpfte weiter, und die der 'Karteileichen' wuchs.

Die damit zwangsläufig schärfer werdenden Auseinandersetzungen um innerkirchliche Kernfragen traten deutlich zutage im langsam aber stetig eskalierenden **Streit um die Mission**. Schon in den 70er Jahren war - parallel zu den ökumenischen Bemühungen um mehr Weltoffenheit - die Frage nach einem neuen und zeitgemäßen Missionsverständnis aufgetaucht und hatte begonnen, sich zu einem theologischen Reizthema von übergreifender Bedeutung zu entwickeln.

Ausgangspunkt dafür war das unverkennbare **Ende der** sogenannten **„Heidenmission"**. Spätestens seit der Mitte des 20. Jahrhunderts war die verbreitete Methode, fremde Völker in anderen Kontinenten zu "christianisieren", in Verruf geraten. Was meist im Zuge der Kolonialisierung den „armen Heidenvölkern" in Afrika, Asien und Lateinamerika an neuen Glaubensvorstellungen übergestülpt worden war, - meist in bester Absicht, nicht selten aber auch mit schierer Gewalt, - geriet zunehmend in den Ruch geistiger Vergewaltigung und wurde seit Mitte des vorigen Jahrhunderts in den durch Mission entstandenen „jungen Kirchen" mit wachsender Kritik hinterfragt.
Zum anderen bekam **das Problem des Umgangs der Christen mit anderen Religionen** wachsende Bedeutung. Die wild wuchernde Globalisierung führte automatisch auch zu größerer religiöser Vermischung, und das machte den christlichen „Missionsbefehl", ‚Gehet hin in alle Welt und macht zu Jüngern alle Völker', allmählich zum Haupthindernis für die ohnehin schwierige Überwindung der vielfältigen interreligiösen Grenzen und Gräben.

In der weltweiten Gemeinschaft der ökumenischen Kirchen spürte man das naturgemäß deutlicher als an den abendländischen Ausgangspunkten der Mission. Deshalb hatte der Ökumenische Rat eine Reihe von internationalen Konferenzen initiiert, auf denen die anstehenden Fragen geklärt und mögliche Antworten gesucht werden sollten.

Auf der **Weltmissionskonferenz in Bangkok** (1971/2) kam es erstmals zu einem Aufstand der „Jungen Kirchen" gegen die (theologische) Bevormundung durch ihre abendländischen Gründer. Als der Tübinger Missionswissenschaftler Peter Beyerhaus in einer Plenarversammlung der Konferenz die Rückkehr zu den alten Grundsätzen forderte, begehrten die Vertreter der Jungen Kirchen auf und verlangten das Recht, über eine ihnen jeweils angemessene theologische Denk- und Verhaltensweise selbst befinden und entscheiden zu können. Unter Verweis auf die Verquickungen von Kolonisation und Mission in der Vergangenheit rief der einflussreiche indonesische Delegierte Simatupang in einer hitzigen Plenardebatte erregt: „There are no more eareas to be konquert", (Es gibt nun nichts mehr zu erobern), - und gab damit das Signal für eine Abnabelung der Kirchen in Asien, Afrika und Lateinamerika von den „alten" Kirchen diesseits und jenseits des Atlantik. Das von der Konferenz daraufhin nach schwierigen Diskussionen beschlossene „Moratorium" behielt zwar die Möglichkeiten materieller Hilfen von „Nord" nach „Süd" wohlweislich bei. Aber die Abhängigkeit des theologischen Denkens der „Jungen" von den „abendländischen" Vorgaben wurde ausdrücklich aufgehoben. Den Missionskirchen wurde erstmals zugestanden, ihren christlichen Glauben 'nach eigener Facon' auszulegen und entsprechend den eigenen Lebensumständen zu gestalten. -(s. Doku: 'Das Heil der Heiden')-

Das war zwar auf dem Wege zu einem zeitgemäßen Missionsverständnis ein erster Schritt, - das eigentliche Problem aber war damit keineswegs gelöst. Es gewann im Gegenteil zunehmend an Schärfe. In den sog. „Heimatkirchen" - auch in den deutschen - sahen sich die konservativen (Missions)kreise durch die Ergebnisse von „Bangkok" substanziell bedroht und machten mobil in einem gemeinsamen „Internationalen Kongress für Weltevangelisation", in Lausanne (1974). In der dort feierlich beschlossenen „Lausanner Erklärung" formulierten sie die Grundsätze ihres Glaubensverständnisses. Eindeutig gerichtet gegen die als „unbiblisch" gebrandmarkte theologische Entwicklung in der Ökumene, und als Warnung an die einheimischen Gemeinden vor der ökumenischen Ansteckungsgefahr.

Im 12. Kapitel dieser Erklärung heißt es unter der Überschrift „Geistliche Auseinandersetzung": „*...Wir entdecken die Aktivitäten des Feindes nicht allein in falschen Ideologien außerhalb der Gemeinde, sondern gleichermaßen in der Gemeinde durch die Verkündigung eines anderen Evangeliums, das die Schrift verkehrt und den Menschen an die Stelle Gottes setzt. Wir müssen wachsam sein und die Geister unterscheiden, um die biblische Botschaft zu gewährleisten...*" -

Auch in den auf „Bangkok" folgenden Missionskonferenzen kam man mit der Erneuerung des Missionsverständnis nicht wirklich vom Fleck. In „**Melbourne**" 1980 ging es noch einmal um die Abnabelung der christlichen Kirchen Asiens und Afrikas von der europäisch/amerikanischen Vormundschaft, und um Mission als „Hilfe gegen Armut". Aber die 10. Weltmissionskonferenz im mexikanischen **San Antonio** (1989) stand eindeutig im Zeichen der Globalisierung und der damit verbundenen gesellschaftspolitischen, sozialen und kulturellen Umwälzungen. Das betraf zwangsläufig auch die großen Religionsfamilien. Die Bereiche relativ einheitlicher Religionszugehörigkeit wurden immer durchlässiger, und die Christen, allen voran die Missionsgesellschaften im alten Europa, standen immer handgreiflicher vor der Frage, wie denn der biblische Missionsauftrag angesichts muslimischer oder jüdischer Nachbarn zu verstehen und gar umzusetzen ist. War denn Mission im gewohnten Sinne von „Bekehrung" noch möglich, wenn die zu Bekehrenden den gleichen Anspruch auf die Alleingültigkeit ihres Glaubens erheben wie die Christen?! - Was seit Jahrhunderten selbstverständlich erschienen war, dass „alle Welt" den christlichen Glauben als den einzigen Weg zum ewigen Heil ansehen und annehmen müsste, wurde immer nachdrücklicher hinterfragt. Und das musste nicht nur zur Kenntnis genommen werden, es forderte auch zu neuem Nachdenken heraus.

Spätestens in San Antonio zeigte sich, dass die Weltchristenheit dieser Herausforderung (noch) nicht gewachsen ist. Das zunächst noch allgemein und undramatisch formulierte Konferenzthema „Dein Wille geschehe – Mission in der Nachfolge Christi" spitzte sich alsbald zu auf die brisante Frage nach dem christlichen Selbstverständnis im Gegenüber zu den anderen Religionen. Je deutlicher die ökumenischen Initiatoren der Konferenz den bisherigen Missionsmethoden ein klares „Nein" entgegenstellten, desto sichtbarer wurde der seit langem schon aufgebrochene Graben zwischen „Evangelikalen" und „Ökumenikern". Der amtierende Generalsekretär Emilio Castro stellte die Behauptung der Christenheit in Frage, *den Willen Gottes zu kennen und zu vollstrecken"*. Und er mahnte: *„Wir können...keine unumstößlichen Urteile zulassen, denn dadurch maßen wir uns ein letztes Urteil an, das Gott seinen Geschöpfen nicht überlassen hat"*. Noch deutlicher hatte der scheidende ÖRK-Missionsdirektor Stockwell in seinem Einführungsreferat den christlichen Absolutheitsanspruch zurückgewiesen mit dem Satz: *„Wir glauben, dass der heilige Geist überall und unter allen Völkern (nicht nur unter Christen) am Werk ist, um Gottes unergründlichen Heilsplan für die ganze Menschheit und für die Ewigkeit zu erfüllen..."* Vielen erschien das damals als eine gänzlich unakzeptable Aussage. -

Nahezu zeitgleich untermauerten die „Evangelikalen" auf einer Fortsetzung der Lausanne-Konferenz in Manila ihr Verständnis des christlichen 'Alleinvertretungsanspruchs'. In ihrem Ergebnispapier, dem „Manifest von Manila", (1989) heißt es u. a:

"*...4.) Wir bekräftigen, dass die Menschen, obwohl sie zum Ebenbild Gottes geschaffen wurden, sündig, schuldig und ohne Christus verloren sind..-*
7.) Wir bekräftigen, dass andere Religionen und Ideologien keine anderen möglichen Wege zu Gott sind. Die nicht von Christus erlöste Religiosität des Menschen führt nicht zu Gott, sondern ins Gericht; denn Christus ist der einzige Weg zum Vater..."

Die Gegenüberstellung dieser beiden Voten zeigt den tiefen Riss, der die Christenheit in zwei unversöhnliche Lager spaltete. Je deutlicher die „ökumenische" Theologie nicht (mehr) bestritt, dass der Heilsplan Gottes auch in anderen Religionen am Werke sein kann, desto unduldsamer verkämpften sich die „Fundamentalisten" für ein Heilsverständnis, das den in der Bibel „offenbarten" Willen Gottes mehr oder weniger wortwörtlich versteht und daraus die

Überzeugung ableitet, dass die Welt und die Menschheit allein durch die Verbreitung dieser „Wahrheit" gerettet werden können. - In San Antonio hat man die Unüberbrückbarkeit dieser Positionen noch halbwegs zu kaschieren versucht durch den weitgehenden Rückzug auf Kompromissformeln - *'Wir können keinen anderen Weg des Heils bezeugen als Jesus Christus, gleichzeitig können wir Gottes Heilshandeln keine Grenzen setzen'*- und durch längst fragwürdig gewordene theologische Versatzstücke. Obwohl viele Teilnehmer wussten, dass die Kirchen damit kaum noch etwas bewegen können, und dass sie nach innen und nach außen vor allem Unsicherheit, Misstrauen und Gegenstimmung erzeugen. „*Die Bilanz von San Antonio ist deshalb negativ nicht nur für die Mission...*", folgerte ich am Schluss meines Konferenzberichts für die „Herder-Korrespondenz", „*...Die Bilanz ist negativ für die Kirche überhaupt....Die wieder einmal sichtbar gewordene Neigung, auf Klarheit und Eindeutigkeit um eines fragwürdigen innerkirchlichen Friedens willen zu verzichten, werden ihre ohnehin angeschlagene Glaubwürdigkeit und Überzeugungskraft weiter schwächen.* -(s. Doku: „Erneuerung der Mission – Fehlanzeige!"; HERDER KORRESPONDENZ 7/89)-

IV. Rückzug in die Perspektivlosigkeit
oder: **Die Macht der Gewohnheit**

Man kann den theologischen und kirchenpolitischen „Streit um die Mission" als signifikanten Dreh- und Angelpunkt betrachten für die Entwicklung der „ökumenischen Bewegung" und für den allmählichen Rückgang ihrer Durchsetzungskraft. Schon der fast euphorische Aufschwung des ÖRK von der zweiten Hälfte der 60er bis weit in die 80er Jahre des vorigen Jahrhunderts war begleitet von der ernüchternden Einsicht, dass die unterschiedlichen Sichtweisen zwischen den christlichen Kirchen und Konfessionen einer übergreifenden Einordnung und Bindungsbereitschaft nach wie vor hartnäckig widerstehen. Theologische Traditionen, kirchen- und kultur-politische Unterschiede und regionale Interessen erwiesen sich immer wieder als unüberbrückbare Hindernisse für übergeordnetes Denken und Verhalten. Zwar hielten die Bemühungen der Genfer Zentrale um christliche Einheit *und* um Zeichen und Maßnahmen im Sinne der postulierten „verantwortlichen Gesellschaft" bis ins neue Jahrhundert hinein an. Der „konziliare Prozess" blieb über die Basler Versammlung der europäischen Kirchen hinaus in Erinnerung. Auf ihn gestützt konnten die Christen in der DDR wesentliches zu den politischen Umwälzungen in ihrem Lande beitragen. Auch andernorts hat diese ökumenische Initiative vielfältige Resonanz ausgelöst. Sie gilt bis heute, auch außerhalb der Kirchen, als wichtiger Gestaltungsauftrag für das Überleben auf unserem Globus. Die 2001 in Genf ausgerufene *„Dekade zur Überwindung von Gewalt"* hat versucht, diesen Ansatz zu verlängern. In vielen kirchlichen Veranstaltungen wurde sie diskutiert, und als andauernder Impuls für den Friedensauftrag der Christen im Bewusstsein verankert. Allerdings wurde die umfassende Erklärung des Ökumenischen Rates von 2011 zur Weiterarbeit an diesem wichtigen Thema wegen ihrer - wie so oft - überbordenden theologischen und kirchenpolitischen Ausführlichkeit in den Kirchen selbst und darüber hinaus kaum noch wahrgenommen.

Auch die etwa gleichzeitig erkennbaren Bemühungen anderer konfessioneller und regionaler Zusammenschlüsse um innerkirchliche Gemeinsamkeiten und um Mitverantwortung für die Dinge dieser Welt konnten durchschlagende Erfolge nirgends erzielen.

Rückblickend ist unverkennbar, dass alle diese ökumenischen Ansätze und Anstrengungen von Beginn an wenig Chancen hatten gegen den latenten Widerstand der etablierten Kirchen und ihrer Institutionen. Zwar galt bei Vielen die Ökumene offiziell als zukunftsträchtig und unterstützenswert. Die potenten Kirchen in den USA, in Deutschland oder in den Niederlanden förderten den Aufbau und die Entwicklung in den 60er und 70er Jahren nicht nur mit hohen Mitgliedsbeiträgen, sondern vor allem durch die Mitarbeit namhafter kirchlicher Persönlichkeiten in den ökumenischen Leitungsgremien. Aus Deutschland gehörten z. B. der hannoversche Landesbischof Hanns Lilje und der hessen-nassauische Kirchenpräsident Martin Niemöller zu den Pionieren der Gründerjahre. Der zeitweilige Kirchentagspräsident Richard von Weizsäcker oder die spätere Kirchentags-Generalsekretärin Margot Käßmann waren einflussreiche Mitglieder im Zentralausschuss, und der deutsche Theologieprofessor Konrad Raiser wurde 1998 als 5. Generalsekretär an die Spitze des ÖRK berufen. Eine lange Reihe hochbegabter (und eigenwilliger!) EKD-Theologen und Laien, wie Ernst Lange, Werner Simpfendörfer, Ulrich Duchrow, Geiko Müller-Fahrenholz oder Hans Jürgen Schultz waren für kürzere oder längere Zeit Mitarbeiter oder Berater des Genfer Stabes.
Es fehlte also nicht an klugen Köpfen aus den Mitgliedskirchen, auch nicht aus der EKD. Trotzdem blieb in der Breite der Kirchen, in ihren leitenden Gremien ebenso wie in den Gemeinden, ökumenisches „Bewusstsein" nur eine Randerscheinung. Erkennbare Ausnahmen gab es allenfalls vorübergehend in den Zeiten der Friedensbewegung, im Kirchentag und in den Kirchen der DDR.

Eine Hauptursache für die Schwierigkeiten, der „ökumenischen Utopie" Zugang zu den Kirchen zu verschaffen, war und blieb **der breite Graben zwischen der „Genfer" Theologie und den Lebens-**

und Glaubensgewohnheiten in den allermeisten Gemeinden. *Ernst Lange*, zeitweilig einer der engagiertesten und hellsichtigsten deutschen Mitarbeiter in der Kommission für „Glauben und Kirchenverfassung", hat 1971 in einem Grundsatzvortrag (und im späteren Buch): *„Die ökumenische Utopie, oder was bewegt die ökumenische Bewegung"* diesen Zusammenhang so beschrieben: *„Es gibt für die ökumenische Theologie nicht nur ein Beziehungsproblem mit den kirchlichen Institutionen. Schwerwiegender noch ist für sie die Frage, wie ihre Arbeit sich mit der gelebten Frömmigkeit in den Gemeinden verträgt....Die ökumenische Zumutung, die die Theologen von ‚Glauben und Kirchenverfassung' vertreten,...versucht nicht nur, das Bewusstsein des Glaubens zeitgenössisch gegenwärtig zu machen, sondern die Frömmigkeit und das Gewissen auf die Zukunft zu orientieren. Sie greift nicht nur Bewusstseinsinhalte an, sondern Gemütszustände, Vorurteile, Motivationen und Verhaltensweisen, die ganz tief eingefahren sind. Menschen sollen über ihre Grenzen hinaussehen, hinausfühlen, hinausleben lernen. Sie sollen auf ihre Feindbilder verzichten. Das Fremde soll nicht mehr fremd für sie sein. Veränderung soll gesegnet und nicht mehr gescheut oder gar verflucht werden. Gott soll aus der Vergangenheit auswandern und als der erkannt, nein angenommen werden, der immer schon im Kommenden angesiedelt ist. Kirche soll nicht mehr vertraute Vergangenheit, sondern ersehnte Zukunft sein. Das ist ein tieferes Lernen, als das Lernen des Verstandes".* (zitiert nach W. Simpfendörfer: „Ernst Lange, Versuch eines Porträts", S. 215)

Angesichts der so beschriebenen Situation verwundert es nicht, dass die Ökumene dem „Kirchenvolk" eher fremd blieb, allenfalls exotisch, - hier und da mit Interesse wahrgenommen, aber selten als Herausforderung. Folgerichtig wurde die Tagesordnung der real existierenden Kirchen weiterhin und in erster Linie bestimmt von ihren je eigenen Fragen und Problemen. Im Vordergrund stand stets die Sorge um den Erhalt des Mitgliederbestandes und der dafür notwendigen Strukturen, begleitet von den permanenten Auseinandersetzungen um die Bewahrung des „rechten Glaubens". Zu diesen Themen gab es zwar genügend Problemanzeigen, aber nur selten gelang es den zuständigen Gremien, also vor allem den Synoden der

EKD und der Landeskirchen, selbst die als brennend erkannten Fragen so zu behandeln, dass sie in den Gemeinden und gar über den eigenen Tellerrand hinaus Wirkkraft hätten entwickeln können.

An zahlreichen Beispielen sind die Mechanismen zu erkennen, die dazu führten, dass notwendige Einsichten, (die es durchaus gab), immer wieder hängen blieben im Gestrüpp aus Verdrängung, Beschönigung, Uneinsichtigkeit, und vor allem an der Angst vor neuen Wegen. Die Mehrheiten in den Gremien, die zumeist dem bewährten Humus der Ortsgemeinden entstammen und deshalb fest im Hergebrachten verwurzelt sind, verhindern bis heute zuverlässig neue Weichenstellungen, auch wenn sie noch so notwendig wären.

Ein eindringliches Beispiele dafür erlebte ich Anfang der 70er Jahre. Damals warnte der junge Hamburger Bischof Hans-Otto **Wölber** auf einer EKD-Synode in Freiburg nachdrücklich vor dem „allmählichen Ende der Volkskirche". Seine Darstellung der kirchlichen Verhältnisse in der Hansestadt erlaubten keinen Zweifel an der Sorge, dass ein Rückgang der Kirchlichkeit auf dem Wege über die großen Städte bald auch die Gemeinden generell erreichen könnte, wenn es den Kirchen nicht gelänge, ihre Botschaft verständlicher und überzeugender an den Mann und die Frau zu bringen. - Einzelheiten erinnere ich nicht mehr. Wohl aber das Erstaunen darüber, dass die Synodalen den aufrüttelnden Bericht Wölbers zwar mit Unbehagen quittierten, aber ohne weiteres bald wieder zu ihrer ge-wohnten und weniger problematischen Tagesordnung zurückkehrten.
Die kurz danach erstellte erste offizielle 'Kirchenmitgliedschafts-Untersuchung' hat zwar mit Signalen wie ‚*relative Stabilität*' und ‚*Chance für Reformen*'...entdramatisierend gewirkt und den Eindruck zu erwecken versucht, dass kaum Grund zur Sorge besteht. Und dieser Tendenz sind auch die später im Zehnjahresrhythmus folgenden Mitgliedschafts-Untersuchungen durchweg treu geblieben. Ihre offiziellen Auswertungen durch die EKD-Kirchenkanzlei in Hannover sind allerdings immer deutlich optimistischer ausgefallen als das, was ich für die journalistische Berichterstattung aus diesen vergleichsweise gründlichen Befragungen herauslesen konnte. -

Nahezu dramatisch sichtbar wurde die tief sitzende **Veränderungsresistenz** bei der EKD-Synode 1988 in Bad Wildungen. Auf einer Tagung mit kirchlichen Führungskräften im Vorfeld hatte Bischof Kruse als damaliger Ratsvorsitzender eher beiläufig auf die Frage verwiesen, *„wie denn heutzutage jemand Christ werden und Christ bleiben könne".* Die versammelten Amtsträger reagierten elektrisiert, erhoben die Frage zum Hauptthema der nächsten Synode und beauftragten eine hochrangige Kommission unter Leitung des hannoverschen Bischofs Hirschler mit den wohl gründlichsten Vorarbeiten, die je für ein synodales Schwerpunktthema geleistet worden sind. Die 52 Seiten starke „Vorlage", die daraus entstanden ist, blieb freilich hinter den Erwartungen auch vieler Synodaler weit zurück. Denn die Kommission war dem Problem, wie denn heute einer Christ werden und bleiben könne, nahezu vollständig ausgewichen. Stattdessen hatte sie sich ausführlich in eine weit weniger brisante Bestandsaufnahme heutiger Kirchlichkeit geflüchtet. Diese war obendrein *sprachlich gespickt mit kirchlichen Klischees und theologischen Fertigbauteilen, und auch dort, wo Fehlbestände aufgelistet, Forderungen formuliert und Veränderungen angemahnt werden, bleibt das meiste unkonkret...und ohne einen einzigen neuen, originellen oder mutigen Gedanken..."* -(s. Doku: "Suche nach neuen Spuren", - 'Ev. Informationen', 48/88)

Offensichtlich war die Synode mit der Herausforderung dieses für die Kirche zentralen und lebenswichtigen Themas überfordert. Auch der Versuch des Züricher Neutestamentlers Hans Weder, in seinem Grundsatzreferat den Blick der Synodalen über die Umzäunung approbierter Kirchlichkeit hinaus zu heben, konnte da nicht weiterhelfen. Weders Frage, ob es sein könnte, dass der Zugang zum christlichen Glauben heute – mindestens auch – denkbar sei an der Kirche vorbei, war vom Bewusstsein der damaligen Verantwortungsträger erkennbar weit entfernt. Auch der mit rauchenden Köpfen erstellten Neufassung der Kommissionsvorlage gelang kaum mehr als eine Beschreibung des kirchlich Selbstverständlichen. Dass die Annahme des Papiers dennoch weithin als historische Stunde empfunden wurde, war vor allem ein Zeichen bedenklicher Selbstgenügsamkeit. *"Kaum eine/r der Synodalen schien geplagt vom großen Abstand im Denken, Reden und Fühlen der kirchlichen Insider zum Gros der Gemeinden und - vor allem - zu den vielen Menschen, denen ihr Glaube und ihre Kirche immer fragwürdiger werden. Dass man diese Menschen mit den tradierten innerkirchlichen Denkstrukturen längst nicht mehr erreicht, ist dem kirchlichen Management entweder nicht bewusst, oder es wird erfolgreich verdrängt. Solange sich aber daran nichts ändert, wird die Verständigung nicht gelingen.."* (ebd). -

Diese mangelnde Fähigkeit und Bereitschaft der verfassten Kirchen - (in Westdeutschland, und weithin in der "Alten Welt" überhaupt)-, ihre kontinuierlich wachsenden Verluste an Glaubwürdigkeit und Anziehungskraft zu erkennen und nach brauchbaren Antworten darauf zu suchen, zieht sich wie ein roter Faden durch die Entwicklung der zweiten Hälfte des vergangenen Jahrhunderts. Trotz vielfältiger und ernsthafter Bemühungen um mehr Lebensnähe im Inneren wie nach außen. Auf nahezu allen Ebenen gab es zwar immer neue Diskussionen um Verbesserungsvorschläge und Veränderungen, um Forderungen nach Erneuerung und Nachhaltigkeit. Nahezu alle aber wurden ausgebremst von der Macht der Gewohnheit, von der Verteidigung überkommener Positionen, von theologischer Rechthaberei und von der Sorge, dass mit jeder Veränderung ein Verlust am „Eigentlichen" verbunden sein könnte. Die Stichwörter „*Politisierung*" und „*Zeitgeist*" nisteten sich als Horrorvisionen immer fester in den Köpfen vieler Verfechter des 'rechten' Glaubens ein und dienten als zuverlässige Totschlagargumente gegen unbequeme Fragen und gegen fast alle Versuche, kirchliches Denken und Handeln aus den Fesseln der vorgegebenen Richtigkeiten zu befreien.

Einen folgenschweren Höhepunkt erreichte diese innere und äußere Unbeweglichkeit mit der **Vereinigung von Bundesrepublik und DDR**. Hier hätten die evangelischen Kirchen nicht nur überfällige innerkirchliche Reformen in die Wege leiten müssen, sondern auch eine wichtige gesellschaftspolitische Vermittlerrolle zwischen den beiden Teilen Deutschlands übernehmen können. Nur wenige Menschen und sicherlich keine vergleichbare Organisation hatten in den Jahrzehnten der Trennung so enge Kontakte hinüber und herüber am Leben erhalten können wie die Kirchen. Keine andere Institution hätte soviel Verständnis mobilisieren können für unterschiedliche Befindlichkeiten, und keine hätte bessere Möglichkeiten gehabt, auch zwischen den diesseits und jenseits der Elbe unterschiedlich gewachsenen Strukturen tragfähige Brücken zu bauen.

Kaum etwas davon ist gelungen. Vergleichbar mit der Entwicklung in Staat und Politik geriet **die Vereinigung der Kirchen** de facto zur **Übernahme** der östlichen Gliedkirchen in die westliche EKD. Im Vordergrund standen die organisatorischen Anpassungen. Sie liefen praktisch darauf hinaus, die äußerlich wohlgeordneten und kräftemäßig überlegenen westlichen Verhältnisse so weit wie möglich den kleineren und finanziell kaum lebensfähigen Gemeinden des 'Bundes der evangelischen Kirchen in der DDR' (BEK) überzustülpen. Natürlich war die Regelung einiger Strukturprobleme unausweichlich. Beim Kirchensteuereinzugsverfahren war das weitgehend nachvollziehbar und gelang deshalb auch ohne größere Reibungsverluste. Anders bei Themen wie Militärseelsorge oder Religionsunterricht. Da mussten viele Glieder der östlichen Teilkirchen erkennen, dass ihre eigenständigen Erfahrungen aus den vergangenen vier Jahrzehnten wenig Berücksichtigung fanden. Und nicht nur im Osten ging die Frage um, ob nicht vor oder wenigstens neben der Festlegung der organisatorischen Einheit wichtige inhaltliche Themen zu bedenken sind. Als Reaktion auf eine von der allgemeinen Vereinigungseuphorie bestimmten „Loccumer Erklärung" der Kirchen forderten namhafte Christen aus beiden deutschen Staaten im Februar 1990 in einer „Berliner Erklärung" u. a.: „*...Bevor wir unsere Kräfte auf eine Vereinigung unserer Kirchen konzentrieren, brauchen wir in der EKD und im BEK eine Selbstklärung über das, was wir in den dreißig Jahren der Trennung gelernt und in die neue Gemeinschaft einzubringen haben. Das gilt für die Kirchen der DDR, die jetzt dem Sog der Angleichung an den Westen ausgesetzt sind. Es gilt aber ebenso für die Kirchen in der BRD, die sich fragen lassen müssen, ob sie bereit sind, sich* *durch die eigenständigen Erfahrungen ihrer Partnerkirchen in der DDR verändern zu lassen..."* -

Die Notwendigkeit zu Veränderungen auf *beiden* Seiten war natürlich schon damals mit Händen zu greifen. Das Verständnis von ‚Volkskirche' war auch im Westen längst brüchig geworden. Die mangelnde Anziehungskraft der Gemeinden, das Verhältnis zwischen Verwaltung und Verkündigung, zwischen Juristen und Theologen, zwischen 'Gesetz und Evangelium', - das alles und vieles andere hätte dringend überdacht werden müssen. Und die Erfahrungen, die die Christen in der DDR unter ihren viel raueren Bedingungen gesammelt hatten, wären für eine neue Aufgabenbeschreibung unerlässlich gewesen.

Aber fast nichts dergleichen ist passiert. Unter der Überschrift „Operation geglückt, - Patient...?" schrieb ich im März 1991 in der Monatszeitschrift „Evangelische Kommentare": *Die Sorge um die Erhaltung der Funktionsfähigkeit (und der Macht?) scheint alle Kräfte zu binden. Für einen gemeinsamen Aufbruch zu neuen Ufern reicht der Atem nicht. Gebot und Chance der Stunde bleiben ungehört und ungenutzt; zum 'Kairos' konnte sich nichts mausern. Der immer wieder beschworene ‚Geist' müsste schon kräftig in Kirchenleitungen und Synoden fahren, um daran noch etwas zu ändern. Tut er das nicht, dann wird die Operation wohl so verlaufen wie geplant. Und daran sterben wird der Patient ganz sicher nicht. Wie weit jedoch die Lebenskräfte reichen, das steht auf einem anderen Blatt.* - (s. Doku: Ev. Komm. 3/91) -

Auch in den Jahren nach der „Wende" konnten die Defizite des Vereinigungsprozesses nicht aufgearbeitet werden. Wohl gab es immer wieder regionale Veranstaltungen, auf denen Vertreter der Kirchen aus Ost und West gemeinsame Fragen zu besprechen und Verständigungslücken zu schließen versuchten. Und es hat bei solchen Treffen nicht an kritischen Rückfragen und Einsichten gefehlt. „*Die Weltlichkeit der Kirche schrumpft, und die Kirchlichkeit der Kirche wächst*". Diese grundsätzliche Feststellung des Generalsekretärs **Christian Krause** beim **Kirchentagskongress** in Jena 1992 veran-

lasste den damaligen Heidelberger Theologen und Sozialethiker **Wolfgang Huber** zu der Vermutung, *„dass wir in eine kirchliche Selbstbeschäftigung hineinrutschen, die unsere eigenen Bestandsprobleme....zum Selbstzweck werden lässt, auch wenn wir das gar nicht wollen."*- Freilich lag damals schon auf der Hand, *".. dass hinter dieser Klage mehr steckt, als ein Problem der Kirche. Die Unfähigkeit, den komplizierten Fragen unserer Zeit mit neuen geistigen Impulsen zu begegnen, ist allgemein. Aber gerade deshalb ist jeder kirchliche Versuch, das steinige Feld zu beackern, bedeutsam auch für die Gesellschaft insgesamt..."* - (s. Doku: „Deutsche Einsichten – Beobachtungen vom Kirchentagskongress in Jena"; Ev. Komm. 8/92;) -
Die Ungeduld, mit der in diesem Zusammenhang der Berliner **Altbischof Forck** konkretes Handeln anmahnte, entsprang genau jener Einsicht, dass es beim Umgang mit dem Evangelium nicht nur um die innerkirchlichen Verhältnisse geht: *"Wir haben* -merkte Forck in Jena unmissverständlich an - *in der DDR gelernt, das Evangelium hat immer politische und gesellschaftliche Konsequenzen. Und wenn es die nicht hat, dann ist es nicht das Evangelium. Das ewige Zitieren, das immer neue Aufrufen, dass dies gemacht werden müsste und das, das tut's nicht mehr"*. („Brief aus dem Osten"; Ev. Kom. 8/92).'

Die „politischen und gesellschaftlichen Konsequenzen" waren in den damaligen Ost/West-Gesprächen nahezu zwangsläufig ein immer wiederkehrendes Thema. Auf der **gesamtkirchlichen Synode in Suhl** (Nov. 92) wurde drei Tage lang um die für beide Seiten tragfähige Verantwortung für einen gemeinsamen Weg gerungen, wobei die Aufhellung der kirchlichen DDR-Vergangenheit eindeutig im Vordergrund stand. Aber trotz besten Willens der 160 Synodalen blieb die Hoffnung auf Übereinstimmung der Sichtweisen weitgehend unerfüllt. *„Und das wird auch so bleiben, solange vor allem zwei Fragen noch nicht geklärt sind: Wie weit hätte sich Kirche mit theologischer Begründung auf den Sozialismus – als Idee und in der real existierenden Diktatur - einlassen dürfen?*, und *...Haben wichtige Repräsentanten der Kirche (Ost) - oder hat sie gar insgesamt - diese Grenze überschritten?- ....Solange die Kirche in diesen beiden Punkten nicht eindeutig und ‚mit Vollmacht' reden kann, ...bleibt sie der Gesellschaft einen wichtigen*

Dienst schuldig: nämlich stellvertretend Wege und Maßstäbe zu suchen für die unerlässliche Aufarbeitung des Sozialismus-Syndroms und für den Umgang mit den Menschen, die darin verstrickt waren". (s. Doku: „Protestantische Aufräumungsarbeiten"; Ev. Informationen 46/92;)-

Auch nach der Wiedervereinigung sind in der nunmehr gesamtdeutschen evangelische Kirche dringende theologische, kirchen- oder gesellschaftspolitische **Reformen weitgehend ausgeblieben.** Immer wieder setzen sich die Kräfte durch, die aus Sorge um den inneren und äußeren Bestand der ‚Bewahrung' des Glaubens den Vorrang gaben vor seiner ‚Bewährung'.

Wie beim jahrelangen **Streit um den Religionsunterricht.** Seine Wurzeln reichen weit zurück bis auf den Grundgesetzartikel 7.3, der schulischen Religionsunterricht „in Übereinstimmung mit den Grundsätzen der Religionsgemeinschaften" vorschreibt, und dessen wirklichkeitsfremde Ausgestaltung schon seit den 70er und 80er Jahren zu allerlei kontroversen Auseinandersetzungen geführt hatte. Ein Fach „Ethik" als Alternativangebot war nur halbherzig angenommen worden und galt allenthalben als unbefriedigend.

Das Problem erhielt neue Nahrung, als nach der Wende „Reli" in den 'neuen' Ländern nach jahrzehntelanger Abwesenheit plötzlich wieder zur Debatte stand; in Klassen mit meist weniger als 20% „Christen". Ein „Brandenburger Modell", das "Lebensgestaltung, Ethik und Religion", (LER), miteinander zu verknüpfen suchte, scheiterte nach langen und zermürbenden Diskussionen. Obwohl mit dem früheren evangelischen Konsistorialrat Manfred Stolpe als brandenburgischem Regierungschef und dem Berliner Bischof und EKD-Ratsvorsitzenden Wolfgang Huber zwei als klug und „fortschrittlich" geltende Männer sich eigentlich hätten zusammenraufen müssen. Für viele gutmeinende Beobachter war das eine tiefe Enttäuschung. Denn sie sahen: *„Die durch die Wiedervereinigung provozierte Chance, den kirchlichen Verkündigungsauftrag durch formale Anpassung an veränderte Verhältnisse besser und wirksamer wahrzunehmen, ist offensichtlich vertan…Wieder einmal wurden Positionen behaup-*

tet, um (überholte) Inhalte zu retten. Diese Haltung als Irrglauben zu entlarven, gelingt in der Kirche derzeit kaum" (s. Doku: "Von Prinzipien erdrosselt – Schlechte Nachrichten in Sachen Religionsunterricht"; Bad. Kirchenzeitung STANDpunkte, 9/96) -

Zwei Jahre später scheiterte auch der Versuch, den Religionsunterricht wenigstens aus seiner *konfessionellen* Engführung zu befreien. Nach langwierigen Diskussionen bekräftigten die 'Evangelische Kirche in Deutschland' und die 'Deutsche Katholische Bischofskonferenz' in einer gemeinsamen Erklärung ihren Entschluss, die nach Konfessionen getrennte Form des Religionsunterrichts in den Schulen beizubehalten. Zwar wurde wie üblich die „ökumenische Dimension" und der „ökumenische Geist" des Unterrichts beschworen. Aber die Zielrichtung des gemeinsamen Papiers war eindeutig restriktiv. Trotz des wachsenden Drucks auch aus den Reihen der Religionslehrer obsiegten wieder einmal die konfessionellen Gralshüter, bestätigten und versteiften die Kirchen ohne Not ihre starre Haltung: Reli darf auch in Zukunft im Regelfall nur konfessionell getrennt erteilt werden. -(s. Doku: „Keine Erleichterung für ‚Reli'!", epd, kirchliche Presse 15/16; - und Zitat Jörg Zink: *"Der Gott der Konfessionen ist ein Götze!"*) -

Die Unbeweglichkeit im theologischen Denken und im kirchlichen Leben ist der 'Gesamt'- Kirche trotz drängender Fragen der 'modernen' und der 'postmodernen' Zeit erhalten geblieben. Das dokumentierte unübersehbar auch die **EKD-Synode 1999 in Leipzig**. Deren zentrales Thema lautete: *„Reden von Gott in der Welt"*. Nach der Frage „Wie kann einer heute Christ sein?" (Bad Wildungen 1988) schien es auf einer Synodaltagung endlich einmal wieder ums „Eingemachte" zu gehen. Konnte es für die Kirche – nicht nur angesichts stetig nachlassender Resonanz auf ihre gewohnte Rede- und Verhaltensweise – wichtigeres geben, als das Nachdenken darüber, wie 'von Gott in der Welt' zu reden sei?-
Aber wer in Leipzig richtungweisende Referate und spannende Debatten erwartet hatte, sah sich wieder einmal getäuscht. Die Heraus-

forderung des Themas wurde weder angesprochen noch angenommen. Stattdessen ging es - laut Untertitel - um den "missionarischen Auftrag der Kirche an der Schwelle zum 3. Jahrtausend". Eine wichtige Frage zweifellos auch, aber weit weniger gefährlich, als eine Auseinandersetzung mit dem Hauptthema hätte sein können und müssen. Die von einer Kommission in bewährter Weise vorbereitete Schlusserklärung („Kundgebung") enthielt zwar Hinweise auf notwendige Veränderungen der Missionspraxis. So wollte die Kirche „einer Vielfalt von Wegen und Konzepten Raum geben", hielt „eine neue Sprachlehre des Glaubens (für) nötig" und wies darauf hin, dass man mit den Vielen, die dem Glauben entfremdet sind, „in je unterschiedlicher Weise" reden müsse. Ein „Lesebuch zum Schwerpunktthema" versprach „Informationen, Anregungen und Beispiele" für alle Christen, „sich neu auf ihren missionarischen Auftrag zu besinnen". Sogar vom Verzicht auf „Alleinvertretungsansprüche" war die Rede. "*Aber all die schönen Empfehlungen bleiben unverbindlich. Nichts wird konkret.....Das Ergebnis ist (wieder mal) vorwiegend eine Beschäftigung der Synode mit sich selbst; erfahrungsgemäß ohne Folgen für die Gemeinden und ganz gewiss ohne Echo in der Öffentlichkeit...*" -(s. Doku: „Reden von Gott in der Welt – aber wie?"; Kommentar WDR, 5. 10. 99) -

Auch **die zahlreichen kritischen Stimmen aus den eigenen Reihen** konnten dem Beharrungsvermögen der institutionellen Kirche nicht wirklich etwas entgegensetzen. Obwohl viele von ihnen an prominenter Stelle der Kirche agierten und ihre Argumente - eigentlich - nicht zu überhören waren.
In Deutschland (West) zählten dazu Theologen wie Heinrich Albertz, Helmut Gollwitzer, Jürgen Moltmann und Elisabeth Moltmann-Wendel, Dorothee Sölle, Heinz Zahrnt oder Jörg Zink; Kirchenführer wie Martin Niemöller, Kurt Scharf oder Martin Kruse. Ebenso Pfarrer und andere kirchliche Mitarbeiter wie Ernst Lange, Paul Oestreicher, Werner Simpfendörfer, Eberhard Stammler oder - zuvor schon und allen weit voraus - Dietrich Bonhoeffer. Hinzu kamen bekannte „Laien" aus Politik und Gesellschaft. Z. B. Erhard Eppler, Gustav Heinemann, Reinhard Höppner, Johannes

Rau, Jürgen Schmude, Helmut Simon oder Carl Friedrich und Richard von Weizsäcker. - **In der DDR** stellten sich Kirchenmänner und -frauen wie Heino Falcke, Gottfried Forck, Joachim Garstecki, Johannes Hempel, Klaus-Peter Hertzsch, Günter und Werner Krusche, Albrecht und Annemarie Schönherr, Friedrich Schorlemmer oder Manfred Stolpe offen und offensiv den Problemen, denen sie in ihrem atheistisch geprägten Unrechtstaat nicht ausweichen konnten. Alle diese Frauen und Männer - und mit ihnen viele andere - setzten neue Schwerpunkte. Häufig im Geiste der „ökumenischen Bewegung" und in Übereinstimmung mit namhaften ausländischen Theologen. - Sie fordern neue Maßstäbe für theologisches Denken und für eine lebensnähere Kirche. Fast alle waren und sind in kirchlichen Leitungsetagen und bei vielen Gemeindegliedern wohlbekannt, - freilich nicht gleichermaßen anerkannt und akzeptiert. Die heftig umstrittene **Dorothee Sölle** etwa hoffte vergeblich auf eine Professur in Deutschland und war stattdessen an großen Universitäten in Amerika begehrt und viel beachtet. (s. Stichwörter wie "Politisches Nachtgebet" oder "Theologie nach dem Tode Gottes") - Auch **Helmut Gollwitzer** ("Und führen, wohin Du nicht willst", „Krummes Holz, aufrechter Gang") stand mit seinem leidenschaftlichen Einsatz für eine politisch und ethisch verantwortliche Theologie und für das Gespräch mit dem Marxismus ebenso im Abseits der Kirche wie - zusammen mit dem Berliner Bischof und EKD-Ratsvorsitzenden **Kurt Scharf** - als Brückenbauer und Vermittler zwischen den 1968 revoltierenden Studenten und der Öffentlichkeit. Der engagierte Ökumeniker und Kirchenreformer **Ernst Lange** wurde zwar nach einer bewegten theologischen Laufbahn an die Kirchenkanzlei nach Hannover berufen, wo er als Leiter einer Planungsgruppe ‚längerfristige Perspektiven für kirchliche Entscheidungsträger' erarbeiten sollte. Aber sein Konzept, mit dem er die Kirche als eine „Institution im Übergang" davon überzeugen wollte, „dass Tradition und Innovation, Kontinuität und Wandel zu verbinden sind", war mit den Vorstellungen der maßgeblichen kirchlichen Amtsträger nicht vereinbar. -(seine Themen: „Chancen des Alltags - Überlegungen zur Funktion des christlichen Gottesdienstes in der Gegenwart"; – „Sprachschule für die Freiheit, - Bildung

und Erneuerung als Problem und Funktion der Kirche"; – „Kirche für die Welt - Aufsätze zur Theorie kirchlichen Handelns", - „Die ökumenische Utopie, oder was bewegt die ökumenische Bewegung", u. a....) - Diese vielfältigen Ideen und Entwürfe des ungewöhnlich sensiblen und visionären Theologen gelangten auch nach seinem frühen Tod über die Kanzleischreibtische nicht hinaus. Und bis heute ist Ernst Lange nur wenigen Kirchenkennern ein Begriff. - (s. Werner Simpfendörfer: „Ernst Lange" Wichern-Verlag 1997).-
Fast vergessen ist ebenso **Heinz Zahrnt,** der als langjähriger Chefredakteur des Deutschen Allgemeinen Sonntagsblatts theologische Gedanken vertrat und einforderte, die über die Standards der Institution Kirche weit hinausragten.
Selbst der als Widerstandskämpfer 1945 von den Nazis hingerichtete und weltweit bekannte **Dietrich Bonhoeffer** spielt im theologischen Denken der Kirchen inzwischen eine kaum noch wahrnehmbare Rolle. Zwar werden Kern- und Merksätze von ihm bei offiziellen Anlässen fleißig zitiert – ("Kirche für andere" oder "Beten und Tun des Gerechten"), - und sein Gedicht aus der Haft, „Von guten Mächten wunderbar geborgen...." spielt im Evangelischen Kirchengesangbuch und im Gemeindebewusstsein eine bevorzugte Rolle. Die Radikalität jedoch, mit der er immer wieder danach fragte, was christlicher Glaube letztlich beinhaltet und wie er glaubwürdig gelebt werden kann, bringt die Theologie bis heute in Auslegungsnöte. Bonhoeffers Anmerkung, *„den Gott, den 'es gibt', gibt es nicht",* widersetzt sich klassischer theologischer Denkweise ebenso wie seine Vorstellung von einer *‚nichtreligiösen Interpretation'* des Christentums. Der Hinweis, dass er viele seiner Gedanken vielleicht anders formuliert hätte, wenn ihm vergönnt gewesen wäre, sie in einem längeren Leben weiter zu denken, wird oft als Rechtfertigung dafür angesehen, solche, das kirchliche Glaubensgebäude bedrohenden Überlegungen nicht ernsthaft aufgreifen zu müssen. (s. u. a. Hans Jürgen Schultz: „Dietrich Bonhoeffer – Umkehr zum Leben") -

Den meisten zeitgenössischen Publikationen, die den Glaubenskanon der Kirchen hinterfragen oder auch nur in eine verständlichere Sprache zu übersetzen versuchen, ergeht es nicht anders. Hier drei der gegenwärtig markantesten Autoren:

Der evangelische Pfarrer, Publizist und Schriftsteller **Jörg Zink** gehört zu den meistgelesenen deutschsprachigen Autoren der Gegenwart. Seine Bücher sind in viele Sprachen übersetzt und werden millionenfach verkauft, obwohl er sich nahezu ausschließlich mit Fragen des Glaubens, dem Verständnis von Theologie und mit den „Lehren" der Kirchen auseinandersetzt. Er tut das freilich in seiner eigenen Sprache, verzichtet auf die geläufigen Bekenntnisformeln und dogmatischen Vorgaben, und unterscheidet sich dadurch deutlich vom gebräuchlichen kirchlichen Duktus und Vokabular. An die Stelle allgemeiner Behauptungen treten seine persönlichen Erfahrungen. Seine Bücher werden als Glaubens- und Lebenshilfe gleichermaßen verstanden, weit über den Kreis der "gläubigen" Christen hinaus. In der Kirche selbst aber sind die Reaktionen eher zwiespältig. Zwar war der Siegeszug seiner Bibelübersetzung nicht zu unterbinden. Aber der Vorwurf, Gottes Wort gelegentlich zu „interpretieren", statt es wortgetreu zu übersetzen, hat sich bei manchen Theologen bis heute gehalten. Ebenso das (nicht nur 'klammheimliche') Unbehagen am allzu freizügigen Umgang des Erfolgsautors mit kirchlichen Grundsätzen und den sog. biblischen „Wahrheiten". Die vielen Versuche Zinks, fundamentale Fragen des Glaubens und des Christseins nach seinem Verständnis zu buchstabieren und zu erklären, sind zwar auch jenseits geläufiger Gemeindegrenzen ungewöhnlich weit verbreitet. Auf die innerkirchlichen Überlegungen und kirchen'amtlichen' Vorgaben aber sind sie bisher ohne erkennbaren Einfluss geblieben. (s. u. a.: „Die Urkraft des Heiligen – Christlicher Glaube im 21. Jahrhundert", 2003; „Ruf in die Freiheit – Entwurf einer zukünftigen christlichen Ethik", 2007; oder „Gotteswahrnehmung – Wege religiöser Erfahrung", 2009). Besonders im letztgenannten Buch will Zink nicht nur ,*die Weise, wie der Mensch die Anrede Gottes hört',* neu bedenken. Darüber hinaus fordert er einmal mehr den *Dialog der Religionen,* konstruktiv und 'auf gleicher Augenhöhe', als unabweisbare Aufgabe unserer Zeit.

Das zweite Beispiel betrifft die Arbeiten des evangelischen Theologen **Klaus-Peter Jörns**. Der (seit 1999 emeritierte) Professor für Praktische Theologie und Leiter des Instituts für Religionssoziologie und Gemeindeaufbau an der kirchlichen Hochschule Berlin und der dortigen Humbold-Universität hat sich in einer Reihe von Veröffentlichungen kritisch mit der christlichen Überlieferung auseinandergesetzt. Er wollte und will damit die Zugänge zum Christentum neu öffnen und theologische Schritte zu freierem Umgang mit dem Glauben aufzeigen. Besonders sein 2004 erstveröffentlichtes Buch „*Notwendige Abschiede - Auf dem Weg zu einem glaubwürdigen Christentum*" ist bekannt geworden und wird auch außerhalb von Gemeinden häufig diskutiert. Jörns' bekannteste These, das Christentum müsse sich um seiner Glaubwürdigkeit und Überzeugungskraft willen von etlichen dogmatischen Vorstellungen und Vorschriften 'verabschieden', stößt verbreitet ebenso auf Interesse und Zustimmung wie seine (inzwischen auch kirchenintern weithin akzeptierte) Forderung, den ‚Absolutheitsanspruch' des Christentums erkennbar zu streichen. Gleiches gilt für die theologischen Argumente, mit denen Jörns das Verständnis der Kreuzigung Jesu als ‚Sühneopfer' zurückweist. Das Buch ist – laut Klappentext – *„eine Ermutigung für alle Menschen, das Christentum neu im Rahmen einer universalen Wahrnehmungsgeschichte Gottes verstehen zu lernen, zu der alle Religionen gehören, und die in jedem Menschen ihren eigenen Ausdruck findet"*. (s. auch sein Buch: "UPDATE für den Glauben"; 2012)

Schließlich ist hier **Hans Jürgen Schultz** zu nennen. (+ 2012). Von ihm war schon mehrfach die Rede, mit Hinweisen auch auf seine zahlreichen Veröffentlichungen. Der nachfolgende Text entstammt einem Vortrag, den Schultz bereits Ende der 60er Jahre in seiner heimatlichen Hamburger Lukasgemeinde gehalten hat. Dort hat er - laut Aufzeichnung aus seinem Nachlass - über die Situation der Kirche u. a. gesagt:

"Uns wird heute deutlicher, was die Theologie immer schon gewusst hat: dass es so etwas wie ein Christentum außerhalb der Kirche gibt, oder anders gesagt: dass Christentum und Kirchlichkeit nicht unbedingt gleichzusetzen sind. Die Grenzen der Kirche sind nicht kongruent mit den Grenzen

des Christentums. Manche von uns sind zu Grenzgängern geworden, nicht mehr in der Lage, sich in der Kirche heimisch zu fühlen, aber auch nicht bereit, ein Christentum ohne Kirche zu statuieren oder gar eine Kirche ohne Beziehung zu diesem Christentum für eine Lösung zu halten. ...Die Krisenpunkte haben sich verlagert. Viele gehören zur Kirche, die keine Christen sind. Viele sind Christen, die nicht zur Kirche gehören. Wir haben so etwas wie ein unterschwelliges, unreflexes, anonymes Christentum des Alltags in Rechnung zu stellen, obschon die kirchliche Theologie noch keine Begriffe zur Hand hat, mit denen diesem Phänomen beizukommen wäre. Die als Kirche bekannte und verfasste, institutionelle und begriffliche Christenheit ist weithin unwirksam und unattraktiv geworden. Das wird man zur Kenntnis nehmen müssen, ob es einem behagt oder nicht. Die Kirche ist so beschaffen, dass sie mehr Einweihung ins Jenseits als Einweisung ins Diesseits betreibt. ...-
Die Geschichte und Geschichtlichkeit der Kirche scheinen mir eine andere, reifere Haltung zu bedingen, die beides sieht: Die Unzulänglichkeit der Kirche, ihren fragmentarischen Charakter, ihre beständige Korruption des Heils, die es mit prophetischer Schonungslosigkeit beim Namen zu nennen gilt,- aber auch ihre Kontinuation des Heils mit ihren oft verborgenen, ihr selbst nicht selten widerstrebenden und dennoch weltbewegenden Wahrheitswirkungen. Die Kirche ist ein Provisorium. Weiß sie das, wird sie viel bescheidener werden, als sie es ist. Weiß sie es nicht und beansprucht sie, "Absolutes" darzustellen, wird sie gesprächsunfähig und entwickelt ihre sattsam bekannte Unfriedensstruktur. Es ist schwer, in einer solchen Kirche zu leben, schwerer vielleicht, als sie zu verlassen. Doch es dürfte die Mündigkeit des Christen ausmachen, dass er seine Kirche der Welt der Mehrdeutigkeit zurechnet und sich kritisch in ihr engagiert, ohne sich gegen die Relativierungen zu verschließen, denen Jesus sämtliche Verfestigungen und Verewigungen unterworfen hat. -
Mit dieser unsicheren Beschreibung versuche ich nicht nur eine neue (oder gar neutestamentliche?) Blickrichtung anzuzeigen, sondern ich muss mir der Tatsache bewusst sein, dass ich mich zwischen die Stühle setze: der Klerikalen oder Religiösen auf der einen und die der Anti-Klerikalen oder Atheisten auf der anderen Seite. Aber vielleicht ist das der Platz, der einem Christen zukommt. Der Menschensohn hatte auch nicht, wo er sein Haupt hinlegen konnte. Er war nicht zu domestizieren. Unterwegs war er zu Hause...' -

Die genannten Beispiele ließen sich über den deutschsprachigen Raum und längst auch über Konfessionsgrenzen hinaus beliebig vermehren. (s. auch Doku: ZITATE). Trotz unterschiedlicher Ausgangspunkte und Blickwinkel ging und geht es allen Autoren im wesentlichen um **drei immer wiederkehrende Grundfragen:**
- Wie kann es gelingen, den Glauben aus seiner in zwei Jahrtausenden entstandenen Zwangsjacke von unhinterfragbaren Vorgaben und Vorschriften, Dogmen und Bekenntnissen so zu befreien, dass der Kern des Evangeliums, also die Botschaft des Jesus von Nazareth an und für die Menschen wieder sichtbar und nachvollziehbar wird? -
- Wie kann es gelingen, einen entschlackten und konzentrierten christlichen Glauben so zu formulieren, dass sich trotz bleibender Vielfalt der Traditionen ein tragfähiges, sinnstiftendes Grundverständnis herausbildet, das wieder deutlicher als Trost und Hilfe *und* als Aufgabe im Leben der Menschen wahrgenommen werden kann? -
- Wie kann es gelingen, den christlichen Glauben von seinem Anspruch auf die absolute und allein gültige Wahrheit so zu befreien, dass die Einzigartigkeit der Jesus-Botschaft sichtbar und erhalten bleibt, gleichzeitig aber andere Religionen als gleichberechtigte 'Gott-Sucher' und als dringend benötigte Gesprächspartner zum Wohle aller Menschen anerkannt und ernst genommen werden? -

In unserer sich immer rascher verändernden Welt werden freilich mögliche Antworten auf solche Fragen immer schwieriger. Seit die Aufklärung den Menschen das Vertrauen in die eigene Vernunft gestärkt hat, lösen sie sich schrittweise aus der Bevormundung durch übergeordnete Instanzen. Auch die geistige und geistliche Oberhoheit der Kirchen konnte auf Dauer kritischen Rückfragen und subjektiven Deutungsversuchen nicht entgehen. Die damit verbundenen Verluste von Macht und Autorität beschleunigten sich in dem Maße, in dem die Globalisierung auch die in Jahrhunderten gewachsenen räumlichen Grenzen zwischen den Religionen zu verwischen begann. Die ehemals christlich dominierten Lebensräume diesseits und jenseits des Atlantik wurden mehr und mehr durchsetzt von Angehörigen anderer Religionen und Kulturen. Deren Recht auf je eigenen Glauben und eigene Lebensformen führte nicht nur zu äußerlichen Reibungsverlusten, sondern zwangsläufig auch zur Verschärfung der interreligiösen Antagonismen. Statt ihre theologischen und ethischen Gemeinsamkeiten zum Wohle der Menschen zu bündeln, -(Stichwort 'Nächstenliebe')- verschanzen sich die (bei uns tonangebenden) drei monotheistischen Glaubensgemeinschaften nach wie vor hinter den Resten ihrer tradierten - und vielfach auch pervertierten - Ansprüche. Statt miteinander in der geschundenen Welt hilfreiche Zeichen zu setzen, bekämpfen sie sich innerhalb der eigenen Reihen und gegenseitig und sehen ziemlich hilflos zu, wie Fundamentalisten und Terroristen häufig im Namen ihres Glaubens den Globus mit Unduldsamkeit, Schrecken, Hass und Gewalt überziehen. Alle Versuche, diese Selbstblockaden aufzubrechen - und es fehlt an solchen Versuchen nicht - sind bisher am Übergewicht der jeweiligen "Obrigkeiten" gescheitert. -

V. Umdenken und Erneuerung: Fehlanzeige
   oder: „Viel Geschrei und wenig Wolle..." *
   (* Fazit eines Schäfers nach der Schur)

"Wir bedürfen einer gehörigen Portion christlicher Respektlosigkeit gegenüber den gängigen Formen und Formeln, damit wir endlich das gegenwärtig Notwendige (und das Evangelium ist nichts anderes als das gegenwärtig Notwendige) zu denken, zu sagen und zu tun frei werden". - So schrieb der Publizist und Buchautor Hans Jürgen Schultz 1964 im Furche-Bändchen „Konversion zur Welt - Gesichtspunkte für die Kirche von morgen". (s. Dokumentation)

Ich habe bisher zu zeigen versucht, dass diese Forderung im beginnenden 3. Jahrtausend noch genau so aktuell ist wie vor einem halben Jahrhundert. Zwar grummelt es inzwischen in Sachen „Respektlosigkeit" immer vernehmlicher. Und die vielfältigen Versuche, das „Notwendige zu denken und zu sagen", sind für diejenigen, die es interessiert, nicht zu übersehen und zu überhören. Nur: 'Das Notwendige' auch 'zu tun', - dazu mangelt es nach wie vor am Willen und an der Kraft. Bei der Mehrzahl derjenigen, die auf den verschiedenen Verantwortungsebenen das Denken (und damit auch das 'Tun') mehr oder weniger bestimmen und bevormunden, - und folgerichtig auch am mangelnden Interesse derer, die vom sogenannten „Kirchenvolk" noch übriggeblieben sind.
Beides aber bedingt sich gegenseitig. Ohne Motivation und Überzeugung an der „Basis" kann es keine Strahlkraft des Glaubens geben; und ohne Schubkraft von „oben", ohne ein überzeugendes, auch theologisch einleuchtendes Angebot verlieren sich die Reste der bisher noch "Gläubigen" immer mehr in Farblosigkeit, Lethargie und Belanglosigkeit.

Zu durchbrechen wäre diese verhängnisvolle Wechselwirkung nur durch eine Gewichtsverlagerung von "oben" nach "unten". Das ist jedoch nicht so einfach. Denn das in Jahrhunderten aufgebaute hierarchische System (samt seinen autoritären Mechanismen) hat das

Glaubensverständnis der Kirchenglieder und ihren Umgang mit seinen schwierigen Fragen konsequent in Abhängigkeit und Unselbständigkeit gehalten. Obwohl dieser Zustand immer schon von Einzelnen hinterfragt worden ist, konnten die Gläubigen insgesamt die Unterdrückung eigenständigen Denkens und das Verharren in der Unmündigkeit nie wirksam aufheben. Zwar ist seit Luthers Reformation außerhalb des Katholizismus oft und gern von der Unmittelbarkeit des Gewissens zu Gott die Rede, von der "Mündigkeit der Laien", und bei einschlägigen Anlässen sogar von der „herrlichen Freiheit der Kinder Gottes". Wenn aber 'mündige Laien' und unabhängig denkende Theologen sich zu Wort melden und dabei traditionelle Grenzen allzu offensichtlich missachten, rücken die Hüter der überkommenen Wahrheiten eng zusammen und sorgen dafür, dass Abweichungen oder gar Unbotmäßigkeiten nicht ungehindert ins Kraut schießen können. Dieser Abwehrmechanismus funktioniert - wie schon gesagt - auch dann, wenn die kritischen Rückfragen aus den eigenen Reihen laut werden, wenn die Verbesserungsvorschläge von „zuständigen" Theologen und kirchlichen Amtsinhabern kommen.

Auch dafür ein Beispiel: In einer Sendung des Südwestfunks aus dem Jahr 1991 hat sich der evangelische Theologe **Wolfgang Huber** mit dem **Stand und der Entwicklung der Ökumene** auseinandergesetzt. Unter dem Titel "Eine Kirche oder keine Kirche - was tut not?", untersuchte der bekannte und angesehene Heidelberger Sozialethiker und spätere EKD-Ratsvorsitzende "Perspektiven" der Frage, "Wohin geht die Ökumene in den 90er Jahren?"- In dem halbstündigen Vortrag sagte er u. a.:
"...*Davon, dass die Kirchen die Verwirklichung ökumenischer Gemeinschaft als eine grundlegende Aufgabe ansehen,...kann einstweilen keine Rede sein. Doch zugleich ist es um der Glaubwürdigkeit der Kirchen willen unverzichtbar, dass sie einen Weg finden, wie sie ihren Glauben miteinander bezeugen...und gemeinsam auf die Herausforderungen der Welt antworten können...*
...Vor einem Jahrzehnt rechneten viele mit der Möglichkeit, dass die Krisenentwicklung unserer Zeit - unter ihnen insbesondere die Friedensge-

fährdung...und die Zerstörung der natürlichen Umwelt - den Kirchen eine gemeinsame Antwort abnötigen würden. Diese Erwartung hat getrogen...-. Für die Entwicklung in den achtziger Jahren waren weltweit zwei Phänomene besonders kennzeichnend: Zum einen der wachsende Zynismus der Mächtigen im Umgang mit ihrer Macht, zum anderen ein zunehmender Fundamentalismus religiöser und kultureller Orientierungen. Zwischen diesen beiden Mühlsteinen werden auf Kritik und Erneuerung gerichtete Initiativen wie die ökumenische Bewegung wenn nicht aufgerieben, so doch wundgescheuert...
Die kritische und erneuernde Kraft der ökumenischen Bewegung ist aber auch von innen bedroht. Bedroht ist sie zum einen durch interne Konflikte, deren zureichende Bearbeitung noch aussteht. Bedroht ist sie zum anderen durch die Erosionsprozesse, denen die traditionellen Großkirchen im Prozess der Modernisierung ausgesetzt sind....So stehen reformatorische und orthodoxe Orientierungen in der Ökumene auch weiterhin unverbunden - und mit einem erheblichen Maß an Misstrauen - nebeneinander...-
Worin kann ein neuer Ansatz bestehen? Meine Antwort heißt: In der Rückkehr zu einer alten Aufgabe, nämlich in dem Versuch, wahrhaftige und relevante Antworten auf die großen Herausforderungen unserer Gegenwart zu finden....
Die ökumenische Gemeinschaft steht vor der Herausforderung, Bruchstücke zur Vision eines Lebens zusammenzutragen, das als Antwort auf die befreiende und erneuernde Treue Gottes zu seiner Schöpfung gelten kann..." -

Forderungen und Programme dieser Art hat es seit den 80er Jahren vielfach und auf allen Ebenen gegeben. Die meisten aber waren schon bei Ihrer Formulierung als nicht durchsetzbar und aussichtslos zu erkennen. Das hat auch Wolfgang Huber einige Jahre nach seinem engagierten Plädoyer für die Ökumene erfahren. Als ich mich 2004 in einem Briefwechsel beim Ratsvorsitzenden Huber beklagte, dass er unsere Kirche nicht energischer mit den Herausforderungen der Zeit konfrontiert, verwies er in seiner Antwort auf die Notwendigkeit, *"...wichtiges so zu sagen, dass es das Handeln verändert. Und darum muss ich mich in meiner jetzigen Aufgabe so bemühen, dass es dabei sogar noch gelingt, Menschen, die an der Leitungsverantwortung für unsere Kirche beteiligt sind, mitzunehmen. Darum*

bemühe ich mich im Augenblick in Sachen 'Reformpolitik', ohne zu wissen, ob das gelingen wird." -
Zwei Jahre danach markierte das sogenannte Impulspapier "Kirche der Freiheit" überdeutlich die engen Grenzen, innerhalb derer kirchliche Reformpolitik derzeit möglich ist. -(s. Kapitel 1) -

Daran hat sich bis in die jüngste Zeit auch dann nichts geändert, wenn **namhafte Kirchenleute mit namhaften Vertretern aus Politik und Gesellschaft gemeinsam** an der Unbeweglichkeit der kirchlichen Verhältnisse zu rütteln versuchten:
Im September 2012 erschien in den Medien ein Appell zum Thema „*Ökumene jetzt: Ein Gott, ein Glaube, eine Kirche*". Angesichts der bevorstehenden Feiern zu „50 Jahre Vatikanisches Konzil" und „500 Jahre Reformation" riefen so bekannte Persönlichkeiten wie Norbert Lammert, Otto Hermann Pesch, Wolfgang Thierse oder Richard von Weizsäcker dringlich dazu auf, die „*sichtbare Einheit der Kirchen*" energischer als bisher voranzutreiben, um die Glaubwürdigkeit der Christen zu stärken und ihrem gottgegebenen Auftrag in der Welt besser gerecht zu werden. In allen größeren Zeitungen und im Kirchenvolk gab es Reaktionen und (meist zustimmende) Kommentare; - 'online' entwickelten sich lebhafte Diskussionen über das Für und Wider der vorgetragenen Forderungen, ihre Möglichkeiten und Grenzen. - Nur die angesprochenen Kirchen selbst beschränkten sich auf allerknappste (und vor allem distanzierende) Stellungnahmen. Der Vizepräsident der evangelischen Kirchenkanzlei, Thies Gundlach, verwies zwar auf die „reformatorische Tradition" des Aufrufs. Die Gemeinden sollten deshalb, ließ er verlautbaren, „alles ökumenisch Mögliche und von beiden Seiten Gewollte nicht nur zulassen, sondern...durch gemeinsame Zeichen beleben". Über solches Wortgeklingel hinaus war eine Ermutigung zu neuem Denken oder gar zu neuen Schritten nicht zu erkennen. Und der Vorsitzende der Deutschen Katholischen Bischofskonferenz, Robert Zollitsch, markierte unmissverständlich die vorgegebenen und weiterhin einzuhaltenden Grenzen: Eine Überwindung der Kirchenspaltung sei „nicht ohne eine solide theologische Verständigung möglich", hieß es von ihm. Ökumene sei „keine politische Frage, sondern vor allem

eine Frage der Suche nach Gott". - Damit war auch dieser so prominent initiierte und unterzeichnete Versuch, die Kirchen aus ihrer unfruchtbaren Selbstbezogenheit aufzurütteln, wirkungslos verpufft.

Zeitgleich mit dem genannten Aufruf hatte auch der Zentralausschuss des Ökumenischen Rates auf seiner Tagung zur Vorbereitung der nächsten Vollversammlung zwei wichtige Gegenwartsfragen aufgegriffen: Er forderte - erstens - *ein neues Missionskonzept*, und kritisierte - zweitens - unmissverständlich die derzeit dominierende *globale liberale Wirtschaftsordnung*.

Mission sollte danach „von den Rändern her" versuchen, „gegen die Ungerechtigkeit in Leben, Kirche und Mission anzugehen", statt wie bisher als „Einbahnstraße von den Mächtigen zu den Machtlosen, von den Reichen zu den Armen, von den Privilegierten zu den Ausgegrenzten" praktiziert zu werden. Unter dem Titel „*Gemeinsam zum Leben*" sollte ein entsprechendes Dokument der ÖRK-Vollversammlung 12013 im südkoreanischen Busan vorgelegt werden. -

Auf derselben Zentralausschuss-Tagung hatte ihr Vorsitzender, der brasilianische Theologe Walter Altmann, *die globale liberale Wirtschaftsordnung* als sozial ungerecht und zerstörerisch für die Umwelt *verurteilt*. Nur wenige privilegierte Personen würden vom Kapitalismus profitieren, hieß es, die meisten Menschen seien vom Wohlstand ausgeschlossen. Die Liberalisierung entbinde die Kapitalmärkte von jeder sozialen Verpflichtung, sie sei unmoralisch und unverantwortlich. Folgen der waghalsigen Finanzmanöver seien Hunger, Armut und Massenarbeitslosigkeit. - Auch Altmanns Votum diente der Vorbereitung der Vollversammlung in Busan. Deren Thema lautete: „*Gott des Lebens, weise uns den Weg zu Gerechtigkeit und Frieden*". -

Die Tagung hat inzwischen stattgefunden. Wie üblich wurde eine Reihe innerkirchlicher Papiere erstellt. Darunter ein Aufruf zu einem auf sieben Jahre angesetzten "Pilgerweg der Gerechtigkeit und des Friedens". Diesen Aufruf hat immerhin eine 'Ökumenische Versammlung' aufgegriffen, auf der über 500 engagierte Christen aus Österreich, der Schweiz, Deutschland und anderen Ländern vom 30. 4. - 4. 5. 2014 in Mainz sich mit 'aktuellen Problemen unserer kapitalistischen Wirtschafts- und Lebensweise' auseinandergesetzt haben. Mit einer Schlussbotschaft, die unter dem Titel "Die Zukunft, die wir meinen - Leben statt Zerstörung" ungewöhnlich konkrete Analysen gegenwärtiger Probleme mit ebenso konkreten Verhaltensmaßstäben und -forderungen verbindet. Am Ende steht eine Einladung zu Teilnahme und Mitarbeit. In 3 - 4 Jahren sollen auf einer Fortsetzungstagung die Ergebnisse überprüft werden. - Dieses bemerkenswerte und vergleichsweise substanzielle und zupackende Papier wurde an den ÖRK in Genf weitergeleitet und auch sonst nach Kräften verbreitet. Ob es auch die verdiente Resonanz hervorrufen und Wirkung erzielen kann, ist bisher nicht erkennbar und bleibt eher fraglich. Nicht, weil sein Inhalt unwichtig oder falsch ist, sondern weil von den zahlreichen kirchlichen Anregungen und Stellungnahmen seit langem kaum noch etwas erwartet wird. Zwar sind viele kirchliche Beiträge dem verbreiteten politischen Denken und Handeln weit voraus. Zur Friedensfrage etwa, zur Ächtung von Krieg und Gewalt, zur Rüstungspolitik, auch zur globalen Weltwirtschaft. (s. auch Papst Franziskus: 'Der Kapitalismus tötet!') - Es wäre ein Segen für die Menschheit, wenn solche Aussagen und Initiativen mehr Einfluss gewinnen könnten auf das Verhalten der Verantwortlichen in Politik und Gesellschaft. Dazu aber müssten sie so unmissverständlich und nachhaltig sein, dass sie Mehrheiten hinter sich versammeln können. Ihre theologischen und ethischen Argumente müssten weniger von politischen und innerkirchlichen Kompromissen bestimmt sein und mehr von unbequemen Herausforderungen. Sie müssten mit solchem Nachdruck verbreitet werden, dass sie nicht überhört werden können. Solange aber nicht einmal die eigene Klientel erreicht werden kann und/oder ein empfindlicher Nerv der öffentlichen Meinung getroffen wird, bleiben auch die wichtigsten und richtigsten Forderungen und Appelle der Kirchen ohne erkennbare Folgen.

Eine beispielhafte **Ausnahme** war die sog. „**Ostdenkschrift**" der EKD von 1965. („Die Lage der Vertriebenen und das Verhältnis des deutschen Volkes zu seinen östlichen Nachbarn"). Damals wurde eine gründliche und verständnisvolle Analyse des Dramas der Vertreibung verknüpft mit der christlichen Botschaft von der „Versöhnung" (zwischen Polen und Deutschen), und mit der dafür notwendigen Bereitschaft zum „Verzicht" (auf die deutschen Ostgebiete). Die evangelische Kirche in Deutschland hatte den Mut, in eine schwierige, emotional aufgeladene politische Stimmung hinein nicht nur ihre Meinung zu sagen, sondern auch den betroffenen Menschen ein schmerzhaftes Umdenken nahe zu legen. Diese einfühlsam aber unmissverständlich vorgetragene christliche „Zumutung" wurde weithin wahrgenommen und leidenschaftlich diskutiert. Nach gehörigen Irritationen hat sie letztlich nicht nur die Debatte selbst spürbar vorangebracht, sondern auch die gerade beginnende Ostpolitik der Regierung Brandt erleichtert.

Eines der vielen Beispiele für ein zwar gut gemeintes aber letztlich missratenes Votum war dagegen das 1997 von beiden deutschen Großkirchen gemeinsam vorgelegte *„Sozialwort"* mit dem anspruchsvollen Untertitel: *„Für eine Zukunft in Solidarität und Gerechtigkeit"*. Auch dieses Thema hätte eine breite gesellschaftspolitische Debatte auslösen können. Die damals wachsende Arbeitslosigkeit warf grundsätzliche sozialethische Fragen auf, und aus der „sozialen" Marktwirtschaft begann sich immer deutlicher eine radikale Machtwirtschaft zu entwickeln. Dazu gab es aus der Sicht christlicher Ethik natürlich einiges zu sagen. Und die Verfasser der Denkschrift haben es an Sorgfalt nicht fehlen lassen. Sie schickten ihren Entwurf zu einem ausführlichen Befragungsprozess durch die Gemeinden und arbeiteten die nach ihrer Meinung wichtigsten Ergebnisse in die Endfassung ein. Das Papier gewann dadurch zwar an Umfang, aber nicht an Kraft. Seine Argumente blieben weitgehend (und auch theologisch) richtig und notwendig. Aber gleichzeitig waren sie von allem gesäubert, was politisch Anstoß hätte erregen können. Außerdem waren die konfessionellen Differenzen so sorgfältig austariert, dass sie nichts und niemanden mehr provozieren konnten. So löste das Papier in politischen Kreisen und in den Medien kurzfristig zwar einigen Beifall aus, aber keinerlei erkennbare Reaktionen. Niemand fühlte sich herausgefordert, über Konsequenzen nachzudenken oder sie gar einzufordern. In den Kir-

chen nicht, und in der Politik schon gar nicht. Zutreffend befand ein kompetenter (kirchlicher) Beobachter nach ein paar Wochen, nun sei die Denkschrift „totgelobt". Die schon im Vorwort beschworene Zurückhaltung und die ängstliche Versicherung, sich konkreter politischer Ratschläge oder gar Forderungen zu enthalten, hatte zusammen mit der Sorge um den konfessionellen Konsens einen wichtigen Beitrag der Kirchen um die angestrebte Wirkung gebracht.
(s. Doku: „Kirche muss mehr wollen als den Konsens – Dem ‚Sozialwort' fehlt die verändernde Kraft"; SWF 1997.)

Es fehlt der Kirche also nicht an Aufmerksamkeit für das, was in der Welt geschieht, sondern an Eindeutigkeit und an "Biss". Es fehlt in der Regel die Bereitschaft, auch mal gegen die **'political correctness'** aufzustehen oder gar gegen sie zu verstoßen. Die einstmals an- und aufregenden ökumenischen Bemühungen um eine „verantwortliche Gesellschaft" sind lange schon und fast immer herabgestuft auf das Machbare und Zitierfähige, auf das, was politisch wie innerkirchlich möglichst niemandem wehtut, - auf den jeweils kleinsten gemeinsamen Nenner. Das aber regt weder jemanden auf noch zum Umdenken an. Und deshalb verändert es so gut wie nichts.

Ein weiterer Grund für die Folgenlosigkeit kirchlichen Verhaltens und für ihre rückläufige Beachtung ist ihr unprofessioneller **Umgang mit den Medien**. Von alters her auf die Überzeugungsfähigkeit ihrer Verkündigung fixiert, haben die kirchlichen und theologischen Verantwortungsträger nicht bemerkt oder nicht bemerken wollen, dass die „öffentliche Meinung" im allgemeinen Bewusstsein eine immer größere Rolle spielt, und dass die Frage, ob und wie man dort vorkommt, in unserer Zeit für Gruppen und Institutionen entscheidende Bedeutung haben kann.
Auch die Ökumeniker der ersten Stunde hatten diese Entwicklung unterschätzt, was nicht unwesentlich zum allmählichen Niedergang der ökumenischen Bewegung und ihrer Zielsetzungen beigetragen hat. In der Genfer Zentrale waren alle Kräfte darauf konzentriert, das neue ökumenische Selbstverständnis innerkirchlich zu klären, zu diskutieren, zu verbreiten und zu sichern. Auf die Vermittlung

nach außen hat man dabei kaum geachtet. Zwar gab es den „Ökumenischen Pressedienst", einen Pressesprecher und später in der Genfer Zentrale sogar ein kleines Rundfunkstudio. Aber die konnten ihre Aufgaben schon vom Umfang her nicht bewältigen. Der Genfer Stab war sich der allgemeinen Bedeutung (und der Sperrigkeit!) der eigenen Arbeit sicherlich bewusst. Aber die Notwendigkeit, sie öffentlichkeitswirksam zu erklären und zu „verkaufen", hat kaum jemand richtig erkannt. In einem Interview beklagte 1972 der nach wie vor hellwache ehemalige Generalsekretär Willem Visser 't Hooft, dass in den Medien zwar da und dort etwas von den gesellschaftspolitischen Aktivitäten der Ökumene zu finden sei, von den wichtigen theologischen Umbrüchen hingegen fast nichts. Meinen Hinweis auf die Sprödigkeit der theologischen Themen und die ungenügende Mühe, sie den Menschen nahe zu bringen, ließ er nur widerwillig gelten.

Kein Wunder also, dass auch in den deutschen Kirchen die herausfordernden ökumenischen Gedanken nur schwer zu vermitteln waren. Die „säkularen" Medien, die von den Kirchen ohnehin nur selten interessantes oder bemerkenswertes erwarten, nahmen von den Vorgängen in Genf nur ausnahmsweise Notiz. Und die (viel zu zahlreichen) landeskirchlichen Presseerzeugnisse waren und sind inhaltlich und formal meist zu provinziell, zu eng auch an institutionelle Vorstellungen und Vorgaben gebunden, um ungewohnte Anstöße aufnehmen und womöglich anregend unters (Kirchen)Volk zu bringen. Das überregionale „Deutsche Allgemeine Sonntagsblatt" oder die Monatszeitschrift „Evangelische Kommentare" versuchten das zwar, (bis sie der Kirche zu teuer und deshalb eingestellt wurden!), aber sie galten weithin als zu anspruchsvoll und hatten nur beschränkte Breitenwirkung. (s. Doku: „Kein Geld mehr für DS")

Ähnlich erging es den "Kirchenfunk"-Abteilungen bei den öffentlich-rechtlichen Sendern. Dort hatte zwar Ende der 50er Jahre Hans Jürgen Schultz mit seiner thematisch revolutionären und bundesweit beachteten SDR-Sendereihe „Kritik an der Kirche" breite Aufmerksamkeit für die Fragen kirchlicher Erneuerung angestoßen.

Und in der Folge hatten sich die zuständigen ARD- und ZDF-Redakionen von 'kirchlichen Briefträgern' zu gut informierten und eigenständig agierenden Fachbereichen gemausert. Engagierte Mitarbeiter hielten ihre Nasen in den aufkommenden ökumenisch-theologischen Wind und versuchten, was sie wahrnahmen, journalistisch so zu „übersetzen", dass es über Kirchenränder hinaus interessant und verstehbar werden sollte. Und da die öffentlich-rechtlichen Funkhäuser damals noch journalistisch anspruchsvoll genug waren, ihren Fachredakteuren gegebenenfalls die Teilnahme auch an den (teuren aber richtungweisenden) internationalen Konferenzen zu ermöglichen, - wo die theologischen und kirchenpolitischen Gleise gelegt wurden, - war die Kirchenberichterstattung aus diesen Häusern in der zweiten Hälfte des vorigen Jahrhunderts besonders sachkundig und informativ.

Aber weder die kirchlichen Leitungsgremien noch die Gemeinden wurden damit wirklich erreicht. Die Gremien blieben kritik-resistent, und in den meisten Gemeinden sorgten die festgefügten und tradierten Strukturen weiterhin dafür, dass die Ortskirchen geprägt blieben von den gewohnten Frömmigkeits- und Lebensformen.
Natürlich gab und gibt es einzelne Gemeindepfarrer, die sich größere Spielräume genehmigen, und natürlich passiert mancherorts mehr als sonntäglicher Konsum der „tröstlichen Botschaft". Prägend aber, nach innen wie nach außen, ist noch immer das Bild einer Kirche, die sich in allen Einrichtungen und Erscheinungsformen auf ihren ausgefahrenen Gleisen bewegt. Die letztlich immer „bei sich" bleibt, obwohl sie längst durchgeschüttelt ist von dramatischen Verlusten an Glaubwürdigkeit, Anziehungskraft und Außenwirkung. **Die „neuen Strömungen"**, ob sie nun in Genf diskutiert, auf Kirchentagen gefordert oder in den Medien kommentiert wurden, bleiben in den "Amtskirchen" eher verdrängt als wahrgenommen. Sie **hatten** - und das gilt bis heute - **niemals wirklich eine Chance.** -

VI. Herausforderung im 21. Jahrhundert
oder: 'Hoffnung wider alle Hoffnung' ?

„*Dass wir eine Welt ohne Frömmigkeit vor uns haben, liegt vor allem daran, dass Jahrzehnte und Jahrhunderte hindurch eine Frömmigkeit ohne Welt kultiviert worden ist...*" (Hans Jürgen Schultz: „Frömmigkeit in einer weltlichen Welt", Kreuz-Verlag 1959)

Die klarsichtige Feststellung, die Hans Jürgen Schultz wie so vieles andere schon vor mehr als 50 Jahren getroffen hat, beschreibt zwar unser heutiges Dilemma nicht umfassend, trifft es aber an einem wesentlichen Punkt. **Noch immer sind die Kirchen eingesponnen in einen Kokon aus theologischen Definitionen und daraus abgeleiteten Vorschriften.** Kirchliche Frömmigtkeit entfernt sich - so scheint es jedenfalls - immer weiter von der Lebenswelt der Menschen und unterstützt damit nach wie vor die weit verbreitete geistliche Unmündigkeit. Zwar hat die Aufklärung der Vernunft einen neuen Stellenwert verschafft und die je eigene Einsicht als Maßstab für persönliches Denken und Verhalten gestärkt. Der Graben zwischen Glaube und Alltag, Frömmigkeit und Welt ist dabei aber nur noch breiter geworden. Obwohl das den Kirchen seit langem klar vor Augen steht, haben sie, mindestens für den Bereich des ehemals christlichen Abendlandes, einen Ausweg aus dieser für sie existenzbedrohenden Entwicklung bisher noch nicht gefunden.

Eine offene Frage ist freilich, ob und von wem dieser Zustand wirklich als existenzbedrohend angesehen wird. Gilt z. B das, was die Ökumene als „Weltverantwortung" des Glaubens verstanden wissen wollte, in den real existierenden Kirchen wirklich als unverzichtbarer „Auftrag", als Teil des Glaubensgehorsams? Oder gibt man sich in weiten Teilen der Leitungsgremien und folglich auch in den Gemeinden nicht immer noch allzu selbstverständlich zufrieden mit einer Binnenexistenz von nachlassender Ausstrahlungskraft? Hat nicht die ständige Wiederholung der "richtigen" Glaubenssätze weiterhin Vorrang vor der Frage, was diese Sätze für das Leben des Einzelnen und für die Welt bedeuten könnten oder sollten?-

Natürlich werden solche Fragen heute auch in den Kirchen gestellt. In kaum einer Predigt fehlen Hinweise auf bestimmte Konsequenzen, über die auch vor der Kirchentür noch nachzudenken wäre. In kaum einer Fürbitte wird vergessen, der Bedrängten und Verfolgten, der Kriegs- und Katastrophenopfer, der Hungernden und Benachteiligten zu gedenken. In offiziellen Aufrufen und Denkschriften werden gesellschaftspolitische Probleme behandelt, Missstände (vorsichtig!) beim Namen genannt und Veränderungen angemahnt. Führende Sprecher der Religionen haben Sitz und Stimme in Ethik- und Medienräten, werden zu Talkshows eingeladen oder melden sich auch mal mit unbequemen Äußerungen zu Wort. In vielen Grundsatzpapieren wird über Entwicklungen, Aufgaben und Verhalten der Kirchen nachgedacht, werden Richtlinien erarbeitet und Maßnahmen erwogen.

Es fehlt auch nicht an **übergreifenden Anstrengungen** und Anregungen, um die gesellschaftspolitischen Aufgaben der Religionen zu verdeutlichen und wahrzunehmen:
- Obenan stehen nach wie vor die wichtigsten Überlegungen und **Programme des Ökumenischen Rates der Kirchen**. Etwa die "Weltkonferenz für Kirche und Gesellschaft" 1966 mit dem daraus hervorgegangenen "Antirassismusprogramm",- die Basler "Ökumenische Versammlung" 1989 mit der bleibenden Forderung nach "Gerechtigkeit, Frieden und Bewahrung der Schöpfung", oder die ökumenische "Dekade zur Überwindung von Gewalt".
- Das "**Weltethos**"-**Programm** des katholischen Theologen Hans Küng ist ein weiteres wichtiges Beispiel. Seinem vielzitierten (Grund)-Satz "kein Frieden zwischen den Nationen ohne Frieden zwischen den Religionen" widerspricht niemand. Seine Schlussfolgerungen haben längst Eingang gefunden in viele Bücher. Politiker, Wissenschaftler und auch vereinzelte Theologen setzen sich damit auseinander, - seine Forderungen finden Widerhall auf regionalen

und internationalen Veranstaltungen und Kongressen bis hin zur UN-Vollversammlung; - eine Stiftung sichert Kontinuität.
- **Die innerchristlichen Konfessionsgräben** erscheinen zwar weiterhin als unüberbrückbar. Obwohl die Kritik an diesem Anachronismus immer lauter wird. Aber Jörg Zinks Ausruf: *Der Gott der Konfessionen ist ein Götze!*", (1992 in einer Radio-Diskussion), ist unerhört verhallt. Der geringe Einfluss, den die weltweit bekannte und überkonfessionell agierenden 'Bruderschaft von Taize' auf kirchliches Denken hat, (s. Zitat Schutz), offebart die konfessionellen Unbußfertigkeiten ebenso wie manche derzeitige Diskussion um die Feierlichkeiten zum 500. Jahrestag der Reformation. - Dennoch mehren sich die Zeichen dafür, dass die Überwindung dieser innerchristlichen Kleinkriege auf Dauer nicht zu unterdrücken ist. Irgendwann werden auch die Kirchen sich dieser Einsicht beugen müssen. - (Wieweit die katholische Hälfte der Christenheit mit Papst Franziskus auf solchen Wegen mitgehen kann und will, ist freilich noch eine offene Frage). -
- **Der "interreligiöse Dialog"** wird in diesem Zusammenhang auf lange Sicht **das vermutlich wichtigste Stichwort** werden. Trotz gegenläufiger Diskussionen gilt er Einsichtigen längst als **Voraussetzung für eine konstruktive Rolle der Religionen in der Welt von heute und morgen.** Allenthalben, auch in Deutschland, wächst die Zahl von Gruppen und Initiativen, die mit immer neuen Ansätzen versuchen, ein vernünftiges Verhältnis vor allem zwischen Christentum und Islam Schritt für Schritt zu erarbeiten. Noch sind die Hürden sehr hoch. Aber viele wissen: **Die *christliche* Ökumene bleibt wichtig. Aufgabe für die Zukunft freilich ist *die Ökumene der Religionen.***
- Auch innerhalb der zeitgenössischen theologischen Literatur sind die **Forderungen nach einem veränderten Selbstverständnis** der christlichen Kirchen und der anderen Religionen unübersehbar ge-wachsen. Eine kleine Auswahl aus den zahlreichen Titeln vom deut-schen **Büchermarkt** verdcutlicht den Sachverstand der Autoren und die gebündelte Zielrichtung ihrer Überlegungen:
Klaus-Peter **Jörns:** "Notwendige Abschiede", "Mehr Leben, bitte!", "UPDATE *für den Glauben*", "Glaubwürdig von Gott reden"; - Hans

Jürgen **Schultz:** *"Kritik an der Kirche"*, *"Konversion zur Welt"*, *"Anstiftung zum Christentum"*, *"Frömmigkeit in einer weltlichen Welt"*, *"Auch Gott ist nicht fertig"*; - Dorothee **Sölle:** *"Stellvertretung"*, *"Die Wahrheit ist konkret"*, *"Atheistisch an Gott glauben"*; - Jörg **Zink:** *"Ruf in die Freiheit"* *"Gotteswahrnehmung - Wege religiöser Erfahrung"*, *"Jesus"*; - Matthias **Kroeger:** *"Im religiösen Umbruch der Welt: Der fällige Ruck in den Köpfen der Kirche;* - Helmut **Gollwitzer:** *"Forderungen der Umkehr"*, *"Befreiung zur Solidarität"*, *"Krummes Holz - aufrechter Gang"*; - Friedrich Wilhelm *Graf:* *"Kirchendämmerung - Wie die Kirchen unser Vertrauen verspielen"*; - Carl Friedrich von **Weizsäcker:** *"Die Zeit drängt"*, *"Das Ende der Geduld"*; - Kurt **Marti:** *"Gott im Diesseits"*; - Hans **Küng:** *"Ist die Kirche noch zu retten?"*; - Hubertus **Halbfass:** *"Glaubensverlust"*; - Gotthold **Hasenhüttl:** *"Glaube ohne Denkverbote"*; - Otto Hermann **Pesch:** *"Gottes Kirche für die Menschen"*; - Harvey **Cox:** *"Stadt ohne Gott"*, *"Die Zukunft des Glaubens"*; - Leonardo **Boff:** *"Kirche - Macht und Charisma"*, *"Jesus Christus, der Befreier"*, *"Gott erfahren - die Transparenz aller Dinge"*; - Norbert **Copray** (Hg): *"Baustelle Christentum"*; -- **und viele andere -**
(s. auch Doku: 'Literaturhinweise' und 'Zitate')

- Immer öfter entstehen **auch an den Rändern der Kirchen** Aktivitäten, die auf grundsätzliche Veränderung zielen. In einer jüngst gegründeten *"Gesellschaft für eine Glaubensreform"* haben sich Professoren, Ärzte, Ärztinnen und Ingenieure, Gymnasiallehrer/innen, Künstler und Theologen" zusammengefunden. Unter dem Vorsitz von Klaus-Peter Jörns (evang.) und Hubertus Halbfas (kath.) suchen sie nach Antworten auf die Frage, wie Menschen des 21. Jahrhunderts *'denken und leben können, was sie glauben'*. Denn *'Religion soll dem Leben dienen - und nicht das Leben der Religion'*. Es geht der Gesellschaft dabei nicht um *'neuen Pep für eine in die Jahre gekommene Institution'*. Sie will eine *'Glaubensreform'* und ausdrücklich keine *'Kirchenreform'*. *'Wir sind uns darin einig'*, sagt ein weibliches Mitglied des fünfköpfigen Vorstands, *'dass wir die alten Dogmen so nicht mehr akzeptieren'*. Stattdessen müssen wir uns "*neue Formulierungen'* und *eine neue Strategie"* überlegen. Ein jüngerer Teilnehmer warnt zwar die Älteren vor übertriebenen Hoffnungen auf verbreitetes Glau-

bensinteresse bei den Nachwachsenden, - Hoffnung auf Leute, die *'an der Bushaltestelle sehnsüchtig auf den richtigen Bus warten"*. Der Literaturwissenschaftler ist überzeugt: *'An der Bushaltestelle wartet niemand! Da ist keiner mehr!* -- Die Provokation wird von den Teilnehmern der Tagung, zu der die Gesellschaft eingeladen hatte, nicht überhört. Aber alle arbeiten entschlossen weiter. -
-(s. Publik-Forum 12/2013) -
In der **Evangelischen Akademikerschaft in Deutschland (EAiD)** bemüht sich ebenfalls eine repräsentative Gruppe um neuen Umgang mit Glaubensfragen. Günter Hegele, Theologe und langjährig führender Mitarbeiter in der EAiD, berichtet (ebd. in Publik-Forum) von der Frage vieler Mitglieder: "*Wie verstehen wir Glauben heute? - Wir beginnen* -heißt es- *eigene Vorstellungen zu formulieren und zur Diskussion zu stellen. Neue Formulierungen, die wir befürworten, wollen wir unterstützen und dafür werben, dass sie von Christen, aber auch von Nichtchristen verstanden und angenommen werden..."* Besonders wichtig *ist uns die Frage nach Gott...- Ein Streitpunkt ist, ob man Gott nur als Person verstehen kann, ob auch nicht-persönliche Vorstellungen brauchbar und erlaubt sind - oder ob es ein Sowohl-als-auch gibt...- Es ist ja oft so in der Kirche, dass man manche Dinge nicht sagt, damit nur ja kein Streit entsteht. Aber andrerseits ist es doch ermutigend, wie viele neue Verständnisformen entstehen, die man als positive Ergänzung zur Tradition ansehen kann - auch im Verhältnis zu anderen, nichtchristlichen Auffassungen...- Wir werden versuchen, die wesentlichen Erkenntnisse dann zu formulieren, um sie in den Denkprozess und in die Praxis der kirchlichen Arbeit einzubringen. Wir hoffen, damit zur weiteren Diskussion und zur Erneuerung des Glaubensverständnisses beizutragen."* -

Die Aufzählung solcher hoffnungsvollen Anstöße und Aktivitäten könnte fortgesetzt werden. Immer lauter werden die Stimmen derer, die dem Christentum und anderen Religionen Glaubwürdigkeit und Bedeutung zurückgeben wollen, indem sie *Reformen* fordern *'an Haupt und Gliedern'.*
Die 'Institutionen' jedoch verhalten sich weiterhin desinteressiert und verteidigen die alten, angeblich unantastbaren „Wahrheiten". Für gezielte und wirksame Auseinandersetzungen mit den drängen-

den Problemen der Gegenwart fehlt allenthalben der (geistliche) Mut, und wohl auch die substanzielle Kraft.

Die Folgen sind unübersehbar:
- Kaum jemand lehnt sich noch auf, wenn die alten Argumente und Sichtweisen feilgeboten werden, als seien es Fortschritte. (Wie im 'Impulspapier' „Kirche der Freiheit").
- Kaum jemand rechnet noch mit neuen Antworten auf die alten und die vielen neuen Fragen, die weiterhelfen könnten und die Menschen „unbedingt angehen". (Paul Tillich).
- Kaum jemand scheint noch wirklich beunruhigt vom sprichwörtlich 'fortlaufenden' Erfolg der Kirchen. Und auch nicht davon, dass dieser 'Erfolg' weniger auf Ablehnung oder Gegnerschaft beruht als auf zunehmender Gleichgültigkeit, Langeweile, und nicht selten auf Enttäuschung.
Die Kirchen haben, so scheint es, zur Zeit nichts hilfreiches oder weiterführendes zu sagen. Die Frage ihrer Zukunftsfähigkeit stellt sich immer dringlicher. - -

Diese Dringlichkeit und die Brisanz der notwendigen Veränderungen wird noch dadurch verstärkt, dass mit dem Eintritt ins 21. Jahrhundert **Umwälzungen von bisher nicht gekannten Ausmaßen** verbunden waren und weiterhin sind. Die rasanten technischen Entwicklungen haben zusammen mit der fortschreitenden Globalisierung das Lebensgefühl und die Weltsicht der meisten Menschen radikaler verändert, als das bei früheren Epochewechseln der Fall war. Die Sorge, dass die Technik uns über den Kopf wachsen könnte, dass eines Tages nicht mehr der Mensch die Maschine beherrscht sondern umgekehrt, bekommt fast täglich neue Nahrung. Gleichzeitig breiten sich seit dem Anschlag auf das New Yorker 'World Trade Center' (2001) menschenverachtender Fanatismus und ideologisch/religiös gesteuerte Gewalt scheinbar unaufhaltsam aus. Beide Entwicklungen, - die sich verselbständigende Technik und der global um sich greifende ideologisierte Terror -, sind mit den in Politik und

Gesellschaft bisher gebräuchlichen Gegenmitteln weder wirksam zu bekämpfen noch gar zu beherrschen.

In dieser Situation allgemeiner Verunsicherung und verbreiteter Ratlosigkeit fragen (sich) engagierte Insider ebenso wie distanzierte Außenstehende immer öfter, ob nicht von den Institutionen der Gläubigen, täten sie sich nur zusammen, Hilfe kommen könnte für eine Menschheit, die sich zunehmend verhält wie die sprichwörtlichen Lemminge. **Könnten und müssten nicht die Religionen** über alle theologischen und kulturellen Unterschiede hinweg **zusammenfinden in dem Versuch, eine Ethik der Menschlichkeit zu entwickeln, vorzuleben und dann auch einzufordern**, - als eine Rückbesinnung auf Maßstäbe und Werte, die den Mächtigen und Verantwortlichen in Politik und Gesellschaft offensichtlich Schritt für Schritt verloren gehen? - Müsste nicht das "Doppelgebot der Liebe", das, -wenn auch in unterschiedlicher Ausprägung- zu den Grundlagen aller großen Glaubensgemeinschaften gehört -, wenn es nur ernst genommen würde, genügend Bindekraft freisetzen können für **gemeinsame Überlebens-Anstrengungen**, über alle theologischen und ideologischen Grenzen hinweg? Es käme der Ernsthaftigkeit und Tragfähigkeit der jeweiligen Botschaft zugute, und es könnte dem Auftrag an und in der Welt wenigstens in Ansätzen gerecht werden. -
Von der dafür nötigen Bewusstseinsänderung ist freilich bisher wenig erkennbar. Umso wichtiger wäre es, mit allen Kräften diejenigen zu unterstützen, die an Veränderbarkeit glauben, und die sich im Vertrauen auf die vielfältigen Zusagen Gottes -(unabhängig von seinem Namen)- bereits auf den Weg gemacht haben. -

-----

Dass **am Anfang** jeder wirklichen Veränderung die gründliche **Erneuerung der Theologie** - der Theologien - stehen muss, ist unverzichtbare Voraussetzung für alles andere. Besonders in den 'alten', den 'westlichen' Kirchen ist der Nachholbedarf enorm. Hier hat seit der Mitte des 20. Jahrhunderts trotz der Weiterentwicklung der historisch-kritischen Forschung so gut wie kein Weiterdenken mehr stattgefunden. Ohne solche Weiterarbeit wird aber die Überzeugungskraft der Glaubensangebote und die Gestaltungsfähigkeit der Religionen nicht wiederherzustellen sein.

Ausgangspunkt dafür ist - mindestens für die drei monotheistischen Religionen - die **Rückbesinnung auf ihre Ursprünge**. Die Befreiung von viel theologischem und geschichtlichem Ballast, der sich in Jahrtausenden aufgetürmt und gefährliche Fehlentwicklungen hervorgebracht hat. Für die Christen heißt das: Die entscheidende Frage und Richtschnur muss (wieder) sein, was der Wanderprediger aus Nazareth gesagt, getan und gewollt hat. Sein Versuch, den jüdischen Glauben so weiterzudenken und weiterzusagen, dass möglichst viele Menschen ihn als Hilfe im Leben und im Sterben erkennen und verstehen können, muss wieder zur Kernaussage der christlichen Botschaft werden. **Im Mittelpunkt muss wieder Jesu** konsequentes **Bemühen stehen**, in immer neuen Beispielen, Bildern, Gleichnissen, Geschichten und Ermahnungen, - mit seinem ganzen Dasein und seinem Tod **den Menschen Richtung und Weisung zu geben**; - zur eigenen Lebensgestaltung und für das Zusammenleben mit anderen. In der Perspektive auf ein "Reich Gottes", das er nicht als irgendwann verheißenes "Jenseits" gepredigt hat, sondern als hier und heute schon beginnendes und zu praktizierendes Vertrauen in einen liebenden Gott.

Hier liegt freilich schon der nächste Stolperstein. Eine so radikale Rückbesinnung auf die Ursprünge des Glaubens übersteigt erfahrungsgemäß kirchliche Reformbereitschaft bei weitem, auch wenn sie seit langem in den eigenen Reihen diskutiert wird. Eine Konzentration auf Jesus wäre gleichbedeutend mit der kritischen Überprüfung und Interpretation grundlegender Bestandteile des Glaubens, wie sie sich im Laufe der Kirchengeschichte entwickelt haben und uns in Dogmen, Lehrsätzen, Bekenntnissen und in einer Fülle von Vorschriften und Behauptungen täglich begegnen. Der gewaltige hellenistische Überbau wäre zu hinterfragen, den vor allem der Apostel Paulus zu einem wichtigen Baustein christlicher Theologie

gemacht hat. Neu zu bewerten wären auch entscheidende Beschlüsse der historischen Konzilien, wie die Vorstellungen von der "Gottessohnschaft", vom "Sühneopfertod" Jesu oder von der "Dreieinigkeit" Gottes.
Die Kirchen müssten auch den Mut haben, ihre zentralen Erscheinungsformen gründlich zu entrümpeln. Z. B. den Gottesdienst vom Frontalunterricht zu erlösen und ihn zu öffnen für Fragen und eigene Gedanken der Besucher. Neue Bekenntnisse und liturgische Texte gälte es zu tolerieren und Lieder kritisch zu überprüfen, die das irdische Leben auf eine unwichtige, von Sünden und Strafen bestimmte Durchgangsstation zur "ewigen Seligkeit" reduzieren. (Z.B. dürfte der Satz "Weil ich Jesu Schäflein bin, führt er mich auf süße Weide" nicht mehr ausgelegt werden ohne Verweis auf die Anmerkung eines wachen Theologen: *Nicht auf die 'Weide' kommt es an, sondern auf die Wolle, die ein Schaf liefert.*) -
In der **Verkündigung** müsste sich die Erkenntnis durchsetzen, dass der unablässig missbrauchte Verweis auf einen allmächtigen, gerechten und gleichzeitig barmherzigen Gott, der "alles so herrlich regieret" im dritten Jahrtausend keine taugliche Antwort mehr ist auf die vielen Fragen, die die Menschen heute umtreiben. Es muss endlich Schluss sein mit der Praxis, den "lieben Gott" als Lückenbüßer überall dort einzusetzen, wo den Exegeten überzeugendere Argumente fehlen.
Die theologischen Vordenker der Kirchen dürfen sich nicht weiterhin ausruhen auf den Definitionen der Altvordern. Die Beschäftigung mit den Vätern braucht die Ergänzung durch **ernsthafte Auseinandersetzungen mit den theologischen Einsichten und Aussagen unserer Zeit.** Angefangen natürlich mit der unübersehbar wachsenden Ratlosigkeit in der **Gottesfrage.** Was sagt uns Paul Tillichs Definition, Gott sei das, "was uns unbedingt angeht"? - Was meint Karl Barth, wenn er Gott als den "ganz Anderen" beschreibt? Wer denkt nach über die von Dorothee Sölle aufgeworfenen Fragen einer "Theologie nach dem Tode Gottes"? - Was bedeutet es, dass Dietrich Bonhoeffer unumwunden festgestellt hat: "Den Gott, den 'es gibt', gibt es nicht", - und dass derselbe Bonhoeffer dennoch aus

der Gefängniszelle schreiben konnte: "Von guten Mächten wunderbar geborgen, erwarten wir getrost, was kommen mag..."? -

Kein vernünftiger Mensch wird auf solche Fragen definitive Antworten erwarten, die man ein für allemal 'getrost nach Hause tragen' kann. Aber verstehbare und nachvollziehbare Deutungen und Hilfestellung für den Umgang damit, - darum müssten die Kirchen sich sehr viel gründlicher bemühen, als sie es seit langem tun. -
In einem Interview zu seinem 70. Geburtstag hat Jörg Zink zu diesem Thema angemerkt: *"Die evangelische Theologie hat die religiöse Erfahrung aus ihrem Nachdenken beinahe völlig ausgegrenzt. Es wird Zeit, davon zu reden, damit die Lehre der Kirche und die Erfahrung der Menschen zueinander finden und der Glaube seine elementaren Kräfte wiedergewinnt."* - (s. auch ZITATE, Zink)

Die theologische Neubesinnung - so schwierig sie sein mag - ist jedoch nur der erste Schritt auf dem Wege zu einem Neuanfang. Als zweiter Schritt muss das Nachdenken über neue Formen der Verkündigung folgen, - über **neue Wege zur Verbreitung und zum Verständnis** dessen, was der Nazarener zu sagen hatte, nicht nur den Fachleuten und Amtsverwaltern, sondern "allem Volk". Solange die "gute Nachricht" nicht verständlicher und überzeugender als gegenwärtig in den Gemeinden ankommt, nicht darüber hinaus auch diejenigen zu erreichen wenigstens versucht, die nicht ausdrücklich danach fragen, - solange existiert Kirche bestenfalls am Rande der Gesellschaft, und jedenfalls an ihrem Auftrag vorbei.

Um diesen status quo zu korrigieren, sind auch weitreichende Eingriffe in lieb (und untauglich) gewordene kirchliche Strukturen ebenso nötig wie in die **Ausbildungsinhalte und -wege.** Transmissionsriemen zwischen denen, die den Glauben verwalten und denen, die ihn empfangen, verstehen und womöglich weitersagen sollen, sind Pfarrer und Religionslehrer, Gemeinde- und Kindergottesdiensthelfer/innen; nicht zuletzt die Eltern, und hier und da wohl auch Journalisten. - Sie alle sollen theologische Einsichten und Vorgaben 'übersetzen' und in den Alltag einbringen. Dafür aber

brauchen sie ein zeitgemäßes Grundverständnis mit neuen Zielvorstellungen, und weitreichende Veränderungen der Ausbildungswege und -methoden.
In seinem Büchlein "*Konversion zur Welt - Gesichtspunkte für die Kirche von morgen*" (Furche 1964) hat Hans Jürgen Schultz darauf hingewiesen, dass die biblischen Berichte über das Leben und Sterben Jesu keine *Vorschriften* sind, sondern *Nachschriften*. Wenn es gelänge, diesen Unterschied von den Kanzeln und Kathedern herab sowie im Religions- und Konfirmandenunterricht zu verdeutlichen, würden die Menschen den Glauben nicht mehr vorwiegend als eine Summe kaum noch nachvollziehbarer Wahrheitsbehauptungen erfahren, womöglich bei Strafe ewiger Verdammnis, sondern als Angebot zum Verständnis und zu besserer Bewältigung des Lebens. Der Glaube muss den Menschen als "*Existenz-Mitteilung*" nahegebracht werden, - sagt Sören Kierkegaard, - *nicht als* "*Lehre*".

Wie schwer es den christlichen Kirchen fällt, ihre überkommenen theologischen Leitbilder so zu überprüfen, dass der notwendige Paradigmenwechsel möglich wird, zeigte sich u. a. auf der Vollversammlung des Lutherischen Weltbundes 1963 in Helsinki. Dort berieten hoch- und höchstrangige Lutheraner aus aller Welt über die "Rechtfertigungslehre", eine der wichtigsten Kernaussagen des Protestantismus. Mehr als zwei Wochen stritten sie, bisweilen 'wie die Kesselflicker', über die rechte Auslegung der entsprechenden Bibelstellen, ohne ein klares, oder gar vermittelbares Ergebnis zu erziehlen.
Als journalistischer Berichterstatter konnte ich auch an einer der vielen Kleingruppen teilnehmen, die zwischen den Plenarsitzungen Einzelfragen der schwierigen Materie voranbringen sollten. Auch Martin Niemöller, damals Kirchenpräsident in Hessen, gehörte zu dieser Gruppe. Ich kannte ihn noch nicht persönlich, wusste aber genug von seinem Mut zu eigenständigem und notfalls unangepasstem Denken, um sein Verhalten auf der Konferenz interessiert zu beobachten. Er sprach wenig in dem kleinen Kreis, verfolgte aber die theologischen Gefechte seiner Kollegen mit deutlich wachsendem Unmut. Schließlich sagte er laut und unmissver-ständlich: "**I don't believe in the bible - I believe in Christ!**" *(Ich glaube nicht an die*

Bibel, sondern an Christus). Für gestandene lutherische Theologen war das ein nahezu blasphemischer Satz. Aber außer einer kurzen Schockstarre gab es zu meinem Erstaunen keine bemerkenswerten Reaktionen. Niemand griff die Herausforderung auf, und bald danach war die Tischrunde wieder in ihre exegetische Feinmechanik vertieft. - (Für mich aber ist diese Positionsbestimmung Niemöllers im Umgang mit Glaubensfragen bis heute ebenso hilfreich und richtungweisend geblieben wie die Lebensfrage dieses eigenwilligen Kirchenmannes und kompromisslosen Christen: **'Was würde Jesus dazu sagen?'**) - (Aus einem Tagungsbericht)-

Dritter (und inzwischen unausweichlicher) Schritt zu neuem Denken ist **die Aufgabe der Religionen, zusammen zu rücken**. Statt mehr oder weniger gleichberechtigt nebeneinander zu leben und sich offen oder verdeckt zu bekämpfen, sollten sie miteinander versuchen, den immer bedrohlicher werdenden Lebensbedingungen so etwas wie eine ethische Überlebensstrategie entgegen zu setzen. Was freilich im Zeitalter der Globalisierung nur noch funktionieren könnte, wenn die Religionen gemeinsam agieren, - als "Netzwerk" in einer weltweiten Bewegung. Die aktuellen Forderungen nach einem "interreligiösen Dialog" sind deshalb weit mehr als eine modische Arabeske. Allerdings sind die zahlreichen Hürden auf dem langen Wege zu diesem Ziel noch schwerer zu überwinden als die Stolpersteine, die jede Glaubensgemeinschaft in ihren eigenen Reihen beiseite räumen muss.

Größtes Hindernis für gemeinsame Wege der Religionen ist seit einigen Jahrzehnten der immer stärker werdende **Fundamentalismus**. Als vermeintliches Bollwerk gegen wachsende Zersplitterung und inhaltliche Unsicherheiten gewinnt er besonders in den Bereichen der drei monotheistischen Religionen an Zulauf. Trotz unterschiedlicher Erscheinungsformen verhindern die Fundamentalisten mit ihren verbreitet aggressiven **Wahrheits- und Ausschließlichkeitsansprüchen** alle Ansätze zu übergreifenden Gemeinsamkeiten.
Von ihren Schwerpunkten in Lateinamerika, den USA und Afrika her dringen die fundamentalistischen Bewegungen immer weiter

auch in die nördliche Hemisphäre vor und besetzen viele der Positionen, die den hier gebräuchlichen Glaubensangeboten Schritt für Schritt verloren gehen.
Den *gemäßigten* Gruppierungen gelingt das durch Vermittlung von Gemeinschaft und Geborgenheit, darüber hinaus mit (zu) einfachen, aber bindenden und oft ausschließenden Antworten auch auf die schwierigen Fragen des Glaubens und Lebens. Sie sichern damit nach ihrem Verständnis Teile der tradierten Glaubensangebote und der "alten Werte", deren Verlust allgemein beklagt wird. Ob das die 'Zukunftsfähigkeit' der Kirchen hierzulande stärken könnte, wird auch von den Erwartungen abhängen, die die jüngere Generation mit den Angeboten der Religionen verknüpft.
Den weit gefährlicheren *radikalen* Gruppen dient ihr ideologisierter Glaube vielfach als Vorwand zu rücksichtsloser Bekämpfung anderer gesellschaftspolitischer oder religiöser Systeme. Ihr Fanatismus und Terrorismus, der bisweilen auch das eigene Leben einsetzt, ist allmählich **eine der größten Gefahren** für die globale Entwicklung der menschlichen Gesellschaft. -

Um den Fundamentalismus und seine aggressiven Wahrheitsansprüche in Schranken zu halten, müssten die Religionen zuerst auf ihre jeweiligen Alleinvertretungsansprüche verzichten. Erst wenn sie sich gegenseitig (an)erkennen als Suchende nach der 'einen' Wahrheit, die menschliche Vorstellungskraft immer übersteigen wird und doch Sinn stiften kann für alles Lebendige, - erst dann werden sie imstande sein, gemeinsame Aufgaben in der Welt wahrzunehmen. -

Inzwischen haben alle genug zu tun, um **vor der je eigenen Tür** zu kehren. Das wird schwierig genug, denn allenthalben stoßen die notwendigen '**Aufräumungsarbeiten**' auf erhebliche Widerstände. Viele und maßgebliche Repräsentanten auch der christlichen Kirchen empfinden die aktuellen Herausforderungen als Angriff auf die Fundamente ihres Glaubens und sind weit davon entfernt, sich ihnen zu stellen. Tatsächlich müssten ja die Eingriffe in das tradierte Kirchenverständnis weiter reichen, als in früheren Zeiten.

Bei Martin Luther ging es zunächst um Machtmissbrauch, Verweltlichung und Verfälschung des Glaubens. Seine darüber hinaus greifende persönliche Suche nach einem gnädigen Gott war zu seiner Zeit für die meisten Gläubigen verständlich und nachvollziehbar. Inzwischen aber wird bekanntlich nicht mehr zuerst nach dem gnädigen Gott gefragt, sondern allenfalls nach dem 'gnädigen Nächsten'. Zwar sind die menschlichsten aller Fragen, nach "woher", "wohin" und "wozu", auch über die Aufklärung hinaus erhalten geblieben. Aber sie lassen sich nicht mehr beantworten mit den Definitionen, Formeln und Vorschriften von gestern, auch wenn diese theologisch sakrosankt und von langer Tradition geheiligt erscheinen. Die Lehre von der 'Rechtfertigung des Sünders allein aus Gottes Gnade' etwa befördert allzu oft das Missverständnis, dass der Glaube nichts kostet, weil der Mensch ja auch "ohne des Gesetzes Werke" in den Himmel kommt. Wer also, wie die Kirchen es tun, die "Rechtfertigungslehre" jahrzehntelang zum Dreh- und Angelpunkt christlich-theologischer Dispute und Erklärungen macht, dient theologischer Selbstrechtfertigung mehr als dem Verständnis und der Verbreitung des Glaubens. (s. Zitat Niemöller).

Die Botschaft des Evangeliums kann nur Bestand haben, wenn sie wieder **nachvollziehbar** wird **für alle, die hinzuhören bereit sind.** Und zwar **als Angebot ebenso wie als Auftrag, - als Gabe** *und* **Aufgabe.** -

----

Man muss nicht sonderlich religionskundig sein, um das ungeheuere Ausmaß der beschriebenen Aufgaben zu erkennen. Die Ziele liegen in weiter Ferne. Und alle Erfahrung spricht dagegen, dass ein Umdenken dieser Größenordnung in absehbarer Zeit gelingen könnte. Der dafür notwendige "Paradigmenwechsel" des Selbstverständnisses - bei Christen wie in den anderen Religionen - ist trotz der radikal sich verändernden Lebensordnungen und Lebensbedingungen bis auf weiters nicht vorstellbar. -

Wenn diese Diagnose richtig ist, hat sie weitreichende Folgen. Mindestens für den westlich-abendländischen Lebensraum und seine geistigen, kulturellen und zivilisatorischen Grundlagen. Denn hier waren die Kirchen die Träger nicht nur des christlichen Glaubens, sondern auch seiner entscheidenden Auswirkungen auf unsere Lebensformen und Denkweisen. Unabhängig davon, wie gut oder schlecht sie das gemacht haben. Trotz Zersplitterung und allzuvieler Unglaubwürdigkeiten sind sie als Bewahrer und Propagandisten der christlichen Glaubenssubstanz und der aus ihr erwachsenen Ethik auch in den Zeiten des religiösen Pluralismus noch durch keine andere Institution oder Organisation zu ersetzen.

Da aber Einflussnahme durch Religionen - wenn überhaupt - in der globalisierten Welt nur wiederhergestellt werden kann im Zusammenwirken mit anderen Glaubensgemeinschaften, ist Umdenken in einer derzeit kaum vorstellbaren Größenordnung und Radikalität gefordert. Und da es ganz unrealistisch wäre, auf die Bereitschaft aller betroffenen religiösen Gruppierungen zu einem derartigen Paradigmenwechsel zu warten, müssen überschaubare Einheiten in ihrem jeweiligen Bereich mit ersten Schritten beginnen. In der Hoffnung, dass die als notwendig erkannten Ziele genügend Anziehungskraft entwickeln können, um am Ende auch Mehrheiten zu überzeugen.

Die Evangelische Kirche in Deutschland könnte sich nach Größe und Bedeutung als ein Vorreiter solcher Art **verstehen.** Dazu müssten freilich Wille und Bereitschaft zu einem umfassenden Neuanfang so kräftig und tragfähig wachsen, dass sie auf die Gemeinden übergreifen und auch über die eigenen Grenzen hinaus erkennbar werden. Vornean stehen müsste die **Wiederbelebung der christlich-ökumenischen Impulse** - auch derer aus Genf. Womöglich könnte Papst Franziskus dabei eine hilfreichere und konstruktivere Rolle spielen als seine unmittelbaren Vorgänger. Seine 'ökologische' Enzyklika vom Juni 2015 ('Laudato si') fordert der Papst aus Argentinien ungewöhnlich konkret und unmissverständlich sozial- und gesellschaftspolitische Veränderungen in allen wichtigen Lebensbereichen. Diese Enzyklika wäre ein hilfreicher Anknüpfungspunkt, um christliche Ökumene über wohlmeinende Beteuerungen und theologische Behinderungen hinaus in den Bereichen politischer

Ethik wirksam werden zu lassen. Wenn die 'Evangelische Kirche in Deutschland' dem Papst ausdrücklich applaudieren und in diesen Fragen über die Konfessionsgrenzen hinweg Zusammenarbeit anbieten würde, wäre das ein unübersehbares Signal und ein bedeutsamer Schritt in die richtige Richtung.
Gleichzeitig gälte es, zunächst die gesprächsfähigen und gesprächsbereiten Vertreter des Islam und des Judentums zu gewinnen -später auch die anderer Religionen- für den Versuch, Heil, Wohl und Würde des Menschen und das Streben nach "Gerechtigkeit, Frieden und Bewahrung der Schöpfung" mit neuem Nachdruck gemeinsam auf die Tagesordnung der Welt zu setzen.. -

Von der Bereitschaft, sich auf solche ersten Schritte einzulassen, sie überhaupt ernsthaft zu erwägen, ist allerdings derzeit so gut wie nichts zu sehen. In Deutschland nicht und in den christlichen Kirchen insgesamt nicht, - im Judentum nicht und auch nicht im Islam. Die Anstöße zu Veränderungen, denen zwangsläufig ein radikales Umdenken vorausgehen müsste, werrden seit länger als einem halben Jahrhun-dert immer dringlicher angemahnt, - erstmals deutlich erkennbar auf der ökumenischen 'Weltkonferenz für Kirche und Gesellschaft' 1966 - haben bisher fast nichts vermocht. Gibt es dennoch **'Hoffnung wider alle Hoffnung'**? -

"Seht, da kommt der Träumer" sollen einmal die Gaffer dem Pastor und Menschenrechtler Martin Luther King entgegengerufen haben. (s Buchtitel von Hans-Eckehard Bahr). Ihr Spott zeugte von Einsicht in die Wirklichkeit. Viele von Kings Träumen sind bis heute unerfüllt. Was aber, so muss man dennoch fragen, wäre heute Stand der Dinge, hätte Martin Luther King nicht vermocht und gewagt, über das Denken und Verhalten seiner Tage hinaus zu träumen? - -

VII. Nach(t)gedanken
oder: Der Traum vom Bündnis der Religionen

Dürfen wir dabei stehen bleiben? Ist es erlaubt, den vielen unerfüllt gebliebenen Träumen nicht nur Martin Luther Kings das letzte Wort zu lassen? **Darf die offensichtliche Unfähigkeit der Religionen, in einer veränderten Welt sich veränderten Aufgaben zu stellen, in die Resignation treiben?**
Im zweiten Jahrzehnt des 21. Jahrhunderts ist es keine unangemessene Dramatisierung mehr, wenn aufmerksame Beobachter des Weltgeschehens fürchten, dass weder die Voraussetzungen für menschliches (Über)Leben auf diesem Globus dauerhaft gesichert werden können - Stichwort Klimawandel -, noch dass sich das Zerstörungspotential derer bändigen lässt, die ihre religiös/ideologisch überhöhten Machtansprüche selbst mit dem eigenen Leben durchzusetzen bereit sind. Wer im Sommer 2014 beobachtet, wie hilflos Politik und Weltgesellschaft den Vorgängen im nahen und mittleren Osten, in Israel/Palästina, in vielen Ländern Afrikas, in der Ukraine, im Irak oder am Hindukusch ausgeliefert sind, muss an der Durchsetzungskraft der Vernunft und der menschlichen Selbstheilungskräfte (ver)zweifeln. Die Religionen sind dabei häufiger Teil des Problems als seiner Lösung. Dass sie helfend eingreifen könnten, ist vorstellbar und dringlich zu wünschen,- bis auf weiteres freilich ein unerfüllbar scheinender Traum. Ihn der Wirklichkeit näher zu bringen, muss dennoch gefordert und -**auch auf bisher unbegangenen Wegen**- versucht werden. -

---

Zwei Beiträge in der Zeitschrift Publik-Forum (Nr. 22/2013) haben bei mir Assoziationen ausgelöst, die unter den gegebenen Verhältnissen illusorisch erscheinen müssen, blauäugig, im besten Fall unrealistisch. Ich stelle sie dennoch ans Ende meiner Überlegungen und damit zur Diskussion, weil ich überzeugt bin, dass nur die Bereitschaft zum Ungewöhnlichen und zum derzeit noch Unvorstellbaren helfen kann, die Verkrustungen zu lösen, - die Nabelschau, die Irrwege und die Unterlassungen unserer Religionsgemeinschaften zu überwinden:

Unter dem Titel "Das Alte bröckelt" zitiert in der genannten Ausgabe von Publik-Forum der katholische Theologe Norbert Scholl zum Stichwort 'Gotteskrise' u. a. aus einem Vortrag des Mainzer Kardinals **Karl Lehmann** aus dem Jahr 2004: "*...Das Zweite Vatikanische Konzil - so hatte Lehmann damals gesagt - konnte noch relativ beruhigt von Gott reden und das Bekenntnis an ihn voraussetzen. Inzwischen sind alle Selbstverständlichkeiten, wenn sie es je waren, in diesem Bereich Vergangenheit. Eine schleichende Säkularisierung....hat radikal und tief auch das religiöse Bewusstsein erfasst. Alles kommt darauf an, stets wieder von Neuem das Antlitz des lebendigen Gottes zu suchen. Darum steht eine Erneuerung der Frage nach Gott an erster Stelle aller Aktivitäten...*"

Anschließend fragt Norbert Scholl: "*...Wie muss sich eine christliche Gottesrede heute anhören?*", und er zitiert den katholischen Vordenker Karl Rahner aus dem Jahr 1976: "*...Man kann vom Sein sprechen, vom Grund, von letzter Ursache,...man kann das Gemeinte noch mit tausend anderen Namen anrufen...- Wir wollen das Worauflin und Wovonher unserer Transzendenz 'das heilige Geheimnis' nennen*".-

Ein paar Seiten vor diesem Artikel befragt die Publik-Forum-Redakteurin Britta Baas den in Münster lehrenden Professor für islamische Religionspädagogik, **Mouhanad Khorchide,** zu seinem aktuellen Buch: "Scharia - der missverstandene Gott". Mit Hinweis auf die im Koran verbreitete 'Angst vor Gott' antwortet Khorchide: "*...Meine Vorstellung von der Beziehung zwischen Mensch und Gott ist eine andere. Sie ist dialogisch. So finde ich sie auch im Koran. Ich sehe da keinen restriktiven Gott, der verherrlicht werden will, sondern einen, der nach Mitliebenden sucht. Er schenkt Liebe und erwartet eine liebende Antwort. Weil viel zu viele Menschen aber ständig Angst vor Gottes Strafe haben, interpretieren sie auch die Scharia als Strafenkatalog. Dabei kann man sie auch ganz anders verstehen: Als Weg zu Gott in einem dialogischen Sinne. Gott will keine Satisfaktion. Er ist den Menschen zugetan*".- Und zum Verhältnis zwischen der menschlichen Vernunft und der göttlichen Offenbarung sagt Khorchide: "*Problematisch wäre es, wenn eine instruktive Offenbarung Gottes vorliegen würde, also eine, die ganz genau beschreiben würde, was ich zu tun habe und was nicht. Dann hätten wir heute wirklich ein Problem, weil unsere gesellschaftlichen Bedingungen ganz andere sind als zur Zeit der Entstehung von Christentum und Islam. Zum Glück ist es nicht so! Die Offenbarung lässt stattdessen viel Raum, um allgemeine Prinzipien aus ihr abzuleiten. Deshalb können wir mit der Offenbarung auch in der sich wandelnden Gesellschaft leben."* -

Das sind nur zwei von ungezählten vergleichbaren Versuchen, die maßgeblichen Religionen für Menschen des 21. Jahrhunderts nachvollziehbar zu interpretieren, neue Zugänge aufzuzeigen und neue Handlungsspielräume zu öffnen. Ich habe sie hier zitiert, -(als eines von vielen möglichen Beispielen)- weil sie einander ergänzen durch den Bezug auf besonders wichtige Themen: Auf die 'Gottesfrage' und die 'Verständigung zwischen den Religionen'. Und weil beide Autoren in ihren Bereichen eine wichtige Rolle spielen. Kardinal Lehmann gehört zu den profiliertesten Theologen unserer Zeit, auch wenn er als 'elder statesman' der katholischen Kirche mit seinem eigenständigen Denken eher zurückhaltend umgeht. Und Mouhanad Khorchide könnte entscheidendes dazu beitragen, die verbreiteten Ängste vor den gefährlichen Fehlentwicklungen des Islam aufzuarbeiten, und er könnte einen wichtigen Beitrag leisten zu einem fruchtbaren und sinnvollen Miteinander der Religionen in der Mitte Europas. Obwohl (oder vielleicht gerade weil) er mit seiner 'unorthodoxen' Sichtweise als Lehrer des Islam in den eigenen Reihen häufig Widerspruch auslöst. -

Erfahrungsgemäß finden solche aktuellen theologischen Beiträge genau so wenig Aufmerksamkeit wie das meiste, was diesbezüglich vorher schon gesagt wurde und auch weiterhin gesagt werden wird. Aber noch einmal: Dürfen wir deswegen resignieren?-

Meine Fantasie hat dagegen rebelliert. In einer schlaflosen Phase vor Morgengrauen, in der sich auch Gedanken einstellen, die nüchternem Tageslicht nicht immer standhalten, habe ich den katholischen

Kardinal und den Islam-Lehrer in ein 'Konklave' versetzt. Mit der Auflage, 'weißen Rauch' erst dann aufsteigen zu lassen, wenn sie eine ausreichende Anzahl repräsentativer Vertreter aus den drei abrahamischen Religionen gefunden haben, die bereit und tauglich sind, in regelmäßigen Zusammenkünften eine Art **Grundgesetz zu entwerfen**, auf das unterschiedliche Glaubensgemeinschaften sich einlassen und verpflichten könnten. Erster Schritt und wichtigste Voraussetzung müsste die Einsicht und das gemeinsame Bekenntnis sein, dass 'Jehova', 'Gott' und 'Allah' keine Gegensätze oder Konkurrenten sind, um deren Macht und Alleinvertretung man sich streiten oder bekämpfen muss, sondern dass unsere Gottesvorstellungen das jeweilige (und vorläufige!) Ergebnis Jahrtausende alter Suchbewegungen sind, die auf unterschiedlichen Wegen im Kern einander doch sehr nahe sind: In der Hoffnung und im Vertrauen auf eine allerhöchste, wenn auch letztlich unvorstellbare Instanz, die für alles Leben, also auch für alle Menschen, das Gute will und vorgesehen hat.

Für das, was die Menschen selber beitragen könnten oder sollten, um diesem Ziel näher zu kommen, finden sich in allen Religionen eindeutige Anweisungen. Grundlage und bleibender Beitrag des Judentums sind die *Zehn Gebote*. Die hat Jesus am deutlichsten mit der *Bergpredigt* weitergedacht. Leider hat die Christenheit versäumt, die dort gegebenen Lebensregeln zur maßgeblichen Richtschnur ihrer Entwicklung und ihrer Botsachaft zu machen. - Auch der Koran enthält viele entsprechende Anweisungen, auch wenn - wie im Alten und Neuen Testament - unterschiedliche Aussagen und Auslegungen immer wieder dazu missbraucht werden, friedliches Zusammenleben der Religionen weltweit zu verhindern. Erst nach Überwindung dieser gegnerschaftlichen Sichtweisen könnten Kräfte frei werden zur allmählichen gemeinsamen Einwirkung auf die globalen Gefährdungen unserer Zeit. *(s. Hans Küng: "Ohne Frieden zwischen den Religionen kein Frieden zwischen den Nationen")* .

Für die Suche nach einem solchen 'Grundgesetz' der Religionen stünden (nicht nur in meinem Wachtraum) zahllose Gleichgesinnte und Mitstreiter 'in den Startlöchern'. Darüber hinaus gäbe es An-

knüpfungspunkte bei einer Vielzahl von Institutionen und Initiativen. Zun Beispiel:
- Beim **Ökumenischen Rat** in Genf. Viele seiner Ideen müssten wiederbelebt und weiterentwickelt werden. Der Geist der ökumenischen Bewegung ist nach wie vor unverzichtbare Voraussetzung für ein neues Selbstverständnis der Religionen. Die Sorge um eine 'verantwortliche Gesellschaft' und das Streben nach 'Gerechtigkeit, Frieden und Bewahrung der Schöpfung' bleiben Aufgabe und notwendige Richtschnur über alle Grenzen hinweg.
- Unverzichtbare Hilfe und Richtschnur ist auch Hans **Küngs "Weltethos"**-Programm. Seit Jahren leistet es Vorreiterdienste im Bemühen um gemeinsame ethische 'Standards', - als Voraussetzung für die 'weltlichen' Aufgaben der Religionen und als Überlebensaufgabe der Menschen überhaupt. Längst haben Küngs Gedanken und Forderungen weltweite Aufmerksamkeit und Zustimmung gefunden. Nur die Kirchen verhalten sich, als ginge sie das alles gar nichts an. Der Vatikan sperrt sich noch immer gegen Küngs eigenständiges Denken und deshalb auch gegen seine übergeordneten Ideen. Und der Protestantismus, in Deutschland und anderswo, sieht nach wie vor mit verhaltenem Misstrauen auf den wortmächtigen Vertreter der konfessionellen Konkurrenz, und bleibt in den Fragen religiöser Ethik weiterhin reduziert auf die eigenen mahnenden Texte und Beschwörungsformeln. Zu einer Änderung der Schwerpunkte, wonach der Glaube zuerst '*Einweisung ins Diesseits*' sein müsste und erst danach '*Einweihung ins Jenseits*', (HJ. Schultz), sind bisher weder die katholischen noch die nachreformatorischen Kirchen bereit. -
- Ein besonders wichtiger **Anknüpfungspunkt zum Islam** wäre auch heute noch **der offene Brief von 138 namhaften muslimischen Gelehrten an alle führenden Vertreter der christlichen Kirchen und Verbände** (vom Oktober 2007).. In diesem "*gemeinsamen Wort zwischen uns und Ihnen*" laden die islamischen Repräsentanten die Christen dringlich zu Gesprächen und zum Nachdenken ein über die offenkundigen gemeinsamen theologischen Grundlagen und Aufgaben beider Religionen, gestützt vor allem auf das beiderseits grundlegende "Doppelgebot der Liebe". Ziel müsse die Überwindung wechselseitiger Feindseligkeiten sein und die Möglichkeit,

zum Wohle der Menschen zusammenzuarbeiten. Denn, heißt es in dem Brief: "..*Gemeinsam machen wir 55.% der Weltbevölkerung aus, und damit ist die Beziehung zwischen diesen beiden Religionsgemeinschaften der wichtigste Faktor, um zu einem bedeutungsvollen Frieden auf der ganzen Welt beizutragen. Wenn Christen und Muslime nicht miteinander in Frieden leben, kann es auf der Welt keinen Frieden geben...Es geht um unsere gemeinsame Zukunft....-Lasst uns...miteinander um Rechtschaffenheit und gute Werke wetteifern. Lasst uns einander respektieren, lasst uns fair, gerecht und freundlich zueinander sein, lasst uns einen echten Frieden, in Harmonie und in gegenseitigem Wohlwollen miteinander leben...*"- Zunächst hatte diese ungewöhnlich offene und drängende Einladung große Resonanz ausgelöst. Aus allen Teilen der Christenheit kamen Dankschreiben und Zeichen der Bereitschaft, den islamischen Appell zu hören und auf ihn einzugehen. Die anglikanische Kirche hat sich besonders konkret mit den theologischen Implikationen auseinandergesetzt. Der Ökumenische Rat forderte alle Mitgliedskirchen auf, den 'Brief der 138' gründlich zu bedenken und Vorschläge für eine Antwort nach Genf zu schicken. Auch seitens der EKD sind auf verschiedenen Ebenen solche Überlegungen angestellt worden. Der Vatikan hat zu einem Seminar des päpstlichen Rates für den interreligiösen Dialog eingeladen, vatikanische und schiitische Theologen sollen sich sogar auf eine gemeinsame Erklärung zum Thema "Glaube und Vernunft im Christentum und im Islam" geeinigt haben . -

Erkennbare Ergebnisse gibt es allerdings - wie bei den meisten vergleichbaren Aktivitäten - **weder im öffentlichen Bewusstsein noch in der innerkirchlichen und interreligiösen Diskussion.** Selbst dieser fast schon spektakuläre Versuch namhafter Lehrer des Islam, den Dialog der Religionen mit Hinweis auf gemeinsame ethische Verantwortung voran zu bringen, ist versandet. Steckengeblieben im Wirrwarr der Zuständigkeiten, gescheitert an strukturellen Komplikationen, und nicht zuletzt wahrscheinlich an den Vorbehalten der nach wie vor einflussreichen theologischen Fundamentalisten aller Seiten. (Der kürzlich vom israelischen Ex-Präsidenten Schimon Peres unterbreiteten Vorschlag, eine "Organisation Vereinter Religionen" zu gründen, nach UN-Vorbild und unter Führung von Papst Franziskus, wird mit Sicherheit ebenso unbeachtet bleiben). - Ob das anders sein könnte, wenn meine 'Nach(t)gedanken' übertragbar wären in die Wirklichkeit unserer Zeit, ist eher unwahrscheinlich. Unter den derzeitigen Gegebenheiten ist die Verständigung der Religionen auf gemeinsame Hilfeleistungen für die "Welt" reines Wunschdenken. Es liegt sehr viel näher, solche Überlegungen mit einer Handbewegung und/oder nachsichtigem Lächeln abzutun. Der Spottruf: 'Seht, da kommt der Träumer' galt nicht nur Martin Luther King, - er gilt, weil bequem und vielfach anwendbar, allgemein und bis heute.

Heisst das am Ende eben doch: 'Lasst alle Hoffnung fahren' ? - Ganz sicher ist: Es müsste nicht so sein. Die inneren und äußeren Widerstände gegen solche Resignation sind groß. Und angesichts der weltweit wachsenden Barbarei, Brutalität und Unmenschlichkeit gewinnt die Frage nach einem veränderten Selbstverständnis der Religionen immer größere Bedeutung. Allein in unserem Land gäbe es Hunderte, Einzelne und Gruppen, die, - ähnlich wie ich es Karl Lehmann und Mouhanad Khorchide unterstelle, - imstande wären, ein dafür nötiges Umdenken anzustoßen und voranzutreiben. Auf vielerlei Wegen, und mit einer Fülle unwiderlegbarer Argumente. Deshalb kann und will ich **die Entstehung einer neuen interreligiösen ökumenischen Bewegung** nicht ausschließen. Es muss denkbar sein oder werden, dass die großen Glaubensgemeinschaften **ein ethisches Grundgesetz** erarbeiten, dem alle Gutwilligen zustimmen können, ohne ihre jeweilige Eigenständigkeit preiszugeben. **Voraussetzung** wäre der Verzicht auf Alleinvertretungsansprüche jeder Art und eine entschlossene Abwehr aller Formen der Gewalt des Menschen durch den Menschen, sei es um des Glaubens, der Herkunft oder anderer Überzeugung willen. **Aufgabe** wäre der gemeinsame Einsatz der Religionen zur **Bewahrung der Lebensbedingungen** auf diesem Globus (z. B. beim Klimawandel), - und für einen **Bewusstseinswandel vom 'Leben gegeneinander' zum 'Leben miteinander'**.

Ein solches 'Grundgesetz' müsste nachhaltig und überzeugend genug sein, um Aufmerksamkeit zu erregen, Anhänger zu sammeln und schließlich Mehrheiten zu gewinnen. Es **könnte den Religionen Glaubwürdigkeit zurückbringen, Zukunftsfähigkeit sichern, und "Hoffnung wider alle Hoffnung" neu beleben.** - Hoffnung auf *"Kirche für andere"*, (Bonhoeffer), - auf *"Konversion zur Welt"*, (Hans Jürgen Schultz), - auf Religionen also, die willens und imstande sind, ihre Mitverantwort für eine *'veraantwortliche Gesellschaft'* (ÖRK) im 21. Jahrhundert neu zu definieren, und die sich gemeinsam bemühen, dieser Verantwortung in der Welt gerecht zu werden. -
Der Weg dorthin mag heute noch unabsehbar weit erscheinen. Aber die Notwendigkeit, ihn dennoch anzugehen, gehört zu den wichtigsten Herausforderungen unserer Zeit.
Freilich müsste dazu irgendwo ein Anfang gemacht werden. Unter Berufung auf das, was unter Christen 'Gottvertrauen' heißt**,** - mit der Kraft und dem Mut, viele alte und zäh verteidigte Grenzen zu überwinden, und mit langem - mit sehr langem - Atem. --

----

DOKUMENTATIONEN

==========================

Die folgernden Berichte und Kommentare, Zitate und Literaturhinweise betreffen wichtige Themen der vergangenen 50 Jahre vornehmlich aus der Sicht von 'außen'. Sie sollen die vorangegangenen Überlegungen ergänzen, das Vertständnis komplexer Zusammenhänge erleichtern, Erinnerungen wachhalten und vor allem dazu ermutigen, wieder anzuknüpfen an vieles, was seit langem schon in Theologie und Kirche gedacht, gefordert und gehofft wird .

KOMMENTARE UND BERICHTE

Verkündigung in der Krise   SWF 1965

"...So gierig sind wir hergefallen über die Früchte vom Baum der Erkenntnis, dass uns das Bewusstsein unserer Nacktheit eigentlich ebenso wenig wundern sollte wie die Angst, die uns eingebrannt ist wie ein Kainszeichen des 20. Jahrhunderts. Nur eines unterscheidet uns von Adam und Eva: Sie kannten Gott, und als er kam, versteckten sie sich vor ihm. Heute aber scheint Gott sich vor uns verborgen zu halten. Ratlos suchen wir seiner habhaft zu werden, und je weniger das gelingt, desto entschlossener treten wir die Flucht nach vorne an, immer noch das lockende Versprechen der Schlange im Ohr. Sollte es uns nicht doch noch gelingen, zu werden 'wie Gott'? - Die Zahl derer ist wahrhaftig nicht klein, die das Paradies auf Erden aus eigener Kraft verwirklichen wollen. Wir brauchen ihn nicht mehr, den alten Mann, verkünden sie lauthals. Aber es klingt oft, wie wenn Kinder im dunklen Keller pfeifen, um das Gruseln zu vertreiben...." (aus dem Einstiegsbeitrag 'Verkündigung in der Krise' zur SWF-Sendereihe "Alte Botschaft - Neue Wege...", Quellverlag 1966)

Eine Kirchenkonferenz träumt   Tagungsbericht SWF 1969

"Der Traum stand am Ende der Tagung. Professor Rudolf Bohren aus Wuppertal hatte zu referieren zum Thema "Träume über die theologische Ausbildung anno 2000". Was er träumte, wird nicht allen Zuhörern behagt haben. Aber nachdenklich - soviel ist sicher - hat es alle gemacht.

Inseinem 'Traum' sieht Bohren, dass in der Kirche anno 2000 plötzlich und unerwartet ungeheurer Mut aufgebrochen ist, der Mut, endlich auch das zu tun, wovon bis dato in der Kirche immer nur geredet worden ist. Als Folge dieses Mutes sieht er die Wirkkraft des Evangeliums und das Interesse an ihm in allen Bevölkerungsschichten empor schnellen. Das Theologiestudium - in Ablauf und Zielsetzung um und um gekrempelt - wird so attraktiv, dass es nicht mehr notwendig ist, die Anforderungen an den künftigen Theologen "fast unmerklich aber stetig und liebevoll zu senken". Nur die Besten können noch zugelassen werden. Sie kommen in ihrem Studium mit den aktuellsten Ergebnissen der angrenzenden Wissenschaften in Berührung, von der Genetik bis zur Weltraumsoziologie, und ihr Berufsbild ist nur noch in Ausnahmefällen der Kanzelprediger. In der Regel sind sie in Gruppen und Seminaren die unentbehrlichen Fachleute für eine auf die Fragen und Bedürfnisse des modernen Menschen ausgerichtete Laien-Theologie. Kurzum, das Bild der Kirche aus der zweiten Hälfte des 20. Jahrhunderts ist im Traum vom Beginn des 21. Jahrhunderts kaum noch wiederzuerkennen. - Dieser Traum, aufgestiegen aus Sachkenntnis und Engagement, war zwar gewürzt mit Humor, aber keinesfalls ein unverbindlicher Spaß. Er wurde mitgeträumt vor einem kleinen, erlauchten Zuhörerkreis. Versammelt waren Kirchenobere aus Österreich, sechs deutschen Landeskirchen, der Schweiz, aus Frankreich und Holland, - zur siebten "Konferenz der Kirchen am Rhein". Versammlungsort: Liebfrauenberg bei Woerth im Elsaß; Dauer der Konferenz: 2 Tage; Thema: "Moderne Theologie und Gemeinde".

Auf den ersten Blick also nichts Besonderes. Eine kirchliche Tagung mit ökumenischem Anstrich inmitten einer reizvollen Landschaft und zu einem aktuellen Thema. Das gibt es mehr als genug. Aber näher betrachtet geschah hier doch einiges Bemerkenswerte: Auch anderswo dokumentiert sich heute Ökumene in der Begegnung über Staats- und Konfessionsgrenzen hinweg. Was aber anderswo allzu oft demonstrativ wirkt, selbstgefällig da und ein wenig mühsam dort, - auf dem Liebfrauenberg ist es so selbstverständlich, dass man die Tatsache, einer halben europäischen Kirchenkonferenz beizuwohnen, kaum wahrnimmt, Auch anderswo werden gründliche und durchdachte Referate gehalten, theologisch explosiver und institutionell aufreizender vielleicht sogar als diesmal im Elsaß. Aber wo man sonst das Gefühl nicht los wird, die Sätze sind, kaum gesprochen, in Bandarchiven und Leitz-Ordnern schon wieder begraben, - hier scheinen Aufwand und Effekt in einem gesünderen Verhältnis zu stehen. Und schließlich: Auch anderswo sitzen Bischöfe, Kirchenpräsidenten und Oberkirchenräte und erheben in der Diskussion ihre Stimme. Aber spricht nicht meistens aus ihnen das Amt lauter als die Person? Auf dem Liebfrauenberg wurde zwar jedermann peinlich korrekt mit seinem Titel angeredet, aber jedermann schien seinen Titel im Gespräch zu vergessen. Das ist erstaunlich genug, um es anzumerken, zumal dadurch so nüchterne, sachbezogene, klare und konzentrierte Diskussionen zustande kamen, wie sie nicht nur auf Kirchenkonferenzen selten sind. Insofern muss man also sagen, die Konferenz hat nicht nur geträumt, sondern unter ihrer straffen französisch-holländischen Leitung auch gearbeitet,- und zwar intensiv.

Das ist, sollte man meinen, noch nicht sehr viel, und eigentlich selbstverständlich. Das Ergebnis der Referate und Aussprachen - vor allem bezogen auf die Aufgaben des Pfarrers in der Gemeinde - hat schriftlich auf acht Schreibmaschinenseiten Platz. Es sagt zwar mehr Bekanntes als Neues, mehr Gemäßigtes als Gewagtes, - aber auch mehr Praktikables als nur Wohltönendes. Ein entschlussfreudiger, phantasiebegabter und theologisch sattelfester Pfarrer fände darin Ansätze und Möglichkeiten genug, steril gewordene Kirchenvorschriften abzustreifen und das Gemeindeleben zu renovieren. Und man kann auch vermuten, dass Professor Bohren nicht umsonst "geträumt" hat. Die begrüßenswert kleine Zuhörerschar - 33 Namen standen auf der Liste - hat sehr wach mitgeträumt. Ohne Zweifel haben die Teilnehmer mehr mit nach Hause genommen, als das auf acht Seiten fixierte Ergebnis.

Das also ist bemerkenswert an dieser seit 7 Jahren von der Öffentlichkeit nahezu unbemerkt arbeitenden "Konferenz der Kirchen am Rhein": Sie versteht sich zu konzentrieren, - thematisch, zahlenmäßig, im Gespräch. Und da die Teilnehmer fast durchweg an wichtigen Schalthebeln ihrer Kirchen sitzen, besteht die Hoffnung, dass ihre Arbeit mehr in Bewegung bringt, als nur Aktenstaub. Nötig wäre dazu kaum mehr als ein wenig von dem Mut, den Professor Bohren für das 21. Jahrhundert erträumt hat."

Das Heil der Heiden　　　　　　　　　DIE ZEIT; 20. 4. 73
Am Ende christlich-abendländischer Vorherrschaft

Auf der ersten großen ökumenischen Weltmissionskonferenz in Bangkok (1973) hat die Debatte über ein neues Missionsverständnis zu massiven Angriffen der "jungen Kirchen" aus Afrika und Asien auf die "weiße Mission" geführt. Dabei ist deutlich geworden, dass das offensichtliche Ende des abendländischen Sendungsbewusstseins nicht zu trennen ist vom "westlichen" Theologieverständnis und vom Umgang der Kirchen mit der christlichen Botschaft.
Der nachfolgende Text ist der zusammenfassende Schluss meines Tagungsberichts für die "THEMEN DER ZEIT":
"...Symptomatisch an diesen Auseinandersetzungen sind Verständigungsschwierigkeiten der Christen untereinander, die es früher regional oder national natürlich auch schon gegeben hat, die aber nun, im weltweiten ökumenischen Maßstab, zu erheblichen Reibungsverlusten führen. Und nirgendwo sind bisher die Ursachen dafür so

deutlich sichtbar geworden wie in Bangkok. Der vielzitierte 'besondere Tagungsstil' dieser Konferenz gab den Gesprächen im kleinen Kreise, dem Erfahrungsaustausch in überschaubaren Gruppen mehr Gewicht als den Plenarsitzungen mit ihren vorgefertigten Referaten. In dieser Atmosphäre der Spontaneität fanden sich die Afrikaner und Asiaten besser zurecht als in der unterkühlten Strenge eines 'normalen', angelsächsisch geprägten Konferenzablaufs.

Nur so hat es zu dem Generalangriff auf die "weiße Mission" kommen können; nur so aber auch zu den vielfältigen Beweisen für die Selbstverständlichkeit, mit der diese Menschen der südlichen Halbkugel vor ihrem ganz anderen kulturellen Hintergrund den Glauben mit den Lebenserfahrungen des Alltags verbinden. Sie können Heil ganz unmittelbar im Gesang, im Tanz, im Spiel erleben, und Unheil ebenso konkret als Krankheit, Not oder Unterdrückung.
Demgegenüber scheint die abendländische Tradition einer 'definitorischen' Theologie an Überzeugungskraft zu verlieren. Wir haben über Jahrhunderte eine Formelsprache entwickelt, die offensichtlich - auch bei uns selbst - als Transportmittel für Verkündigung nicht mehr ausreicht, weil sie zwingt und nicht befreit, abschließt und nicht öffnet, ausgrenzt und nicht einbezieht, meist in die Enge führt und oft die Unduldsamkeit im Gefolge hat. Hans-Jochen Margull, der Hamburger Missionswissenschaftler, machte in einem Gespräch in Bangkok darauf aufmerksam, "... dass der Theologie nach und nach die sogenannten Ist-Sätze abhanden kommen: Gott *ist* - die Kirche *ist* - der Mensch *ist*..., usw., und dass man viel mehr in Form von Prozessen denkt: Es geschieht, - es fragt sich, - es kommt auf uns zu, - hier muss man sich entscheiden. - Dieses ist in Bangkok in erfrischender Weise der Stil der Aussage gewesen." -

Nicht nur der einseitige abendländische Sendungsauftrag ist zu Ende, auch das Lehrer-Schüler-Verhältnis, bei dem die nordatlantische Christenheit über Jahrhunderte hinweg mit so großer Selbstverständlichkeit die Lehrer gestellt hat. Zur Zeit sieht es eher danach aus, als hätten *wir* zu lernen. Nicht, dass man den Spieß einfach umdrehen könnte, um die Lebens- und Denkformen der anderen zu

übernehmen. Nichts wäre so töricht wie der Versuch, zwischen theologischer Begrifflichkeit und geistlicher Erlebnisfähigkeit Alternativen zu konstruieren. Nur: den Vorsprung, den wir uns eingebildet haben, den haben wir längst nicht mehr.
Wenn die anderen in Bangkok tanzten und sangen - auch wo es um Theologie ging -, waren wir Abendländer nicht selten verlegen und haben manchmal gespöttelt. Vielen aber hat das sicher nicht die Frage erspart, ob uns nicht wichtige Lebensbereiche und Lebensmöglichkeiten abhanden gekommen sind. Sie - die Tänzer und Sänger - wissen noch, wie man 'Heil' erfahren kann. Wir dagegen erfahren immer deutlicher, dass es nicht ausreicht, 'Heil' nur zu definieren."

"Frieden schaffen ohne Waffen" !? -
Anmerkungen zum Karfreitag   WDR, 16. 4. 81

"Wovon handelt ein Kommentar, verehrte Zuhörer, der am Abend des Karfreitag im Anschluss an eine zentrale Nachrichtensendung seinen Platz hat? Die Christen gedenken heute eines Ereignisses, das zu den wichtigsten Grunddaten ihres Glaubens gehört. Und trotz Aufklärung und Säkularisierung, trotz Trennung von Kirche und Staat, trotz der zweifellos kleiner gewordenen Zahl derer, die sich bewusst als Christen empfinden, prägt das Gedächtnis an die Kreuzigung des Jesus von Nazareth bei uns nach wie vor den Charakter dieses Tages. Aber auch in Ländern mit christlicher Tradition sind spätestens morgen Antworten fällig auf die gestern offen gebliebenen Fragen, und kaum jemand wird etwas davon merken, dass zwischen Frage und Antwort Karfreitag war.
Zwei Vorgänge also, die nichts miteinander zu tun haben? Glaubenserfahrung und Alltagsentscheidung fein säuberlich getrennt? - Nicht wenige Menschen, Christen wie Nichtchristen, halten solche Trennung für selbstverständlich, ja für geboten. Die Kirche, so heißt es, soll sich um angemessene Verkündigung der christlichen Wahr-

heiten kümmern. Die Geschäfte der Welt soll sie denen überlassen, die dafür zuständig sind.
Und außerdem: Wie viel Recht haben eigentlich die Kirchen und Christen, Rezepte der Weltverbesserung auszuschreiben, wo sie doch im eigenen Lebensbereich nur selten dem entsprechen, was der Glaube von ihnen verlangt? Haben nicht die Kirchen seit zweitausend Jahren Streit genug hervorgebracht und Kriege geführt, gegen andere und gegen einander? Wie steht es mit der Nächstenliebe in Familie und Nachbarschaft, - von der 'Feindesliebe' ganz zu schweigen? -

Trotz dieser schwer zu widerlegenden Argumentation hat es zu allen Zeiten Christen, Kirchen und Kirchengruppen gegeben, die das Liebesgebot Jesu umzusetzen versuchen nicht nur in privatem Verhalten, sondern auch in öffentliche, in politische Handlungsanweisungen. Und heute, sagen sie, ist das dringlicher als je zuvor. In einer Welt, deren einzelne Teile immer stärker voneinander abhängig und aufeinander angewiesen sind, sei die Umkehr des Einzelnen nach wie vor unverzichtbar, aber nicht mehr genug. Was der Menschheit heute nottut, ist das Umdenken vieler. Damit daraus auch eine öffentliche, eine politische Umkehr werden kann.

Aktuelles Beispiel für solches Verhalten und für die damit verbundenen Kontroversen sind die verschiedenen christlichen Vorstellungen zur Friedenssicherung, die in jüngster Zeit öffentlich debattiert werden. Jesus hat bis zur äußersten Konsequenz, bis zum eigenen Foltertod darauf verzichtet, sich mit Gewalt zu verteidigen. Gehört nicht zum christlichen Glaubensgehorsam - fragen viele - solche prinzipielle Gewaltlosigkeit zum Wohle der Menschen auch öffentlich immer wieder einzufordern? -
Aber so rigorose Forderungen, kontern andere, sind in die Welt von heute nicht übertragbar. - Oder wollte jemand im Ernst aus der Parole 'Ohne Rüstung leben' politische Handlungsanweisungen ableiten?-

Hier liegt ein Kernpunkt der Auseinandersetzung, die Bundeskanzler Schmidt in den zurückliegenden Wochen ausgelöst hat mit seinem Interview in der Monatsschrift "Evangelische Kommentare". Darin hat der Kanzler an die Adresse derer, die von Abrüstung reden, von Vorleistung oder überhaupt von Pazifismus, zweierlei entgegnet:
1. Eure moralisch hochgestochenen gesinnungsethischen Forderungen mögen ja ehrenwert sein, in der Sache aber sind sie leichtfertig und - da ihr für die Folgen keine Verantwortung übernehmen müsstet - letztlich verantwortungslos.
2. Biblische Sentenzen - in diesem Falle die Bergpredigt - sind nicht ohne weiteres umsetzbar in praktische Politik. Wo wären wir - so der Kanzler sinngemäß - hingekommen, wenn wir Stalin 'auch die rechte Backe' hingehalten hätten. Und Schmidts pauschale Schlussfolgerung lautete: Die Kirchen sollten sich aus solchen politischen Fragen besser raushalten. Das sei die Sache derer, die so etwas am Ende zu verantworten haben.

Das öffentliche Echo auf dieses Interview war sicher auch deshalb so übereinstimmend kritisch, weil viele der Gelegenheit nicht widerstehen konnten, dem ohnehin gebeutelten Kanzler erneut eins auszuwischen. Ebenso sicher aber war manche Kritik auch von dem Gefühl geleitet, dass den Kirchen und den Christen hier etwas untersagt werden soll, wozu sie von ihrem Selbstverständnis her verpflichtet sind, - und worauf Öffentlichkeit, Staat und Gesellschaft auch dann nicht verzichten sollten, wenn's unbequem wird.
Es ist ja unstrittig das Recht der Christen, über die Folgen, die sich aus ihrem Glauben ergeben, öffentlich zu reden. Auch und gerade dort, wo das allgemeine Wohl zur Debatte steht. Strittig ist allenfalls - und wird wohl immer bleiben - ob es im Einzelfalle Grenzen gibt, und wer die zu ziehen berechtigt ist. Darf jemand christlich begründete Forderungen für unerlaubt erklären, nur weil sie 'realpolitisch' wirklichkeitsfremd erscheinen, oder gar gefährlich? -

Der ebenso verehrte wie oft geschmähte evangelische Theologe Helmut Gollwitzer hat mit Blick auf den Friedensauftrag der Christen

einmal sinngemäß gesagt: Als gläubiger Christ kann ich auf den Schutz durch Waffen verzichten, da mein Vertrauen in einen anderen Schutz größer ist, und ich deshalb angstfrei leben kann. Als Staatsbürger darf ich natürlich dasselbe nicht verlangen von Menschen, die dieses Vertrauen aus Glauben nicht kennen und deshalb meinen, auf den Schutz durch Waffen angewiesen zu sein. Aber ich kann diese meine Angstfreiheit zu erkennen geben, begründen, dafür werben. Wenn andere dieselbe Erfahrung machen, entsteht nach und nach ein angstfreier Raum und ein Klima, auf das schließlich auch Politiker mit ihrem Handeln reagieren können. -
Gollwitzers Versuch, die Folgerungen aus seinem Glauben öffentlich erkennbar und damit womöglich wirksam zu machen, - Glaubenserfahrung und Alltagsentscheidung eben nicht fein säuberlich getrennt zu lassen, - mag unterschiedliche Reaktionen auslösen. Aber für ein paar Nachgedanken zum Karfreitag taugt er, denke ich, allemal."

"Frieden wahren, fördern und erneuern"
Zur Denkschrift der Evangelischen Kirche in Deutschland
epd, kirchl. Presse, 4. 11. 81

"Die Erwartungen waren hoch gespannt. Seit mehr als einem Jahr feilten die Mitglieder der EKD-'Kammer für Öffentliche Verantwortung' an den Überlegungen, Schlussfolgerungen und Forderungen zum Thema Frieden, die nun auf 70 DIN-A4-Seiten der Kirche und der Öffentlichkeit vorgelegt worden sind. Selten wurde die Entstehung eines aktuellen Textes mit so viel Zündstoff begleitet und bedacht, wie die Arbeit an dieser Denkschrift. Muss unter solchen Umständen das Ergebnis nicht zwangsläufig hinter den Erwartungen zurückbleiben? Ist nach den monatelangen öffentlichen Diskussionen überhaupt noch ein Gedanke vorstellbar, der nicht längst bis zum Überdruss propagiert, hin und her gewendet und zerredet worden wäre? - In der Tat wird die Denkschrift - so viel gleich voraus - alle diejenigen enttäuschen, die den großen Paukenschlag erwartet haben; das eindeutige Bekenntnis der Evangelischen Kirche in Deutschland zu einer ganz bestimmten Haltung in der Friedensfrage, womöglich mit dem Etikett, nur diese eine Haltung sei die christliche.

Das genau tut die Denkschrift nicht. Und hätte es auch gar nicht tun können. Denn weder fände solche Ausschließlichkeit Rückhalt in der Bibel, noch wäre sie denkbar als offizielle Aussage einer evangelischen Volkskirche, in der die Gewissensentscheidung des Einzelnen vor Gott zum unaufgebbaren Selbstverständnis gehört.
Deshalb bleibt es -nach einem gründlichen Überblick über die innerkirchliche Friedensdiskussion seit 1945 und die derzeitige weltpolitische Lage-, zunächst mehr oder weniger beim "Sowohl als auch" vom Ende der 50er Jahre. Die bekannte "Ohnmachtsformel" von der christlichen Rechtfertigung des Friedensdienstes "mit und ohne Waffen" wird zwar von allen Seiten beleuchtet, und man spürt aus jeder Zeile, wie gerne die Autoren sich ihrer entledigt hätten. Am Ende aber wird sie - zähneknirschend - bis auf weiteres bestätigt. "Die Kirche muss ... eine Beteiligung am Versuch, einen Frieden in Freiheit durch Atomwaffen zu sichern, weiterhin als eine für Christen noch mögliche Handlungsweise anerkennen". So heißt es nach der einen Seite, - mit dem Zusatz, dass "ethisch vertretbar" diese Haltung nur in einem Rahmen sei, "in welchem alle politischen Anstrengungen darauf gerichtet sind, Kriegs-Ursachen zu verringern..." Umgekehrt erhält auch die Formel vom "Friedensdienst ohne Waffen" ihr Recht, und hier mit dem Zusatz, sie wäre "missbraucht", wenn man so tun wollte, als ob es einen Verzicht auf Waffen aus christlichen Gründen "unbedingt" geben müsse, womöglich ohne Beteiligung an realer Friedenspolitik.

Für Kenner der jahrelangen innerkirchlichen Diskussion gibt es also Neues nur in Nuancen. Nicht das klare Ja oder Nein, das kompromißlose Entweder - Oder. Hier wird es Unzufriedenheit geben. Und Hinweise auf andere christliche Gruppierungen, die ihre Positionen schon eindeutiger festgelegt haben. (Die Nachbarn in den Niederlanden etwa und zum Teil auch die Bruderkirchen in der DDR).

Allerdings kennzeichnet das nur die eine Seite der Medaille. Und wer deshalb die Denkschrift verwirft, übersieht die andere Seite und damit ihre eigentliche Zielsetzung. Statt sich in theologisch oder ideologisch aufgeladene Alternativen zu verbeißen, richten die Autoren ihr Augenmerk auf ein neues Denken als Voraussetzung für eine neue Politik. Trotz unterschiedlicher politischer Vorstellungen - (in der 'Kammer für öffentliche Verantwortung' sitzen beispielsweise Roman Herzog und Erhard Eppler nebeneinander) - stimmen sie offenkundig darin überein, dass der Frieden am meisten gefährdet ist durch die vorherrschende Neigung, auftauchende Konflikte mit militärischen Überlegungen oder gar entsprechenden Reaktionen zu beantworten, statt nach politischen Lösungen zu suchen. Einer der Kernsätze der Denkschrift lautet deshalb: "Der Vorrang der militärischen Konfrontation muss ersetzt werden durch den einer politischen Kooperation." Nur ein grundlegender Wandel in der Beziehung der Menschen, Völker und Machtblöcke kann aus dem herkömmlichen Freund-Feind-Denken herausführen und "neue politische Perspektiven" eröffnen.

Man kann das eine Binsenweisheit nennen und fragen, ob dazu christliche Tugend nötig ist und so viel bedrucktes Papier. Tatsache ist jedoch, dass dergleichen Einsichten bisher weder selbstverständlich sind noch weit verbreitet, - und schon gar nicht erkennbare politische Praxis. Es ist deshalb sinnvoll und nötig, dass die Kirche mit Nachdruck auf diesen Punkt hinweist und konkrete Schritte dazu benennt. Das beginnt bei hartnäckigen Rückfragen an die bisherige Konzeption der Politiker und führt über "vertrauensbildende Maßnahmen" bis zu den so heiß umstrittenen "kalkulierten Vorleistungen".

Noch einmal: Neu ist das alles nicht. Aber die Denkschrift entwickelt - wenn auch gelegentlich allzu weitschweifig - eine klare Konzeption mit eindeutiger Zielvorstellung, die innerkirchliche Zustimmung auch bei unterschiedlichen Gruppen ermöglicht, die der Friedensbewegung eine gemeinsame Argumentationsbasis bietet und damit den Politikern die Möglichkeit - vielleicht sogar die Notwendigkeit - einer erkennbaren Akzentverschiebung signalisiert.

Mit der sogenannten "Ost-Denkschrift" hatte die EKD 1965 dazu beigetragen, mit Rückgriff auf das christliche Menschenbild im Denken der Bevölkerung und für das Handeln der Politiker Tabus zu durchbrechen. Es ist nicht auszuschließen, dass - nach vielen eher unerheblichen Worten und Schriften der letzten Jahre - die Kirche mit der "Friedensdenkschrift" einen ähnlich hilfreichen Denk- und schließlich auch Handlungsprozess wenigstens anstösst."

Umdenken gefordert, aber noch nicht geleistet
Zu Grundsatzpapieren der Studien- und Planungsgruppe der EKD über die zukünftige Entwicklung der Evangelischen Kirche in Deutschland   SWF, 8. 7. 86

"Wirklich neu ist kaum etwas von dem, was die Studien- und Planungsgruppe im Kirchenamt der Evangelischen Kirche in Deutschland in ihren zwei Grundsatzpapieren zusammengetragen hat. Dass die Evangelische Kirche hierzulande einem rapiden Schrumpfungsprozeß unterliegt, haben vorauslaufende Untersuchungen seit Anfang der 70er Jahre längst erbracht; nur hat man kirchenamtlich dieses Thema bisher meist zu beschönigen versucht. Nun aber liegen nackte Zahlen auf dem Tisch, projiziert auf das Jahr 2030, und das wirkt denn doch wie ein Schock. Dann nämlich wird es nur noch etwa halb soviel Evangelische geben bei uns wie heute; nur noch etwa ein Drittel der bundesdeutschen Bevölkerung wird evangelisch sein; wachsen wird statt dessen der katholische Bevölkerungsanteil und die "Konfession der Glaubenslosen". Es liegt auf der Hand, dass eine solche Entwicklung radikal durchschlägt nicht nur auf alle kirchlichen Lebensbereiche wie Pfarrstellen, soziale Dienste und vielerlei Aktivitäten, sondern auch auf Ansehen und Gewicht der Kirche im gesellschaftspolitischen Gesamtgefüge. Die "Strukturbedingungen der Kirche auf längere Sicht", so der Titel der ersten Untersuchung, werden sich also, das kann man als sicher annehmen, wesentlich verändern. Darüber hinaus aber erscheint nur noch weniges sicher. Mir jedenfalls, nach der Lektüre der zweiten Studie der Planungsgruppe, die sich auf circa 120 DIN-A4-Seiten unter dem Titel "Christsein gestalten" den nun ins Visier genommenen Fragen zu stellen versucht. Mit einleuchtender Klarheit im analytischen Teil; mit - vorsichtig ausgedrückt - weniger Klarheit dort, wo Schlussfolgerungen und Ratschläge angesagt sind.

Ein Wunder sind solche Unklarheiten natürlich nicht. Denn wer hätte schon den Mut, schlicht und einfach zu sagen: Wir müssen uns gesundschrumpfen und folgerichtig auf dieses und jenes verzichten. Zwar wird ein Kirchenmann mit der Meinung zitiert, es sei höchste Zeit, der "Volkskirche" für die Zukunft den Abschied zu geben; aber nirgendwo sind Konsequenzen aus einem solchen Satz zu entdecken. Tendenziell geht es vielmehr um den Versuch, die befürchtete "Abwärtsspirale" der kirchlichen Entwicklung irgendwie doch noch zu stoppen. Eine Möglichkeit sieht man da in der sogenannten "missionarischen Doppelstrategie", mit der man einerseits die kirchlichen Angebote strukturell und inhaltlich "verdichten" möchte, sie andrerseits aber auch stärker als bisher "öffnen", - im Blick auf das veränderte Lebensgefühl der Menschen und auf ihr eigenständiges Denken und Verhalten auch in Fragen des Glaubens und der Frömmigkeit. Reformen also der Kirche in nachchristlicher Zeit; nicht als "Anpassung", sondern als "Einpassung" des Glaubens in die moderne Lebenswelt.
Ein interessanter Ansatz zweifellos, aber zunächst eben doch nicht mehr als allenfalls die Überschrift für sehr komplizierte Überlegungen zu Themen wie 'alternative Gottesdienstformen' oder 'veränderte Aufgaben der Gemeinde' im Innern und nach außen. Weitgehend zugeschüttet werden solche Ansätze gleich wieder durch eine breite Auflistung von Aktivitäten, die es ohnehin schon gibt: Diakonie, Frauenarbeit, Arbeitswelt, City-Kirche, Initiativgruppen,

Öffentlichkeit und Leitbilder; - unter solchen Stichworten wird der ganze kirchliche Bauchladen wieder feilgeboten, gerade so, als hätten die Verfasser völlig vergessen, dass die kirchlichen Finanzen bis 2030 noch schneller schrumpfen werden als der evangelische Mitgliederstand. Und wenn dann der erschöpfte Leser auf der letzten Seite entlassen wird mit einem Hinweis darauf, wie notwendig "Klimapflege" auch für die Kirche ist, dann bleibt ihm nicht gerade das Gefühl, hier sei der Stein der Weisen entdeckt worden. Freilich ist das gesamte Thema so gewichtig und so sperrig, dass wohl auch weisere Leute als die Planungskommission besagten Stein auf Anhieb nicht hätten finden können. Außerdem war das Papier ursprünglich nicht für die breite Öffentlichkeit gedacht, sondern als Anstoß zur Weiterarbeit für kirchenleitende Gremien. Wollte man aber das sogenannte normale Kirchenvolk dafür interessieren, dann müsste viel Ballast abgeworfen werden. Inhaltlich und auch sprachlich. Denn der Satzbau von Kirchenbürokraten ist gelegentlich ebenso unverdaulich wie ihr Soziologen- und Theologen-Chinesisch.

Trotz solcher Vorbehalte bleibt der Schock, den diese Veröffentlichung wohl hervorrufen wird. Und nur wenn es sehr gut geht, wird er jenen fundamentalen Denkprozess auslösen, dem sich die Kirche, auf allen ihren Ebenen(!), nun endlich stellen müsste."

"Was nicht zur Tat wird, hat keinen Wert"
Zum 100. Todestag von Gustav Werner SWF, 2. 8. 87

"Zu seinen Lebzeiten ist **Gustav Werner** mit Anerkennung durch seine württembergische Kirche wahrlich nicht verwöhnt worden. Dazu hat er - so zynisch das klingen mag - seinen Glauben zu ernst genommen und allzu konsequent danach gelebt. Es begann damit, dass der mittellose Vikar nach der Beerdigung einer jungen Mutter eines der sechs Waisenkinder zu sich nahm, als er sah, wie aus der

Gemeinde über wortreiches Mitleid hinaus nicht viel zu holen war. Das Beispiel hatte ansteckende Wirkung: Auch die anderen Kinder waren bald untergebracht, und Gustav Werner begann einen Lebensweg, den man mit christlichen Sinnsprüchen geradezu pflastern könnte, den man naiv und rührend und auch ein wenig kitschig finden kann, und der doch im Grunde nichts anderes war, als der ebenso störrische wie gottesfürchtige Versuch, das christliche Liebesgebot wenigstens ein stückweit in die Wirklichkeit des Alltags zu übersetzen. Aus dem ersten Waisenkind wurden bald mehr. Werner musste seinen Hausstand vergrößern, zu Kinderheimen gesellten sich Häuser für Alte, Kranke und Behinderte; der Selbstversorgung und Ausbildung dienten eigene Landwirtschaft und Handwerksbetriebe; schließlich kamen eine Maschinen- und eine Papierfabrik hinzu.

Gemeinschaft, in der die Starken und Gesunden eintreten für die Schwachen, die Werner liebevoll die "halben Kräfte" nannte. "Ich wollte den Willen Gottes tun und auch andere dazu anleiten, und so bin ich unbewusst von einem Punkt zum anderen geführt worden". So liest es sich in Werners Erinnerungen.

In der harten Wirklichkeit war es ein zäher Kampf ums Überleben. Unermüdlich war er unterwegs, um mit den berühmt gewordenen "Reisepredigten" Geld zu betteln für seine Hilfseinrichtungen. Das alles, um ein Beispiel zu geben für eine christliche Lebenshaltung.

Von der Landeskirche beargwöhnt und unter Druck gesetzt, ließ er sich als Pfarramtsbewerber streichen und war nun vollends auf die Unterstützung derer angewiesen, die mit ihm glaubten, dass es nicht genug ist, "von Gerechtigkeit nur zu predigen". In den Nöten und Spannungen der beginnenden Industrialisierung - Werner war Zeitgenosse von Johann Hinrich Wiehern ebenso wie von Karl Marx - verstand er sich als "Vorkämpfer für eine neue christliche Ordnung des gesellschaftlichen und wirtschaftlichen Lebens". Zwar litt er darunter, dass seine Kirche von alledem nichts verstehen wollte und stattdessen an seiner Theologie herummäkelte, aber beirren ließ er sich davon nicht. "Wichern und Werner", so beschrieb es der protestantische Schwabe und spätere Bundespräsident Theodor Heuss,

"Wichern und Werner hatten gar keine Zeit, gute Theologen zu sein, weil es ihnen eilte, gute Christen zu sein". Dass Gustav Werner darüber auch versäumte, sich für seine immer umfangreicheren Unternehmungen die nötigen wirtschaftlichen Kenntnisse zuzulegen, war ebenso zwangsläufig, wie seine ständigen finanziellen Einbrüche und schließlich der Konkurs seiner Papierfabrik. "Auch der anerkennenswerteste Gottesglaube entbindet nicht von der Notwendigkeit einer soliden Buchhaltung", - so musste er es sich vom Gericht schwarz auf weiß bescheinigen lassen. Das belastete ihn schwer. Aber an seiner persönlichen Lauterkeit und Selbstlosigkeit zweifelten die Menschen um ihn herum längst nicht mehr. Ein Verein zu gegenseitiger Hilfeleistung bildete sich, bereit, durch die Abgabe des Zehnten die inzwischen als "Bruderhäuser" bekannten Einrichtungen Werners zu unterstützen. Er selbst, von allen nur noch "Vater Werner" genannt, wachte mit patriarchalischer Strenge über eine sorgsam geregelte christliche Lebensführung seiner Schützlinge. Er setzte die Idee von Hausgemeinschaften durch und kämpfte für 'christliche' Fabriken. Ein Zusammenspiel von Industrie und Diakonie war sein Ziel, - "ein seltsamer Konzern aus Kalkulation und Liebesverschwendung", um noch einmal Theodor Heuss zu zitieren. Und aus den oft schwärmerischen Vorstellungen erwuchsen immer wieder praktische, zukunftsweisende Forderungen, z.B. für die Arbeiter Gewinnbeteiligung, Bildungsurlaub und eine Art Mitbestimmung. - Später wurden seine Unternehmungen in die Gustav-Werner-Stiftung umgewandelt, die noch heute an 11 Orten im südlichen Württemberg Heime und Schulen für Kinder und Jugendliche, Alte und Behinderte umfasst. Dort und an seinem Grab wird Gustav Werner in diesen Tagen gewiss laut gelobt und geehrt. Ob dabei ebenso laut sein eigensinniges und kompromissloses Christsein uns Heutigen zur Nachfolge empfohlen wird, - das freilich halte ich für weniger gewiss."

"Ökumenischer Rat der Kirchen ? - Keine Ahnung" - Zum 40. Zum Geburtstag des ÖRK
SWR, 13. 7. 88

"Die Reaktionen sind typisch: Wo immer man nach dieser Einrichtung mit den vielerlei Bezeichnungen fragt, - "ÖRK" oder "Weltrat der Kirchen" oder kurz und ziemlich falsch "Weltkirchenrat", - die Achselzucker halten die absolute Mehrheit. Das ist in der allgemeinen Öffentlichkeit so, das ist unter Journalisten so, und unter "Kirchenkennern" ist es - Hand aufs Herz - nicht viel anders. Allenfalls vage Vorstellungen lassen sich hervorlocken: Sind das nicht die in Genf, die mit Südafrika und dem 'Antirassismus'-Programm?- Oder: Der Generalsekretär da in Genf, das ist doch so was wie ein evangelischer Papst. Oder? -

Diese unklaren Vorstellungen haben mancherlei Ursachen. Einige liegen beim ÖRK selbst. Beispielsweise treibt die vergleichsweise kleine Genfer Zentrale, das Verwaltungszentrum also des inzwischen 307 Mitgliedskirchen aus aller Welt umfassenden Ökumenischen Rates, eine wenig effektive Öffentlichkeitsarbeit. Da fehlt's - und hat immer gefehlt - an Geld, an Begabung zur Selbstdarstellung und vor allem an einheitlicher Durchsetzungskraft. Denn - zweitens - der ÖRK repräsentiert zwar den weitaus größten Teil der nichtkatholischen Hälfte der Christenheit, aber was heißt da schon "repräsentieren"? Die Mitgliedskirchen bilden keine "Kirche" im theologischen und organisatorischen Sinn des Wortes. Sie sind ein freiwilliger Zusammenschluß aus Protestanten, Orthodoxen, Anglikanern, Methodisten, Baptisten und einer Fülle kleinerer kirchlicher Gruppen. Anders als die mächtige römisch-katholische Kirche - die bisher dem ÖRK nicht beigetreten ist - gibt es da nur Empfehlungen. Kein Kommando von oben nach unten, keine bindende Lehrautorität, wenig Spektakuläres in Sachen Kirchenzucht und kaum Streit um richtige und falsche Lehren. Öffentlichkeitswirksam und einprägsam auch für das Gedächtnis von Gemeindechristen landauf landab sind allenfalls ein paar gesellschaftspolitische Streitpunkte oder Reizworte wie "Antirassismus" oder "christliches Friedensengagement", Die taugen aber eher dazu, die Zerrissenheit der Christen zu demonstrieren, als die Kompetenz und Autorität des Ökumenischen Rates zu stärken. Folgerichtig ist auch in den zur Ökumene gehörigen Kirchen der Eindruck ganz lebendig: Wenn 'Rom' was sagt, dann hat das (möglicherweise) Gewicht; - wenn 'Genf' was sagt, muss man sicher so genau nicht hinhören.

Dabei fällt, genauer betrachtet, der beliebte Vergleich zwischen Genf und Rom keineswegs so eindeutig zugunsten Roms aus. Sicher, was Repräsentanz und Autoritätsanspruch, Symbolwert und Präsenz im öffentlichen Bewusstsein, auch was innerkirchliche Effektivität angeht, da ist dem Papst die Krone, bzw. die Mitra nicht streitig zu machen. Was aber die vielbeschworene christliche 'Weltverantwortung' und ihre praktischen Auswirkungen betrifft, braucht die heuer 40 Jahre junge Genfer Ökumene vor der fast 2000-jährigen Weltkirche sich nicht zu verstecken. Da gibt es nicht nur Südafrika und das Programm gegen den Rassismus. Da sind die Appelle und Maßnahmen zur Eindämmung des Nord-Süd-Gegensatzes; da sind die Brückenfunktionen zwischen Ost und West; da sind ungezählte Versuche und Anläufe, unserer aus den Fugen geratenen und in ihren Überlebenschancen bedrohten Welt mit dem christlichen Menschenbild und mit ethischen Maßstäben beizuspringen. Schon vor der ersten alarmierenden Veröffentlichung des "Club of Rom" haben bei der ökumenischen "Weltkonferenz für Kirche und Gesellschaft" 1966 führende Fachleute aus den wichtigsten Lebensbereichen und allen Weltteilen die Grundsatzprobleme des ausgehenden 20. Jahrhunderts auf den Tisch gelegt und gemeinsam mit Theologen beraten. Ihre Warnungen und Empfehlungen - heute längst unumstritten - wurden damals freilich genauso wenig zur Kenntnis genommen wie die derzeitigen aktuellen Bemühungen des ÖRK, die gesamte Christenheit zum Einsatz für "Gerechtigkeit, Frieden und Bewahrung der Schöpfung" zu vereinen und zu bewegen. Und was in diesen 40 Jahren innerhalb des Ökumenischen Rates für mehr Verständigung zwischen den christlichen Konfessionen gearbeitet und auch erreicht worden ist, das mag zwar heute nur auf der Ebene der Kirchenspezialisten verständlich und interessant sein. Eines Tages jedoch, so ist wenigstens zu hoffen, wird auch der "Alltagschrist" und kirchliche "Normalverbraucher" erfahren können, dass über alle kirchentrennenden Hindernisse hinweg ein gemeinsames Bewusstsein der Christenheit sich entwickelt hat, das irgendwann vielleicht sogar seinen Ausdruck findet in einem Ökumenischen Rat von Kirchen, dem dann, anders strukturiert als heute, auch die katholischen Christen angehören können.

Vorerst freilich mögen das Visionen sein. Wenn das "Parlament" des ÖRK, sein Zentralausschuss, vom 10. - 20. Oktober dieses Jahres in Hannover zusammentritt - erstmals nach langer Zeit wieder in der Bundesrepublik - dann wird die Tagesordnung harte Arbeit von den Delegierten verlangen. Es wird dabei nicht nur um neue Ansätze zu mehr Gemeinsamkeit zwischen den christlichen Kirchen gehen, sondern beispielsweise auch um die Fragen des Dialogs mit anderen Weltreligionen. Die Frage der Verantwortung der reichen Industrienationen und in ihnen der reichen Kirchen für die Beilegung der Schuldenkrise in der Dritten Welt wird eine Rolle spielen ebenso wie die komplizierte Vorbereitung der für 1990 geplanten Versammlung der Weltchristenheit zum Thema "Gerechtigkeit, Frieden und Bewahrung der Schöpfung". -
Wer also sein Verständnis und seine Kenntnisse vom Ökumenischen Rat der Kirchen etwas aufbessern möchte, der wird in den nächsten Wochen dazu Gelegenheit haben.

Suche nach neuen Spuren
Die EKD-Synode in Bad Wildungen   Ev. Informationen 46/88

"Nein", sagte die Synodale Übelacker in der Pressekonferenz ohne Zögern auf die Frage, ob ihrer Meinung nach die 52seitige Vorlage 'Glauben heute, Christ werden - Christ bleiben' in einer landläufigen Kirchengemeinde Chancen habe, gelesen und beraten zu werden. Frau Übelacker, selbst Mitglied der 25köpfigen Kommission, die das umfangreiche Papier zum Schwerpunkt der diesjährigen EKD-Synode erstellt hat, entsprach mit diesem "nein" der vorherrschenden Meinung unter den Journalisten wie bei den Synodalen. Und das bedeutete nicht wenig. Denn die Vorlage war das Ergebnis der wohl intensivsten Vorarbeiten, die je für ein synodales Schwerpunktthema geleistet worden sind; sie galt der Frage nach den Bedingungen des Christseins heute und damit erstmals einem zentralen Glaubensthema. Und sie sollte natürlich - falls von der Synode akzeptiert - in den Gemeinden gründlich bedacht werden.

Aber das Unbehagen der Synoden-Mehrheit an diesem Papier war mit Händen zu greifen. Das hatte unterschiedliche, entschuldbare und weniger entschuldbare Gründe:

Zum einen war die Kommission dem ursprünglichen Thema, "Wie wird heute einer Christ und wie kann er Christ bleiben", weitgehend ausgewichen und hatte sich in eine viel weniger brisante Bestandsaufnahme heutigen Christseins geflüchtet. Diese ist dann - nahezu unvermeidlich beim Aufeinandertreffen so vieler unterschiedlicher Meinungen - quantitativ über alle Ufer getreten und qualitativ auf das Maß des kleinsten gemeinsamen Nenners zurechtgebügelt worden. Sie ist überdies sprachlich gespickt mit kirchlichen Klischees und theologischen Versatzstücken, - und auch wo Fehlbestände aufgelistet, Forderungen formuliert und Veränderungen angemahnt werden, bleibt das meiste unkonkret, ohne Biss und ohne einen einzigen neuen, originellen oder mutigen Gedanken. Angesichts des nachweislichen Fleißes der Kommission und seiner kenntnisreichen und engagierten Mitglieder ist das ein ziemlich bedrückendes Ergebnis.

Die eigentliche Problematik dieses Vorgangs liegt jedoch wesentlich tiefer. Sie beginnt bei der Einsicht, dass es auf die Frage, wie eine/r heute Christ werden und bleiben kann, keine Antwort vom Rezeptblock geben kann. Hier dominiert das Unverfügbare, das dem Machbaren sich entzieht und damit auch dem Versuch, durch 'Verbesserungsvorschläge' Erfolge zu erzielen. Das darf gewiss nicht heißen, man könne auf solche Versuche verzichten. Es heißt aber: Sie sind nicht mehr als Hilfsmittel, mit denen man allenfalls Hindernisse beiseite räumen und hinweisen kann auf Wege, auf denen Erfahrungen mit dem Glauben gemacht werden können.

Diese Zusammenhänge verdeutlichte in Bad Wildungen der Züricher Neutestamentler Prof. Hans Weder, dessen Referat zum Schwerpunktthema bei den Synodalen viel Zustimmung und Nachdenklichkeit hervorrief. "Der Glaube", so Weder, "liegt nicht in der Reichweite des Machens.... Wenn wir uns auf die Situation des verlorenen, zurückersehnten Glaubens einstellen wollen, müssen wir Abschied nehmen von den bekannten Strategien..." Und an anderer Stelle: "Glaube ist etwas, was mir zugespielt werden muss, so wie das Lachen mir durch einen Witz zugespielt wird, oder der Tanz durch die Musik."

Gewiss, auch bei Weder ist das Allheilmittel gegen Glaubenslosigkeit nicht in Sicht. Seine Therapie greift nur bei denen, die auf der Suche sind. Die vielen anderen sind wohl auch durch "Zuspielen" nur schwer zu erreichen. Aber Weders Überlegungen hatten einen neuen Ton. Seine feinnervige theologische Interpretation, die nachvollziehbare Folgerichtigkeit der Gedanken und nicht zuletzt die sensible Sprache - das alles unterschied sich wohltuend nicht nur von der ausufernden Sammlung theologischer Richtigkeiten im Kommissionspapier. Es hob auch den Blick - ein bisschen wenigstens - über die Umzäunung approbierter Kirchlichkeit hinaus und löste die Zunge für ungewohnte Fragen. Könnte es denn sein, dass der Zugang zum christlichen Glauben heute - mindestens auch - denkbar und möglich ist an der Kirche vorbei? Gibt es gültigen Glauben auch jenseits dessen, was Kirche als richtig und geboten fordert und erlaubt?

Von den kirchlichen Verantwortungsträgern in der Themenkommission konnte man eine solche Öffnung über die tradierten und sanktionierten Grenzen hinaus schwerlich erwarten. Sie haben es jedenfalls nicht getan. Auch die mit rauchenden Köpfen erstellte Neufassung der Kommissionsvorlage - kürzer nun und bisweilen griffiger in der Sprache - ist kaum mehr als eine Beschreibung des kirchlich

Selbstverständlichen. Dass die einmütige Annahme dieses Papiers am Ende bewegt als historische Stunde empfunden werden konnte, erscheint mir eher als ein Zeichen bedenklicher Selbstgenügsamkeit. Kaum eine/r der Synodalen schien geplagt vom großen Abstand im Denken, Reden und Fühlen der kirchlichen Insider zum Gros der Kerngemeinden und - vor allem - zu den vielen Menschen, denen ihr Glaube und ihre Kirche immer aufs neue fragwürdig sind. Dass man diese Menschen mit den gewohnten innerkirchlichen Denkstrukturen längst nicht mehr erreicht, ist dem kirchlichen Management entweder nicht bewusst, oder es wird erfolgreich verdrängt. Solange sich aber daran nichts ändert, wird die Verständigung nicht gelingen.

"Seltsam müde"? -
Protestantismus in Deutschland 1989   Rias Berlin, Dez. 89

Wirkt er nicht "seltsam müde", der Protestantismus hierzulande und in dieser Zeit? Diese Frage, von einem Kollegen gesprächsweise geäußert, ist in mir hängen geblieben. Und als ich darüber nachzudenken begann, was wohl gesagt werden kann über diesen Protestantismus 1989, tauchte sie unabweisbar wieder auf. "Seltsam müde?" - Rein äußerlich gesehen spricht manches dagegen. Denn dieses Jahr 1989 war für den Protestantismus in Deutschland, diesseits und jenseits der Elbe in mancher Hinsicht ein aktives, ein bewegtes, streckenweise sogar ein bewegendes Jahr.

Da gab es zum einen die Aufgabe, sich auseinanderzusetzen mit dem 50. Jahre nach dem Beginn des Zweiten Weltkriegs. Was war die Rolle der Kirche damals und was sind ihre Aufgaben heute. In beide Richtungen wurde redlich nachgedacht, viel diskutiert und einiges Offizielle gesagt. Mit der Bedeutung des kirchlichen Widerstands im Dritten Reich haben sich Kirchenhistoriker, Synoden und

Journalisten vielfältig auseinandergesetzt und zu manchem differenzierten Urteil gefunden. Der vielbestrittene "politische Auftrag" der Kirchen ist deutlicher ins Bewusstsein gerückt worden und die Diskussionen über die Versöhnung mit der Sowjetunion haben zu einigen beherzigenswerten Äußerungen geführt. Und schließlich hat das gemeinsames Wort der evangelischen Kirchen in beiden Teilen Deutschlands zu diesem 50. Jahrestag des Kriegsbeginns auch in der Öffentlichkeit etwas vermittelt von der Verantwortung, die die Protestanten gegenüber der Geschichte und den gesellschaftspolitischen Prozessen unserer Tage empfinden.

Ein zweites Stichwort dieses Jahres hieß "Basel". Das Treffen aller christlichen Kirchen Europas zur gemeinsamen Beratung über das weltweite Problem des "Friedens in Gerechtigkeit" wäre ohne die aktive Vorbereitung und Beteiligung der Protestanten in beiden Teilen Deutschlands so nicht möglich gewesen. - Dieser "konziliare Prozess", der Weg zu einer christlichen Weltversammlung über "Gerechtigkeit, Frieden und Bewahrung der Schöpfung", hat in vielen Gemeinden und Basisgruppen eine Fülle lebendiger Diskussionen ausgelöst, die von Müdigkeit nichts erkennen ließen.

Ganz Ähnliches gilt für den diesjährigen Deutschen Evangelischen Kirchentag in Berlin, der mit seinen rund 150.000 Teilnehmern nicht nur ein äußerliches Zeichen bemerkenswerter Lebendigkeit war, speziell in der jüngeren Generation, sondern der mit seiner Fülle geistlicher und politischer Beiträge auch protestantische Markierungspunkte innerhalb unserer Gesellschaft setzen konnte.

Und schließlich haben die politischen Ereignisse der letzten Monate in den Ländern des Ostblocks und besonders natürlich in der DDR auch für die breite Öffentlichkeit unübersehbar gemacht, dass die evangelischen Kirchen im "anderen Deutschland" und zahllose Gruppen an ihren institutionellen Rändern in den letzten Jahren eine politische, geistige und auch geistliche Kraft entwickelt haben, ohne die der Umschwung nicht denkbar gewesen wäre, und die auch für die Entwicklung der nächsten Zukunft unverzichtbar sein wird.

Diese positiven Beobachtungen sind jedoch, so fürchte ich, nur ein Teil der Wahrheit. Denn zur Wahrheit des Protestantismus 1989 gehört eben auch, dass Glaubwürdigkeit und Überzeugungskraft im Innern der Kirche und nach außen aufs Ganze gesehen sehr viel schwächer ausgeprägt sind, als Einzelaktivitäten und weithin sichtbare Ereignisse vermuten lassen könnten. Diese Diskrepanz signalisiert ein bedenkliches Gefälle zwischen verhältnismäßig wenigen interessierten, engagierten, denkenden und handelnden evangelischen Christen und der großen Zahl derer, die mehr oder weniger passiv in ihrem Kirchenschiff dahindümpeln, geistliche Dienstleistungen in Anspruch nehmen - und auch das oft nur noch an Weihnachten oder am offenen Grabe - und ansonsten von ihrem Evangelisch-Sein keinen Gebrauch machen.

Verstärkt wird dieser Eindruck verbreiteter Lauheit häufig auch von kirchenamtlicher Seite. Hier steht die verhältnismäßig große Zahl kirchlicher Äußerungen zu vielen Themen in Kirche und Gesellschaft in deutlichem Missverhältnis zur Originalität, Eigenständigkeit oder gar Entschiedenheit des jeweiligen Inhalts. Die schon länger zu beobachtende Entwicklung hin zu Behutsamkeit, Ausgewogenheit und dem Bemühen, möglichst niemandem weh zu tun, hat sich offensichtlich auch 1989 weiterentwickelt. Die offizielle Studie etwa zu der Frage, ob in unserer Zeit die Kriegsdienstverweigerung gegenüber dem Dienst mit der Waffe das 'deutlichere christliche Zeichen' sein könnte, - diese Studie mit ihrem schwächlichen Sowohl-als-auch; mit ihrem Ausweichen vor der eindeutig theologischen Antwort in den Bereich des politischen Ermessens, ist dafür nur ein Beispiel. Gestaltungswille, notfalls auch gegen den Strom, Kraft und Profil sind deshalb - aufs Ganze gesehen - auch in diesem Jahre nicht die hervorstechenden Merkmale des deutschen Protestantismus gewesen. Und damit wirkt er, vom Vorbild Weniger und von wichtigen Einzelerscheinungen abgesehen, in der Tat "seltsam müde".

Operation geglückt, - Patient...?
Zur kirchlichen Wiedervereinigung "Ev. Kommentare" 3/91

Äußerlich gesehen läuft (fast) alles wie am Schnürchen: Im Februar tagten die Synoden der EKD und des bisherigen 'Bundes der Evangelischen Kirchen' (in der DDR) in Berlin zuerst getrennt und berieten die organisatorischen Modalitäten des Vereinigungsprozesses; im Juni und im November wird die dann schon gemeinsame Synode die Gremien und den neuen Rat wählen; und auch die wichtigen strukturellen Anpassungen - Kirchensteuereinzugsverfahren, Religionsunterricht an den Schulen und so weiter - dürften sich bis dahin eingespielt haben. Alles scheint in bester Ordnung.

Trotzdem gibt es nicht wenige Kirchenglieder, hüben wie drüben, die da ihre Zweifel haben, enttäuscht sind, wohl auch erbittert. So hatten sie sich die Wiedergeburt einer gesamtdeutschen evangelischen Kirche nicht vorgestellt!

Kritische Bedenken waren schon laut geworden, als im Januar 1990 kirchenleitende Persönlichkeiten aus Ost und West in der sogenannten »Loccumer Erklärung« die Absicht bekundet hatten, den seit 1969 getrennten Kirchen eine »organisatorisch angemessene Gestalt in *einer* Kirche« zu geben. Die überraschende Eile dieses Beschlusses entsprach zwar der allgemeinen Vereinigungseuphorie, aber gerade daran stießen sich die Kritiker. Sie monierten nicht nur formal die fehlende Rückkoppelung mit Gremien und Gemeinden, sondern vor allem den offenkundigen Verzicht auf grundsätzliche *inhaltliche* Überlegungen.
Wäre nicht, so fragten sie irritiert, vor der Festlegung der organisatorischen Einheit einiges zu bedenken? Das Selbstverständnis etwa der neuen Gesamtkirche, ihr Auftrag in einer Zeit tiefgreifender Veränderungen, - und Arbeitsformen, die auf die neue Situation antworten könnten? Drei Punkte waren es vor allem, an denen die Kritiker ihre Einwände festmachten:
Als bedauerliche Parallele zur Hektik der staatlichen Einigungsprozedur sei das kirchliche Vorgehen das zur Zeit falsche Signal; - die

rasche organisatorische Vereinheitlichung werde zwangsläufig auf eine irreversible Vereinnahmung der östlichen Teilkirchen samt ihren eigenständigen Erfahrungen hinauslaufen; - die Chance für innere und äußere Erneuerungen würden damit für lange Zeit verbaut.

In einer als Antwort auf »Loccum« zu verstehenden »Berliner Erklärung von Christen aus beiden deutschen Staaten« vom 9. Februar 1990 heißt es dazu: »*...Bevor wir unsere Kräfte auf eine Vereinigung unserer Kirchen konzentrieren, brauchen wir in der EKD und im BEK eine Selbstklärung über das, was wir in den dreißig Jahren der Trennung gelernt und in die neue Gemeinschaft einzubringen haben. Das gilt für die Kirchen in der DDR, die jetzt dem Sog der Angleichung an den Westen ausgesetzt sind. Es gilt aber ebenso für die Kirchen in der BRD, die sich fragen lassen müssen, ob sie bereit sind, sich durch die eigenständigen Erfahrungen ihrer Partnerkirchen in der DDR verändern zu lassen ...*«

Die kirchen-offiziellen Reaktionen auf diese »Berliner Erklärung« machten sich ausschließlich und dankbar an ein paar Überspitzungen und Einseitigkeiten fest, die das engagiert geschriebene Papier sicher auch enthält. Diese Reaktionen kennzeichneten aber gerade dadurch die mangelnde Bereitschaft, das einmal in Gang gesetzte amtskirchliche Räderwerk zu stoppen, oder wenigstens seine Richtung zu ändern. Die Kritiker wurden entweder nicht beachtet, oder - soweit sie aus den »Ostkirchen« kamen - der Wehleidigkeit, Undankbarkeit oder Uneinsichtigkeit geziehen und nicht immer nach den Regeln der 'Geschwisterlichkeit' behandelt. In der einst hoch gelobten »besonderen Gemeinschaft« kam es zu Missverständnissen und gereizten Untertönen. Natürlich geschah das alles nicht aus Boshaftigkeit oder Ignoranz. Die sogenannten »Sachzwänge« spielen ja auch in der Kirche eine größere Rolle, als sie sollten, und mancher einsichtige Synodale oder Bischof würde sich gerne daraus befreien, wenn er nur könnte. Dem aber steht einmal entgegen, dass auch die Kirche ohne äußere Ordnungsrahmen nicht zurechtkommt. Und zudem gab es auch jenseits der Elbe im Kirchenvolk und bei den »Oberen« viele, die all ihre Hoffnungen auf die rasche Einführung gleicher Rahmenbedingungen setzten.

Entscheidend aber war wohl die (leider belegte) Erfahrung, dass die »innere« Verfassung der Kirche, die an das »Eigentliche« rührt, ein gar zerbrechlich Ding ist und dass, wer nur einen Stein darin verschieben will, das Ganze leicht zum Einsturz bringen kann. Das aber, soviel darf als erwiesen gelten, wollte kein Verantwortlicher auf sich nehmen. - Eine lässliche Sünde?- Kleinglaube, ebenso verständlich wie verbreitet? - Wer wirft den ersten Stein?

Dennoch ist Versäumnis festzuhalten, Versagen wohl auch und jedenfalls Verlust. Aufzuzeigen an den schon genannten Punkten: Dem allgemeinen Vereinigungsgefälle vom Sein zum Haben und vom Denkbaren zum Machbaren haben auch die Kirchen nichts Erkennbares entgegengesetzt. Einen Beitrag zur geistigen Hygiene des vereinten Volkes sind sie bis jetzt schuldig geblieben. Die eigenständigen Erfahrungen der DDR-Kirchen mit einer atheistischen Diktatur und in einer ideologisch drangsalierten Gesellschaft werden von der übergestülpten neuen Ordnung weitgehend zubetoniert. Es bleiben kaum noch Möglichkeiten, ihre Tragfähigkeit zu überprüfen, geschweige, sie als Anstöße in die neue Gemeinschaft einzubringen. Überdies erfahren die Menschen, die damit und davon gelebt haben, eine schmerzliche Entwertung. »Es lässt sich so zusammenfassen: Von uns hat nichts Bestand«. (Bischof Stier im November 1990 vor der Synode in Schwerin).

Viele beobachten seit Jahren, wie die alte EKD (West) in der sogenannten »Abwärtsspirale« der Bedeutungslosigkeit entgegen trudelt. Sie fordern deshalb, wenn schon keine neue Reformation, so wenigstens innere und äußere Reformen. Diese Forderung wird durch die Vereinigung nicht gegenstandslos, sondern dringlicher. Vieles, was im Westen fragwürdig geworden ist: das Verständnis von Volkskirche etwa, das Staat-Kirche-Verhältnis, die Abhängigkeit vom Geld, die mangelnde Anziehungskraft des Gemeindelebens, die Dominanz der Verwaltung über die Verkündigung, der Juristen über die Theologen, des 'Gesetzes' über das »'Evangelium', - vieles davon kennt man 'drüben' auch und hat auch einiges schon

zu ändern versucht. Die größere Offenheit, die dabei entstanden ist, wäre einzubringen in eine neue Aufgaben-Beschreibung, vor der die Gesamtkirche im rasant sich verändernden politischen und gesellschaftlichen Umfeld nur um den Preis der Selbstaufgabe die Augen verschließen kann.
Genau das aber ist zu befürchten. Die Sorge um die Erhaltung der Funktionsfähigkeit (und der Macht) scheint alle Kräfte zu binden. Für einen gemeinsamen Aufbruch zu neuen Ufern reicht der Atem nicht. Gebot und Chance der Stunde verstreichen ungehört und ungenutzt, - zum 'Kairos' konnte sich nichts mausern. Der immer wieder beschworene 'Geist' müsste schon kräftig in die Kirchenleitungen und Synoden fahren, um daran noch etwas zu ändern. Tut er das nicht, dann wird die Operation zwar sicher verlaufen, wie geplant. Und daran sterben wird der Patient wohl nicht. Wie weit jedoch seine Lebenskräfte reichen, das steht auf einem anderen Blatt. -

----

Öfter mal was Altes
Anmerkungen zur Kirchensteuer-Debatte
SWF, 4. 3. 92

Die Sache entbehrt nicht einer gewissen Komik. Da wird mit schöner Regelmäßigkeit, mindestens einmal pro Jahrzehnt, die Kritik am deutschen Kirchensteuer-Einzugsverfahren wieder hervorgekramt, - ohne erkennbaren Anlass und fast ohne neue Argumente,- und prompt springen die Medien darauf an, stellen forsch und auf aktuell frisiert die alten Fragen, - und die Kirchenoberen hocken, wie gehabt, stotternd in der Defensive.
Die Frage, warum auch nach der jüngsten Attacke dreier Bundestagsabgeordneter dieses Ritual wieder funktioniert, ist allenfalls mit einem akuten Mangel an wichtigeren Themen zu beantworten. Wenigstens mit Blick auf die Medien. Warum freilich die Kirchen immer wieder so ängstlich mitspielen, wird von mal zu mal schwerer verständlich. Haben sie ein schlechtes Gewissen?-

Sachlich bestünde dazu gewiss kein Anlass. Denn die meisten der gängigen Vorwürfe zerplatzen wie Seifenblasen schon beim genauen Hinsehen. Dass das Einzugsverfahren die Trennung von Kirche und Staat und die notwendige wechselseitige Unabhängigkeit unterlaufe, ist ein durch nichts begründetes Trauma. Hier funktioniert eine Vereinbarung zwischen zwei Vertragspartnern zu gegenseitigem Nutzen. Der Staat wird für seine Dienstleistung angemessen bezahlt und spart zusätzlich eine Menge Geld im diakonischen Bereich, wo die Kirchen - aus Kirchensteuermitteln! - Kindergärten, Krankenhäuser, Alten- und Pflegeheime kräftig mitfinanzieren. Umgekehrt sparen die Kirchen nicht unerhebliche Mittel, die sie bei eigenem Einzugsverfahren in die Verwaltung stecken müssten.
Und der zweite Vorwurf, die Kirche brauche das meiste Geld zur Aufrechterhaltung des eigenen Betriebs, steht auf ebenso schwachen Füßen. Wahr ist: Das meiste Geld geht in den Personaletat. Natürlich, denn die Kirche ist ihrem Wesen nach personalintensiv. Ihre Aufgabe ist zuerst die Verkündigung. Und die nähme in dem Maße Schaden, wie man anfangen wollte, Prediger und Seelsorger wegzurationalisieren.- Dass der Verwaltungsapparat zuviel verschlingt, ist sicher richtig. Aber auch hier unterscheidet sich Kirche nicht vom allgemeinen Trend. Sie ist eine Organisation, in der es ebenso menschelt wie überall. -

Neu ist in der gegenwärtigen Debatte allenfalls der Hinweis auf die Konsequenzen, die sich aus dem europäischen Einigungsprozess ergeben könnten. Wäre denn denkbar, dass in Deutschland als einzigem Land im vereinten Europa die Kirchensteuern vom Staat eingezogen werden? -
Gewiss, sagen einige, denn das fiele unter die den einzelnen Staaten verbleibende Kulturhoheit. Andere halten das aus verschiedenen Gründen für unmöglich. Darüber wird man nachdenken und reden müssen. Für hektische Forderungen aber ist auch mit dieser Begründung kein Anlass gegeben.

Der einzige Punkt, der in der Kirchensteuerdebatte wirklich Gewicht hat, ist die Frage, ob nicht auf diesem Wege die Kirche zu

leicht zu einem Wohlstand kommt, der ihrer inneren Qualität notwendig schadet. Das ist eine alte Frage, die gern ausgeklammert wird, und die auch beim Zusammenschluss der deutschen Kirchen aus Ost und West (mindestens äußerlich) erfolgreich verdrängt worden ist. Hier könnte aus den Erfahrungen der östlichen Kirchen nach der Wende noch Anlass zur Besinnung gewonnen werden, die dem kirchlichen Selbstverständnis gut täte.
Aber das ist nun wirklich eine Sache, die zuerst die Kirchen selber angeht, und erst sehr viel später - wenn überhaupt - die Politiker. -

----

Deutsche Einsichten
"Fragen, die uns gestellt werden, und die wir uns selber stellen"
Beobachtungen vom Kirchentagskongress in Jena   SWF, 15. 6. 92

Zu Einsichten gelangt am besten, wer sich in Frage stellen lässt. Das gilt auch für die deutsch-deutschen Einsichten. Es wird nur zu selten praktiziert. In einer Zeit der vorschnellen politischen Antworten haben wir die Selbstbefragung verlernt. Folgerichtig breiten sich Missverständnisse, Unzufriedenheit und Enttäuschungen in den gesamtdeutschen Beziehungen immer bedrohlicher aus.
Der Deutsche Evangelische Kirchentag ist - soweit ich sehe - die einzige gesellschaftspolitisch relevante Institution, die hier gezielt und durchdacht gegen zu steuern versucht. Seit der »Wende« hat er in fünf Wochenend-Begegnungen namhafte Vertreter und Multiplikatoren aus Politik, Kirche und Gesellschaft zu intensiven »Werkstattgesprächen« zusammengeführt, in der Hoffnung, die wachsenden Verständigungsschwierigkeiten wenigstens an einigen Stellen zu durchbrechen. Der 5. Kongress, der im Juni in Jena stattfand, stand unter dem Thema: "Deutsche Einsichten. Fragen, die uns gestellt werden, und die wir uns selber stellen".

Methodisch ging es bei diesen Treffen darum, die Probleme differenzierter zu analysieren, als das im politischen Schlag(wort)abtausch in der Regel geschieht. »Differenzierung ist nötig«, sagte in Jena Annemarie Schönherr aus Ostberlin, eine der drei Präsidentinnen des nun wieder gesamtdeutschen Kirchentags; denn »sie wird heute weitgehend blockiert durch pauschale Urteile des einen über den anderen«, mit dem Ergebnis, »dass eine neue Entfremdung eingesetzt hat zwischen Menschen im Osten und Menschen im Westen.«

Auch der Evangelischen Kirche gegenüber - das war in Jena nicht zu übersehen - hat die Entfremdung zugenommen. Besonders unter den ehemaligen Oppositionsgruppen, die während der DDR-Zeit am meisten Freiraum, Artikulationsmöglichkeiten und auch Verbündete in der Kirche gefunden hatten, dominieren inzwischen Enttäuschung und Ablehnung. Mitglieder der »offenen Jugendarbeit« wiesen - auch an Hand von Stasi-Akten - nach, wie schon damals mancher Kirchenleitung das schiedlich-friedliche Verhältnis zu den Staatsorganen wichtiger gewesen ist als die entschiedene Solidarität mit gefährdeten Oppositionellen.

Und heute, angesichts grassierender Arbeits- und Orientierungslosigkeit, in einer Zeit des Zweifels und der geistigen Dürre, sei auch die Kirche weder zu Handlungs- noch zu Denkanstößen imstande. Auch von den »Wessis« konnte dieser Vorwurf nur bestätigt werden. »Die Weltlichkeit der Kirche schrumpft, und die Kirchlichkeit der Kirche wächst«. Dieser Satz von Kirchentags-Generalsekretär Christian Krause veranlasste den Heidelberger Theologen und Sozialethiker Wolfgang Huber zu der Vermutung, »dass wir in eine kirchliche Selbstbeschäftigung hineinrutschen, die unsere eigenen Bestandsprobleme... zum Selbstzweck werden lässt, auch wenn wir das gar nicht wollen«. -

Es liegt auf der Hand, dass hinter dieser Klage mehr steckt als ein Problem der Kirche. Die Unfähigkeit, den komplizierten Fragen unserer Zeit mit neuen geistigen Impulsen zu begegnen, ist allgemein. Deshalb ist jeder kirchliche Versuch, das steinige Feld zu beackern, bedeutsam auch für die Gesellschaft insgesamt.

Gibt es Ansätze, Lichtblicke, Möglichkeiten wirklicher Verständigung? - Die rund 100 Teilnehmer in Jena - zu je einem Drittel aus West- und Ostdeutschland sowie aus Jena und Umgebung - wussten natürlich, dass Patentrezepte nicht zu haben und brauchbare Antworten selten sind; - dass aber bessere Einsichten sehr wohl ein Stück weiterhelfen können.

Beispiel Kirchenleitungen: Den Oppositionsgruppen in der DDR galten sie häufig als zu staatstreu; den Staatsorganen waren sie als Fürsprecher der Oppositionellen suspekt. Ihr Platz zwischen den Stühlen war vielfach folgerichtig und notwendig. Oder: »Ich habe es immer für falsch gehalten, mit der Stasi zu sprechen«. Der das sagt, hat ein Recht dazu. Anderthalb Jahre hat ihn diese Stasi hinter Gefängnismauern drangsaliert. »Aber vielen Menschen konnte nur im Kontakt mit der Stasi geholfen werden«, erinnert ein anderer; - und alle wissen, dass das stimmt.

Oder Erhard Eppler erinnert: »So wie ich das in den achtziger Jahren erlebt habe, hat die SED den 'linken' Teil der Kirche für viel gefährlicher gehalten als den 'rechten'. Weil die Linken die SED auf Grund ihrer eigenen Prämissen kritisiert haben. Was sehr weh tut«. - Hätte man das, aus Angst vor Gesprächen, unterlassen sollen? - Wer befindet über Schuld und Nichtschuld?

»Ich jedenfalls möchte nicht, dass eine Synode in unser aller Namen ein Schuldbekenntnis ablegt«, sagt einer entschieden. Niemand widerspricht. Aber manche erinnern sich an die Feststellung des Erfurter Probstes Heino Falcke: »Wir haben es immer noch nicht geschafft herauszufinden, nach welchen Kriterien das Verhalten der Kirchen zu messen ist«. - Viele Fragen bleiben offen und Probleme ungelöst. Aber sie sind anders und genauer zu sehen als zuvor.

Der Tatsache, dass Verständigung auch ein sprachliches Problem sein kann, wurde in Jena ein ganzer Vormittag gewidmet. Zwar haben wir weithin noch eine gemeinsame Sprache, merkte Eppler an. »Aber«, fuhr er fort, »sie taugt nicht viel. Und wo die Sprache stirbt, endet die Politik«. Sein östlicher Gesprächspartner lieferte für sprachliche Verständigungsprobleme eindrucksvolle Beispiele. Etwa mit der jungen Frau aus dem Westen, die hoch motiviert und hochqualifiziert beim Aufbau einer Begegnungsstätte zwischen Arbeitslosen und Jugendlichen in einem der Ostländer helfen will und nach einem halben Jahr frustriert wieder abreist. »Alle Beteiligten haben diesen Misserfolg bedauert«, erklärt Pfarrer Stauss, »aber wir waren ganz hilflos. Sie redete zu schnell und zu gut. Wir haben sie einfach nicht verstanden«.

- Viel Zeit wird nötig sein und Geduld, damit zwischen Deutschland West und Deutschland Ost nicht nur wirtschaftlich, sondern auch menschlich »zusammenwachsen (kann), was zusammen gehört«. Zu den Voraussetzungen gehört, jedenfalls nach der Mehrheitsmeinung der in Jena Versammelten, dass die Kirchen sich wieder deutlicher um die konkreten Sorgen der Menschen kümmern; und das geht nun einmal nicht ohne Einmischung ins politische Geschäft.

»Wollte die Kirche die Menschen in der DDR politisieren, - und will sie's in der Zukunft?« Verständlicherweise blieb diese zugespitzte Frage eines jungen 'Ossis' ohne ausdrückliche Antwort. Aber keiner wird wohl den temperamentvollen Diskussionsbeitrag vergessen, mit dem der Berliner Altbischof Forck konkretes Handeln »von der Basis her« einforderte: »Wir haben in der DDR gelernt, das Evangelium hat immer politische und gesellschaftliche Konsequenzen. Und wenn es die nicht hat, dann ist es nicht das Evangelium. Das ewige Zitieren, das immer neu Aufrufen, dass dies gemacht werden müsste und das, das tut's nicht mehr!« -

----

Bemerkenswert hilflos
Die Kirchen und die Austrittswelle   SWR, 6. 8. 92

Wieder einmal geistern Kirchenaustrittzahlen durch die Medien. Zwar weiß keiner genau, wie hoch sie sind; - wie offiziell, wie vertraulich, wie vollständig, wie tragfähig das Papier ist, aus dem sie stammen, aber eines ist unbestritten: Sie sind hoch. -

Neuigkeitswert haben solche Meldungen schon lange nicht mehr. Dass die Zahl der Kirchenaustritte weiter angestiegen ist, hören wir mit schöner Regelmäßigkeit seit Jahrzehnten; ebenso regelmäßig begleitet von kirchenamtlichen Erklärungen mit beschwichtigender Tendenz und geringem Aussagewert.

Bei der Motivsuche steht in diesem Jahr der Solidaritätszuschlag an erster Stelle. Und sicher hat die Versuchung, einer Erhöhung monatlicher Zwangsabgaben durch Kirchenaustritt zu entgehen, die ohnehin vorhandene Abneigung gegen Institutionen aller Art noch verstärkt. Hinzu kommt, dass Unkirchlichkeit längst kein Makel mehr ist, sondern vor allem unter jungen Intellektuellen als Ausweis von Eigenständigkeit gilt. Als obendrein die evangelische Kirche in der Stasi-Diskussion nicht nur öffentlichen Kredit einbüßte, sondern ins politische Zwielicht geriet, verlor auch mancher Gutwillige letzte Hemmungen. Ergebnis: Kirchenaustritte sind wieder mal 'in'. -

Nun muss man sich nicht wundern, dass das kaum noch jemanden aufregt. Auch viele Noch-Kirchensteuerzahler haben ja ein eher platonisches -, um nicht zu sagen ein Un-Verhältnis zu ihrer Kirche; und in der breiten Öffentlichkeit finden kirchliche Themen ohnehin nur noch selten Resonanz. Für die meisten Tageszeitungen gehört deshalb eine Kirchenaustrittsmeldung inzwischen allenfalls zu den Pflichtübungen.
Die Kirchen selbst reagieren auf diese Entwicklung mit bemerkenswerter Hilflosigkeit. Zwar leugnet auch kirchenoffiziell niemand mehr die Tatsache, dass man sich seit Jahren in der sogenannten "Abwärtsspirale' dreht. Aber außer den Versuchen, das Thema zu verdrängen oder wenigstens zu entschärfen, sind Konsequenzen nicht in Sicht. Zwar gibt es innerkirchlich längst ungezählte Überlegungen, Papiere und Diskussionen zu der Frage, wie der geschwundenen Überzeugungskraft der Kirchen im Innern wie nach außen-, wie ihrer Glaubwürdigkeit oder auch Attraktivität aufzuhelfen sei. Das Problem, wie die Botschaft des Evangeliums den Menschen auch am Ende des 20. Jahrhunderts und womöglich darüber hinaus nahegebracht werden kann, ist in kirchlichen Amts- und

Studierstuben und in den Sitzungssälen der vielen Gremien nahezu allgegenwärtig. Intern gibt es spannende theologische Konzepte und gelegentlich sogar Kritik an den verkrusteten Strukturen. Aber erkennbare Auswirkungen im Blick auf die Adressaten hat das alles nicht gehabt. Spätestens wenn ein neuer Gedanke umgesetzt werden soll, bleibt er - was den Protestantismus betrifft - im Gestrüpp gegensätzlicher Meinungen oder unklarer Zuständigkeiten, am protestantischen Pluralismus oder einfach an der Ängstlichkeit vieler Entscheidungsträger hängen.

Die evangelische Kirche bei uns hat die Kraft -(und die katholische den Willen)- zur längst überfälligen Verbesserung ihrer Kommunikationsfähigkeit bisher nicht aufgebracht. Zwar wissen beide Kirchen genau, dass die ihnen aufgetragene Botschaft auch heute noch tragfähig und notwendig wäre zum Heil und zum Wohl der Menschen. (Und viele der Davongelaufenen wissen es insgeheim auch!) Nur wie man in unseren Tagen davon Mitteilung macht, verständlich und überzeugend, in Worten und in Taten, dass wissen sie nicht.

Ursache für den "fortlaufenden" Erfolg der Kirchen ist also nicht zuletzt die derzeit ungeklärte Frage, "Wie sag ich's meinem Kinde?". Zu beantworten ist sie sicher nicht mit Hilfe modischer Werbemethoden, nicht durch anpasserische Theologie oder vermeintliche Alltagssprache. Verbesserte Öffentlichkeitsarbeit und phantasievollere Angebote wären schon gut. Aber möglich und wirksam werden sie erst, wenn geistige und geistliche Konzepte dahinterstehen.

Solange die fehlen, wird sich an der steigenden Tendenz der Kirchenaustritte nichts ändern,- und auch nicht an den damit zwangsläufig verbundenen Konsequenzen. Und die wiederum erschöpfen sich nicht in der Hoffnung auf den Heiligen Geist und auch nicht in akademischen Streitereien darüber, ob die Kirchen in der Zukunft Volkskirchen bleiben wollen, sollen oder können. - Aber das ist ein weites Feld! -

Protestantische Aufräumungsarbeiten
Die EKD-Synode diskutiert das Staat-Kirche-Verhältnis
in der DDR   epd/Kirchl. Presse, 7.11.92

Kein Zweifel: Diese Debatte war nicht nur notwendig, sie war auch sinnvoll, hilfreich, klärend und in mancher Hinsicht befreiend. Was die 160 Mitglieder des gesamtdeutschen evangelischen Kirchenparlaments auf ihrer Tagung im thüringischen Suhl fast drei Tage lang zur Aufhellung der kirchlichen DDR-Vergangenheit zusammengetragen haben an Berichten und Geschichten, Erlebnissen, Erfahrungen und Erinnerungen, an kritischen und selbstkritischen Anfragen und Rückfragen auch, das war der zwar späte, aber gegen alle Prognosen gelungene, bisweilen sogar bewegende Beginn eines Verarbeitungsprozesses, der aufklärende und reinigende Wirkung entwickeln könnte, auch über die Kirche hinaus.

Dafür ist es inzwischen höchste Zeit. Denn der Druck auf die Evangelische Kirche wird von Tag zu Tag massiver. Die Anfragen danach, ob und wieweit die Verbindungen oder Verstrickungen mit dem SED-Staat und seinem allmächtigen Sicherheitsapparat die Grenze des Unvermeidlichen und Tolerierbaren überschritten haben, sind in unverhüllte Beschuldigungen umgeschlagen. Stasi-Opfer und selbsternannte Ankläger, Journalisten und Politiker, 'Spiegel', 'Rheinischer Merkur' und TV-Magazine wetteifern in fragwürdiger Allianz um die wirksamste Enthüllungsgeschichte und die lauteste Forderung nach einem kirchlichen Schuldbekenntnis. Die Jagd auf Manfred Stolpe und die Enttarnung einzelner kirchlicher Mitarbeiter eskalierten zur Hatz auf die Kirche insgesamt; - Zorn auf die frühere DDR und Ratlosigkeit angesichts der Entwicklung seit der "Wende" haben den unvermeidlichen "Sündenbock" gesucht und gefunden. -

Allzu lange reagierte die Kirche darauf wie das Kaninchen vor der Schlange. Eben noch allseits beklatscht als Hort des Widerstands gegen die verhasste Diktatur und als Helfer bei der friedlichen Revolution, verschlug ihr die plötzliche Diffamierungskampagne die

Sprache. Einige Versuche, die Pauschalangriffe differenziert und mit Hinweisen auf notwendige und zeitraubende Recherchen abzufangen, verhallten entweder ungehört oder wurden als Bumerang mit der Aufschrift "unbußfertig" retourniert. Auch die Notbremsen-Reaktion, nämlich das heiße Thema der eigentlich längst ausgelasteten Synodaltagung in Suhl aufzuerlegen, wurde mit Skepsis und Häme vorauskommentiert: Zu spät ohnehin und unter Zeitdruck obendrein,- was war da schon zu erwarten?!-

Umso bemerkenswerter ist das Ergebnis. Vorbereitet von dem klugen und einfühlsamen Referat des ostdeutschen Theologen und SPD-Politikers Richard Schröder wurde aus der teils befürchteten, teils erhofften Zerreißprobe ein langes, engagiertes Gespräch, - mal nachdenklich, mal emotional, ungeduldig hier und bohrend dort, fast immer mit dem Versuch, die eigene Sichtweise nicht nur zu verteidigen, sondern verstehbar zu machen. Detailschilderungen der "Ostler" halfen Missverständnisse bei den "Westlern" auszuräumen und auch manche Hybris. "Auch die ostdeutschen Kirchen hatten eine Theologie", sagte Bischof Hempel, langjähriger Vorsitzender des Bundes der ev. Kirchen in der DDR nicht ohne erkennbare Bitterkeit, und gewiss nicht ohne Grund. Die Einsicht, dass "zwischen dem, was damals war und unserer heutigen Sicht" unterschieden werden muss, ist bisher so wenig selbstverständlich wie die, dass die "moralische Trennlinie*" nicht automatisch zwischen einem "Widerständler" und einem "Mitmacher" gezogen werden kann. Bekenntnisse (Ost) wie: "Die Kirche war meine Heimat und ist es noch" waren wichtig, auch oder gerade weil der Satz folgte: "Obwohl ich bedaure, dass wir nicht gelegentlich und gemeinsam lauter protestiert haben." Oder auch: "Heute ist es leicht, die DDR als Unrechtsstaat zu brandmarken. Damals haben wir geschwiegen, um den Entspannungsprozess nicht zu gefährden."
Ein Teil der kritischen Rückfragen (aus Ost und West) ließ sich mit solchen Hinweisen beantworten. Vordergründige Polemik war ohnehin die Ausnahme, - immer häufiger erinnerten auch die Westler an ihre frühere Zustimmung zur Kirche "drüben". : "Ich habe die Kirche drüben erlebt als den authentischsten Teil dieser Gesell-

schaft", oder: "Für viele von uns in der alten Bundesrepublik war die 'Kirche im Sozialismus' eine Ermutigung...Wir verstanden unter Sozialismus eine Möglichkeit zur Neuordnung der Gesellschaft,- eine bessere Entsprechung des Evangeliums." Oder auch: "Die 'besondere Gemeinschaft' (der Kirchen in West und Ost) war immer auch gemeinsam getragene Verantwortung für diesen Weg... Deshalb müssen wir uns zur Mitverantwortung für diesen gemeinsamen Weg bekennen."-

So wichtig solche Sätze sind;- einer auch nur innerkirchlichen Übereinstimmung der Standpunkte eilen sie weit voraus, solange vor allem zwei Fragen noch nicht geklärt sind:
Wie weit hätte sich Kirche mit theologischer Begründung auf den Sozialismus - als Idee und in der real existierenden Diktatur - einlassen dürfen ? - und:
Haben nicht wichtige Repräsentanten der Kirche - oder hat sie gar insgesamt - diese Grenze überschritten? -
Beide Themen waren in Suhl zwar gegenwärtig, - (Manfred Stolpe gar - fand jemand - so permanent "wie der Geist von Hamlets Vater"), - beide übersteigen jedoch die Möglichkeiten einer Synodendebatte bei weitem. Solange aber die Kirche in diesen beiden Punkten nicht eindeutig und 'mit Vollmacht' reden kann, solange wird sie sich der gegenwärtigen Kampagne nicht erwehren können, - und solange bleibt sie der Gesellschaft einen wichtigen Dienst schuldig: nämlich stellvertretend Wege und Maßstäbe zu suchen für die unerlässliche Aufarbeitung des Sozialismus-Syndroms und für den Umgang mit den Menschen, die darin verstrickt waren.

Ob die evangelische Kirche in unserem Land das leisten kann, ist fraglich. Es geht dabei um Grundfragen, die nicht nur in ihren eigenen Reihen, sondern in der Gesellschaft überhaupt von traumatischen Erfahrungen und tief wurzelnden Vorurteilen belastet sind. Gelingen könnte es nur in einem geduldigen Prozess, und auch dann nur, wenn die Öffentlichkeit bereit wäre, der Kirche ein Stück ihrer schwer beschädigten Glaubwürdigkeit als Vertrauensvorschuss zurückzugeben.

Die knapp dreiseitige "Kundgebung", die in Suhl unter dem Titel "Kirche im geteilten Deutschland" an die Adresse der Gemeinden und der Öffentlichkeit verabschiedet wurde, wird freilich nur wenig zum notwendigen Umdenken beitragen. Sie konnte nicht mehr, als den Beginn eines schwierigen Gesprächs widerspiegeln, und sie ist dabei in Form und Inhalt über kirchliche Behutsamkeit nicht hinaus gekommen. Immerhin enthält sie die wichtige und klare Aussage, dass "nach gegenwärtigen Erkenntnissen der Kirche ein allgemeines Schuldbekenntnis nicht möglich ist". Wenn dieser Satz nicht wieder verketzert würde als "Unbußfertigkeit einer Kirche, die "mit den Kommunisten paktiert" hat, könnte er für sinnvollere und notwendige Gespräche, in der Kirche selbst und mit der Gesellschaft, ein Anfang sein. -

In jedem Falle aber hat es sich gelohnt, das ursprüngliche Hauptthema der Synode über "Kirche und Medien" zugunsten dieser politischen Debatte auf einen kurzen Informationsteil und die Formulierung von Arbeitsvorhaben zu reduzieren. Allerdings hat sich dabei auch das Medienthema als so dringlich erwiesen, dass es zum nächstmöglichen Zeitpunkt wieder aufgenommen und weitergeführt werden muss. -

----

Der Protestant
Zum 100. Geburtstag von Martin Niemöller   SWF 9. 1. 92

O-Ton Niemöller: " Er gab mir die Hand, und ich benutzte die Gelegenheit, hielt seine Hand fest und sagte: 'Herr Reichskanzler, Sie haben eben gesagt, wir sollen Ihnen das deutsche Volk überlassen. Die Verantwortung für unser deutsches Volk hat aber ganz wer anders auf unser Gewissen gelegt.' Da hat er seine Hand zurückgezogen und ging zum Nächsten, - er hat kein Wort mehr gesagt".

Autor: Die berühmte Konfrontation des Pastors Martin Niemöller mit Adolf Hitler - hier in der Erinnerung des 90jährigen - charakterisiert wie in einem Brennglas den Mann und sein Leben. Mir fallen Eigenschaften ein: Gradlinigkeit, Ehrlichkeit, Unerschrockenheit, Kompromisslosigkeit, Glaubwürdigkeit. - Positive Eigenschaften, nicht allzu häufig zu finden; sie allesamt in *einem* Menschen anzutreffen, ist bemerkenswerte Ausnahme. Martin Niemöller war eine solche Ausnahme, und er hat die Summe dieser Eigenschaften noch durch einen besonderen Akzent unterstrichen, - durch seine Frömmigkeit. Die bestimmte alles andere wie ein Zeichen, das in einer mathematischen Formel vor der Klammer steht.
Niemöller selber hätte eine solche Beschreibung wohl eher zurückgewiesen. Er hat immer den Eindruck vermittelt, als sei das, was er gerade sagte oder tat, das gerade jetzt Notwendige und deshalb selbstverständlich. Jedenfalls für einen Christen.

Oft genug war das allerdings alles andere als selbstverständlich. - Der westfälische Pfarrerssohn, deutsch-national und U-Boot-Kapitän im ersten Weltkrieg, hatte vor allem deshalb Theologie studiert, weil er hoffte, 'als evangelischer Pastor ein freier Mann bleiben zu können', der im ungeliebten Weimarer Staat nichts gegen seine Überzeugung sagen oder tun muss. Dabei interessierte ihn die Theologie allenfalls als 'Hilfsmittel zur Vorbereitung einer soliden Predigt'. Auch die Kirche als Institution erschien ihm für die Verbreitung des Glaubens eher hinderlich; zu bürokratisch, zu konfessionalistisch, zu sehr mit sich selbst beschäftigt. Für ihn musste der Glaube erkennbare, handfeste Konsequenzen haben. "Nachfolge" hieß sein Stichwort, und er praktizierte sie, notfalls ohne Rücksicht auf die herrschende Meinung oder auf sich selbst.
Für die Nazi-Ideologie war ein solcher Mann natürlich unerträglich. Nahezu zwangsläufig verbannte ihn Hitler ins Konzentrationslager. Acht Jahre war er in Sachsenhausen und Dachau. -

Nach dem Kriege bestehen Nachfolge und Glaubwürdigkeit für Niemöller zuerst darin, dass er seine Kirche zue Umkehr ruft, zur Buße. Von ihm stammen die entscheidenden Sätze des Stuttgarter

Schuldbekenntnis von 1945: "...Wir klagen uns an, dass wir nicht mutiger bekannt, nicht treuer gebetet nicht fröhlicher geglaubt und nicht brennender geliebt haben..." - Und er ist es auch, der auf der ersten Nachkriegs-Kirchenkonferenz in Treysa in einer eindringlichen Rede einen radikalen Neuanfang seiner Kirche fordert.
Das Nachdenken über die eigene Schuld war freilich damals in der Kirche ebenso wenig gefragt wie in der Öffentlichkeit. Und so erlebte Niemöller bald statt Umkehr der Kirche ihre Rückkehr in die alten Gleise und Strukturen.
Obwohl seine Kommentare dazu mit zunehmendem Alter immer bitterer wurden, hat er doch lange Zeit wichtige kirchenleitende Ämter in Deutschland und in der Ökumene mit der Loyalität bekleidet, die sein Pflichtbewusstsein von ihm verlangte. Was ihn keineswegs hinderte, gegen den Strom zu schwimmen, wenn und wo immer er es für nötig hielt. Vor allem, wenn es um Frieden ging und um Versöhnung zwischen den Völkern. Gegen Wiederbewaffnung und Atomrüstung, für Verständigung mit dem Osten hat er früher schon und kompromissloser als irgendjemand sonst unermüdlich das ganze Gewicht seiner international angesehenen Persönlichkeit in die Waagschale geworfen. Und ist dafür in der Politik und auch in seiner Kirche mit allen negativen Etiketten beklebt worden, - vom "Kommunisten" über den "Pazifisten" bis zum "Utopisten" - die seine Zeit für solche Fälle bereit hielt.
Irritieren ließ er sich dadurch nicht. Er wusste sich einer höheren Instanz verpflichtet; der einzigen, die er wirklich anerkannte. Und hielt sich an die zwei Sätze, die er immer wiederholte: Die Frage: *"Was würde Jesus dazu sagen?"*, und die Forderung: *"Man muss Gott mehr gehorchen als den Menschen"*.-
Wann immer das berühmte Lutherwort "von der Freiheit eines Christenmenschen" auftaucht, denke ich zuerst an Martin Niemöller. -

----

Reli ökumenisch ?
Überfällig, aber ziemlich chancenlos !

Dtsch. Allgem. Sonntagsblatt, 30. 8. 93

Natürlich ist der konfessionsübergreifende Religionsunterricht überfällig. Realisierbar wäre er aber allenfalls im Zuge einer (ebenso überfälligen) grundsätzlichen Revision von Theorie und Praxis des derzeitigen Religionsunterrichts in Deutschland. Für beides sprechen vor allem drei Gründe:
Der (auf den gesetzlichen Regelungen von 1971 basierende) konfessionell getrennte, zwischen Information und Glaubensvermittlung pendelnde Unterricht entspricht nicht mehr der Lebenswirklichkeit der Schüler und verfehlt weitgehend sein Ziel. Glaubensunterweisung als Programm schreckt viele potentielle Teilnehmer ab, und die meisten konfessionellen Unterschiede, mit denen Trennung begründet wird, sind (glücklicherweise!) ohnehin nicht mehr zu vermitteln.

Beim Transfer der (westdeutschen) Unterrichtsmethoden in die östlichen Bundesländer gibt es zusätzliche strukturelle und psychologische Probleme: Die geringe Zahl der getauften und/oder interessierten Schüler macht Konfessionstrennung weithin unrealisierbar, vor allem für Katholiken, und die Angst vor kirchlicher Indoktrination - nach der "roten" jetzt die "schwarze" - hat breite innere Widerstände ausgelöst.

Angesichts wachsender Unkirchlichkeit und rapiden Werteverfalls ist ein die Konfessionen und Religionen übergreifendes Orientierungsangebot in der Schule (über)lebensnotwendig.
Das Ziel wäre Religionskunde als Pflichtfach, die sich freilich unterscheiden müsste von den verschwommenen "Ethik"-Versuchen der 70er Jahre. Den Schwerpunkt hätte nach wie vor das Christentum zu bilden, samt seinen konfessionellen Ausprägungen; - hinzu kämen Grundkenntnisse anderer Religionen und religiöser Strömungen. Alles auf dem Wege kompetenter und spannender Informationsvermittlung, bei der "Zeugnis" und behutsame Glaubens-"Werbung" je

nach Person und Situation durchaus ihren Platz haben könnten. Nötig dafür wären natürlich speziell ausgebildete Lehrkräfte.

Solche Vorstellungen sind zugegebenermaßen nicht leicht umzusetzen. Dass sie aber derzeit unrealisierbar erscheinen, liegt vor allem an der Übermacht amtskirchlicher Bedenkenträger. Nicht einmal der konfessionsübergreifende Unterricht wird zwischen den Kirchen ernsthaft verhandelt,- alles weitere gilt als Preisgabe kirchlichen Terrains und ist praktisch tabu. Die Verantwortlichen haben zwar die 'Hand am Pflug', sind aber, wie so oft in der Kirche, mehrheitlich auf's 'Zurückschauen' fixiert. Deshalb ist zu fürchten, dass die gegenwärtige Diskussion über den Religionsunterricht genauso enden wird wie die der siebziger Jahre: Wie das Hornberger Schießen.

Von Prinzipien erdrosselt
Schlechte Nachrichten in Sachen Religionsunterricht
Bad. Kirchenzeitung STANDpunkte, 9/96

Älter als ein Vierteljahrhundert ist sie schon, die Diskussion um ein zeitgemäßes Angebot von Religion in der Schule; und ein Ergebnis ist noch immer nicht in Sicht. Das Durcheinander von Meinungen dazu spiegelt die allgemeine Ratlosigkeit. Die ist zwar nicht neu. Aber seit dem Scheitern des brandenburgischen Unterrichtsmodells LER, (Lebensgestaltung - Ethik - Religion), ist sie auch außerhalb der Kirchen nicht mehr zu verbergen. Und das inzwischen um Hilfe gerufene Bundesverfassungsgericht wird - wie immer es entscheiden mag - an dieser Ratlosigkeit bis auf weiteres nichts ändern. Keine gute Nachricht.
Die Wurzeln der Misere reichen tief. Sie nähren sich aus dem 70 Jahre alten Artikel 7.3, mit dem unser Grundgesetz einen schulischen Religionsunterricht "in Übereinstimmung mit den Grundsätzen der Religionsgemeinschaften" vorschreibt. Diese aus der Wei-

marer Verfassung übernommene Regelung war unproblematisch, solange die Voraussetzung stimmte, dass die Gesamtheit der Schüler als "christlich" verstanden werden konnte. Als dieser Zustand gegen Ende der 60iger Jahre erkennbar zu bröckeln begann, wurde nicht etwa der Artikel 7 revidiert, sondern ein Fach Ethik eingeführt für die wachsende Zahl der Schüler, die sich von "Reli" abmeldeten. Eine unbefriedigende Notlösung, weil sie dem Missverständnis Vorschub leistete, man könne, im ehemals christlichen Abendland(!), Religion und Ethik voneinander trennen. Während die Religionslehrer, wie es sich gehört, längst beide Bereiche miteinander verbanden, nicht zuletzt, um die Schüler überhaupt noch zu erreichen. Folgerichtig drängte das Problem erneut und mit Macht an die Oberfläche, als nach der 'Wende' der schulische Religionsunterricht in den 'neuen' Bundesländern nach 40jähriger Abwesenheit plötzlich wieder zur Debatte stand; und zwar in Klassen mit meistens weniger als 20 % 'Christen'.

Ein Unterrichtsfach, das Lebensgestaltung, Ethik und Religion miteinander zu verknüpfen sucht, erschien deshalb auch der Kirche - zumindest der evangelischen in Berlin-Brandenburg - als erprobenswerte Alternative. Zwar hätte die vorgesehene Religions*kunde* die konfessionelle Trennung und den "Zeugnischarakter" des herkömmlichen Religionsunterrichts stark eingeschränkt. Dafür aber wären alle jungen Menschen über Religion(en) gründlich informiert und an die Bedeutung der damit verbundenen Lebensfragen herangeführt worden.

Das spektakuläre Scheitern dieses "Brandenburger Modells" ist nicht nur ein lokaler Betriebsunfall. Es dokumentiert vielmehr die Unfähigkeit von Staat und Kirche, mit dieser, für beide Seiten so wichtigen und drängenden Frage sinnvoll umzugehen. Zwar kann man die Hauptschuld wohl der brandenburgischen SPD-Regierung zuweisen. Deren Angst vor kirchlicher Indoktrination hat in der Versuchsphase vielfach zu massiv antikirchlichem Verhalten geführt und die vorgesehene Gleichberechtigung der Fachbereiche in Frage gestellt. Aber die Kirche ihrerseits hat darauf wenig souverän reagiert. Statt verständnisvoll, flexibel und geduldig zu verhandeln, hat sie geschmollt und gemauert. Statt veraltete Besitzstände zur Disposition zu stellen, hat sie sie zementiert; statt das Gewicht der Aufgabe in die Waagschale zu werfen, zieht sie sich auf Rechtsansprüche zurück. Und das unter den Augen von zwei als weitblickend geltenden Verhandlungsführern: dem ehemaligen Konsistorialpräsidenten Manfred Stolpe als Regierungschef und Bischof Wolfgang Huber, der als wortgewandter Theologe und zeitweiliger Kirchentagspräsident im deutschen Protestantismus den Vordenkern zugerechnet wird. Beide konnten oder wollten nicht verhindern, dass veraltete Prinzipien über allfällige Neuregelungen obsiegen. Eine noch schlechtere Nachricht für alle, die auf notwendige Erneuerungen hoffen.

So steht am Ende vom Lied mal wieder der alte Refrain: im Zweifel für den Status quo! Dass der in Sachen Religionsunterricht untauglich geworden ist, dass auf diesem Wege immer weniger Schulkinder, nicht nur im 'Osten', von Religion etwas erfahren, scheint niemanden zu stören. Im Gegenteil: In vielen Landeskirchen -auch in der badischen- wurde das brandenburgische Desaster teilweise als willkommene Rechtfertigung dafür empfunden, vom heißen Eisen Religionsunterricht erst mal wieder die Finger zu lassen. Das heißt: Die durch die Wiedervereinigung provozierte Chance, den kirchlichen Verkündigungsauftrag durch formale Anpassung an veränderte Verhältnisse besser und wirksamer wahrzunehmen, ist offensichtlich vertan; für einen zentralen Bereich menschlicher Entwicklung und vermutlich für Jahrzehnte. Nicht durch kirchliche Schuld allein, aber gewiss auch durch ihre mangelnde Flexibilität. Wieder einmal wurden und werden Positionen behauptet, um fragwürdige Inhalte zu retten. Diese Haltung als Irrglauben zu entlarven, gelingt in der Kirche derzeit kaum. Und das ist für mich, weit über Berlin-Brandenburg hinaus, die schlechteste Nachricht. -

----

134
Fünf Jahre nach der Vereinigung: Magere Bilanz
WDR und epd: 24. 6. 96

Dass es den evangelischen Kirchen in den "neuen Ländern" heute äußerlich schlechter geht als denen in der alten Bundesrepublik, liegt in der Natur der Sache. Die Verluste aus vier Jahrzehnten anhaltender atheistischer Abmagerungskur sind auch unter günstigsten Bedingungen so schnell nicht aufzuholen. - Dass es hingegen den "Ostkirchen" auch innerlich, im Blick auf Überzeugungs- und Anziehungskraft, schlechter geht als ihren Schwestern und Brüdern im Westen, war nicht in gleicher Weise zwingend. Es wäre wahrscheinlich vermeidbar gewesen, wenn die Vereinigung vor fünf Jahren sich nicht beschränkt hätte auf die möglichst reibungslose Anpassung der Strukturen und Funktionen - der östlichen an die westlichen, versteht sich - sondern wenn man sich etwas mehr Zeit genommen hätte zum Nachdenken. Zum Austausch der unterschiedlichen Erfahrungen, die die beiden Teilkirchen in der Demokratie hier und der Diktatur dort hatten sammeln können oder müssen;- und zum Nachdenken darüber, was aus diesen Erfahrungen zu lernen ist für den gemeinsamen Weg in eine gewiss nicht einfache Zukunft.

Dabei hätte es nur wenig Phantasie gebraucht, um die Notwendigkeit solcher gemeinsamer Überlegungen zu erkennen:
Es lag doch auf der Hand, dass der Prozess der Entkirchlichung in der DDR zwar ideologisch beschleunigt worden war, aber keineswegs auf atheistische Diktaturen beschränkt ist. Es lag auf der Hand, dass auch in den westlichen Demokratien Kirche sich wandeln muss - strukturell ebenso wie im Denken und Handeln - wenn sie in einer immer pluralistischer sich gebärdenden Welt ihre Botschaft glaubwürdig und verständlich weitergeben will.
Mit diesem Wandlungsprozess hatten sich die Kirchen in der DDR zwangsläufig schon auseinandersetzen müssen. Nichts hätte näher gelegen, als die dabei gesammelten Erfahrungen als Anregungen für den neuen gemeinsamen Weg nutzbar zu machen.

Aber nichts dergleichen ist passiert. Die zahlen- und kräftemäßig weit überlegenen Westkirchen waren so darauf fixiert, den armen Geschwistern jenseits der Elbe ihren eigenen, gut geölten Apparat überzustülpen, dass die inhaltlichen Fragen nach Wesen, Auftrag und Aufgaben der Kirche überhaupt nicht ins Blickfeld gerieten.
Natürlich hat man nach Kräften geholfen. Der Finanztransfer von West nach Ost ist auch bei den Kirchen erheblich; und der Auf- und Ausbau kirchlicher Einrichtungen nach Westmaßstäben wird fleißig unterstützt. Nur stärkt das eher die Skepsis der kirchenentwöhnten "Ossis" als die kirchliche Glaubwürdigkeit. Wo die vom Umbruch verunsicherten Menschen Halt und Orientierungshilfe brauchen, ist die Kirche vorwiegend mit ihrer Funktionsfähigkeit beschäftigt. Wo früher in vielen Kirchen Zuflucht möglich war vor dem Ungeist der Zeit und Anregung für Gedankenfreiheit, dominiert heute die Debatte über Pfarrstellen und Gehälter, oder das Gerangel mit dem Staat um Militärseelsorge und Religionsunterricht. - Dem allgemeinen Vereinigungsgefälle vom Sein zum Haben, vom Denkbaren zum Machbaren, haben die Kirchen wenig entgegengesetzt. Einen erkennbaren Beitrag zur geistigen Hygiene des vereinten Volkes sind sie schuldig geblieben. -
Damit sind Gebot und Chance zum Neuanfang auch für die evangelischen Kirchen in der Stunde Null der Wende - von der formalen Vereinigung abgesehen - ungenutzt verstrichen. Für einen gemeinsamen Aufbruch zu neuen Ufern haben Kraft und Atem nicht gereicht. Das heißt aber auch: Der Glaubwürdigkeitskredit, den die DDR-Kirchen im Widerstand gegen die Diktatur errungen hatten, ist vertan. Am evangelischen West-Ost-Gefälle, - (80 - 85 % Kirchenglieder im Westen gegenüber 25 - 30% in den Ostländern) - wird sich bis auf weiteres nichts ändern. -

----

Wozu brauchen wir die Kirche?
Zur gleichnamigen **Themenreihe**   "STANDpunkte" 4/97

Die Antwort scheint einfach. "Wir brauchen die Kirche zur Bewahrung und Weitergabe der christlichen Botschaft". Keine andere Einrichtung, keine Gruppe von Menschen oder gar Einzelne könnten, soweit ich sehe, diese Aufgabe dauerhaft wahrnehmen. Nur wer das Christentum für überflüssig hält, kann ernsthaft sagen: Wir brauchen die Kirche nicht.

Aber damit ist die Frage eben nur scheinbar beantwortet. Denn hinter dem "Wozu" steckt immer auch die Anschlussfrage: Wie muss das Angebot beschaffen sein, damit Menschen es als sinnvoll und hilfreich erkennen und davon Gebrauch machen? Diese Antwort ist schwierig. Einmal, weil die Kirche derzeit allenthalben miserable Noten bekommt. Sie gilt vielen als veraltet und profillos und erreicht immer weniger Menschen. Leere Kirchenbänke und Austrittswellen sind die Quittung. Zum anderen ist die Antwort schwierig, weil aus Desinteresse allmählich Geringschätzung geworden ist und eine diffuse Ablehnungshaltung, die als weltläufig gilt und allzu oft von Vorurteilen lebt. Wer ernsthaft nach der Brauchbarkeit der Kirche fragt, darf diese Stimmung nicht unterschätzen. Deshalb sind die kritischen Rückfragen nötiger, als die meisten kirchlichen Repräsentanten wahrhaben wollen. Dorothee Sölles "Vision" trifft den Kern: Um in der Zukunft brauchbar zu sein, "muss die Kirche anders werden", und zwar "radikal". In allen ihren Bereichen. Die Vermittlung der Botschaft ist ebenso wichtig wie die Konsequenzen, die für den Einzelnen und für die Gesellschaft daraus abzuleiten sind.

Die Zeiten, in denen die "tröstliche" Botschaft mit Formeln und Behauptungssätzen zu vermitteln war, sind vorbei. "Der Übervater ist out". Angebote - wenn sie überhaupt gefragt sind - müssen nachvollziehbar sein. Die religiösen "Wahrheiten" müssen kritischen Rückfragen standhalten. Auf Rückfragen jedoch sind die Kirchen (noch) nicht eingestellt. Sie beharren noch allzu oft auf theologischen Richtigkeiten und kümmern sich wenig um deren "Übersetzung" in heutiges Denken. Wir müssen "wieder beten lernen" fordert Bischof Engelhardt sicher zu recht. Wie aber wird denen geholfen, die nicht nur verlernt haben, wie man das macht, sondern auch unverblümt fragen, was es "nützt"? Pfarrer, die dem gewachsen sind, die sich und ihren Gemeinden ungewohnte Gedanken über Gott und die Welt zumuten, sind die Ausnahme und können das schlechte Image der Kirche nicht aufpolieren. Die Frage nach Brauchbarkeit zielt nicht zuerst auf die Botschaft, sondern auf die Botschafter.

Das gilt auch für die Konsequenzen. Nach Bonhoeffer gehört zum Beten unabdingbar das "Tun des Gerechten". Dazu aber fehlt es den Kirchen oft an Kraft und Mut. Gesellschaftliche Mitverantwortung zugunsten der Schwachen und Bedrohten findet fast nur noch in den Grenzen des "Erlaubten" statt. Die Freiheit des Glaubens, das Notwendige zu sagen, auch wenn es Anstoß erregt, ist selten geworden. Das gemeinsame "Sozialpapier" der beiden Großkirchen z. B. enthielt im Entwurf deutliche Kritik an den Regierenden. Als aber der Kanzler die Stirn runzelte, wurde das Papier zur Diskussion in die Gemeinden verwiesen und dann einer kirchenleitenden Kommission zur Bearbeitung übergeben. Die kürzlich vorgelegte Endfassung kommt über Ermahnungen kaum noch hinaus. Sie formuliert zwar - wie es andere auch tun - Kritik an wirtschaftlichen Fehlentwicklungen und markiert kirchliche Standpunkte. Aber kritische Rückfragen an das "System" und an mangelnde Bereitschaft zum Umdenken werden sorgfältig vermieden. Die "Konsensfähigkeit" des Papiers war den Verfassern wichtiger als der Mut, unbequeme Ursachen beim Namen zu nennen.

Zum "Bewahren" gehört aber inzwischen unabdingbar das "Bewähren". Nur wenn die Botschaft und ihre Konsequenzen als "brauchbar" erkennbar sind im raschen Wechsel der Zeiten, bleibt auch die Kirche brauchbar. Der dafür notwendige Wille zu radikaler Veränderung muss sicher von den Wortführern der Kirchen ausgehen.

Wachsen muss er aber auch in allen ihren Gliedern. Denn Kirche, das darf gerade im Protestantismus nicht vergessen werden, sind - mindestens - alle Getauften. Auch wenn hierzulande die meisten zur Zeit keinen Gebrauch davon machen.

Kirche muss mehr wollen, als den Konsens
Dem Sozialwort fehlt die verändernde Kraft. SWF 24.5.97

Der befürchtete Effekt ist schneller eingetreten, als selbst Pessimisten erwartet hatten. Vom gemeinsamen "Sozialwort" der beiden deutschen Großkirchen "für eine Zukunft in Solidarität und Gerechtigkeit" ist ein Vierteljahr nach seinem Erscheinen öffentlich so gut wie keine Rede mehr. Nachdem es ein Wochenende lang von Verantwortungsträgern (fast) aller Couleur beklatscht worden ist, war es tatsächlich - wie ein namhafter Kirchenführer befürchtet hat - "totgelobt". Innerkirchlich mag es noch hier und da Diskurse auslösen, und kirchliche Obere werden gelegentlich mahnend darauf verweisen. Dass aber auch nur *ein* Politiker deswegen schlechter schläft oder gar sein Konzept neu überdenkt, ist eher unwahrscheinlich.

Das ist nun mal, könnte man sagen, das Schicksal kirchlicher Denkschriften. Sie werden - wenn's gut geht - wohlwollend zur Kenntnis genommen und verschwinden dann von der Bildfläche. Aufzurütteln vermögen sie kaum. Jemanden gar zum Umdenken zu nötigen,- das schaffen Kirchenworte schon lange nicht mehr. - Dass so etwas auch früher kaum gelang, - ausgenommen die sog. "Ostdenkschrift" von 1965 - ist nur ein schwacher Trost. Und erübrigt nicht die Frage, warum es so ist; und ob die Absender sich damit zufrieden geben dürfen. -
Denn nach Selbstverständnis, Anspruch und gesellschaftlicher Stellung zielen die Kirchen auf mehr. Trotz nachlassender Resonanzfähigkeit sind sie immer noch ein "relevanter" Faktor; und (mindes-

tens auf dem Papier) die einzige von Staat, Wirtschaft und Parteien unabhängige Institution. Ihr Glaubensangebot hat an Echo verloren; aber die Grundzüge ihres Menschenbildes sind - Wertewandel hin oder her - bewusst und unbewusst noch tief verankert. Die mit der christlichen Botschaft seit fast zwei Jahrtausenden transportierten Spielregeln für menschliches Zusammenleben sind keineswegs außer Kraft gesetzt. Wer auf der Gleichheit aller Menschen (auch vor Gott) besteht, wer Nächsten- und sogar Feindesliebe als notwendige Grundlagen für die Beziehungen zwischen Einzelnen, Gruppen und Völkern propagiert und mit der Bibel daran festhält, dass der Mensch eben doch "seines Bruders Hüter" sein sollte,- kann nach wie vor der Zustimmung großer Mehrheiten sicher sein.

Das alles ist den Kirchen natürlich bewusst. Und mit Anstößen und Mahnungen wie diesem Sozialwort versuchen sie ja auch, der daraus resultierenden Verantwortung gerecht zu werden. Können sie mehr erwarten, als dass ihnen von allen Seiten freundlich zugenickt wird? -

Sie können, meine ich, momentan nicht mehr erwarten, aber sie müssen mehr wollen. Ihr Werteverständnis und ihre Unabhängigkeit nötigen sie, nicht nur an das allgemein Richtige mahnend zu erinnern, sondern auch das Anstößige und Unbequeme unmissverständlich zu sagen. -

Voraussetzung dafür wäre freilich die Bereitschaft, die allseits dominierende und jeden neuen Gedanken lähmende kirchliche ''Harmonielehre' im innern wie nach außen zu überwinden. Solange das Motto "allen wohl und niemand weh" wie ein Sakrament gehandhabt wird, muss das Ergebnis auch der größten Anstrengung auf dem kleinsten gemeinsamen Nenner Platz finden. Dort aber erregt es nicht nur keinen Anstoß, es wird auch nichts und niemanden anstoßen und bewegen.

Das Sozialpapier ist dafür ein gutes Beispiel. Es beschreibt in sorgfältig erarbeiteter Diagnose die wichtigsten Krankheiten der Zeit umfassend und kritisch. Es fordert die Rückkehr zu humanen und ethischen Grundsätzen, die für christliches Denken selbstverständ-

lich und für die meisten Menschen erstrebenswert sind. "Das ist nützlich", sagt der Religionswissenschaftler und Soziologe Peter L. Berger (im Deutschen Allgemeinen Sonntagsblatt), "löst aber kein Problem". Nun kann und darf niemand von der Kirche Rezepte erwarten zur umgehenden Lösung der ineinander verknäulten wirtschafts- und gesellschaftspolitischen Probleme unserer Tage. Erwarten aber kann man mindestens unmissverständliche Hinweise darauf, dass die derzeitigen Maximen politischen Denkens und Handelns nicht sakrosankt sind und dringend der Überprüfung bedürfen. Hier aber üben die kirchenleitenden Endredakteure des Sozialpapiers äußerste Zurückhaltung. Ihre Therapievorschläge sind unpräzise und halten sich ängstlich an die von Politik und Wirtschaft vorgegebenen Denkschablonen. Vor der Auseinandersetzung mit tiefer liegenden Ursachen und vor allem mit den Verursachern der Probleme drücken sie sich ganz. Weder werden die Gefahren einer kapitalistischen Weltwirtschaft aufgedeckt, in der der Markt angebetet wird wie weiland das goldene Kalb; noch wird die gefährliche Unfähigkeit entlarvt, mit der Politiker und Parteien auf die fundamentalen wirtschafts- und gesellschaftspolitischen Veränderungen (nicht!) reagieren. Unerwünschte Denkanstöße - wie z.B. die Diskussion über neue Verteilungsmodelle im Bermudadreieck zwischen Arbeit, Steuern und Renten - bleiben sorgfältig ausgespart. Ratschläge und Forderungen sind so allgemein (und möglichst im Konjunktiv), dass niemand sich betroffen fühlen muss. "Alle Träger der Wirtschaftspolitik sollten daher..", - "Deshalb muss das Bewusstsein dafür steigen...", - "Es müssen Mittel und Wege gefunden werden...", - "Der Staat muss seinen Beitrag dafür leisten..." - usw!
Das alles ist nicht falsch, aber es bewegt auch nichts. Überdies ist es nicht neu. Der größte Teil dessen, was im Sozialwort steht, war bereits 1991 Gegenstand der evangelischen Denkschrift "Gemeinwohl und Eigennutz - Wirtschaftliches Handeln in Verantwortung für die Zukunft". Teilweise weniger wattiert, aber ebenso wirkungslos.-
Ähnlich wird es auch dem jüngsten gemeinsamen Text der beiden Großkirchen über die "Mediengesellschaft" ergehen. Da stehen beherzigenswerte Dinge drin. Nur kommen sie anderthalb bis zwei

Jahrzehnte zu spät. Damals, vor Einführung des Privatfernsehens, hätten die deutlichen Warnungen aus dem "Gemeinschaftswerk der Evangelischen Publizistik" (GEP) den Kirchen noch ein wenig Gehör verschaffen können. Aber diese Warnungen galten als politisch inopportun und wurden deshalb von einigen Kirchenoberen und regionalen Lobbyisten ausgebremst. Heute versucht man 80 Seiten lang Entwicklungen zu korrigieren, die längst unumkehrbar sind. Letztes Beispiel: Die "Erfurter Erklärung", in der Anfang Januar namhafte aber z. T. aufmüpfige Kirchenleute 'mehr Verantwortung für die soziale Demokratie' einforderten. Man muss weder jedes ihrer Worte noch ihre parteipolitische Zuspitzung unterschreiben. Aber sie hat den Mut zu unbequemen Wahrheiten und nennt Ross und Reiter; ist also eine notwendige Diskussionsgrundlage. Die Kirchen aber - statt hier eine Ergänzung der eigenen Argumente zu erkennen - distanzierten sich schleunigst, auch von einigen ihrer profiliertesten Repräsentanten, deren Name unter der Erklärung steht. - (Dem pommerschen Bischof Berger, der um der Glaubwürdigkeit willen eine Revision des landeskirchlichen Partikularismus fordert, wird es kaum anders ergehen!)-

Allzu oft heben kirchliche Verantwortungsträger bei derlei kritischen Vorgängen beschwörend die Hände: "Wir dürfen die Konsensfähigkeit (in diesem Falle des Sozialwortes) nicht gefährden!"- Schön und gut. Konsens ist wichtig. Aber nicht das Wichtigste! Auch nicht für Kirchen. Deren "Einmischung in die Politik" ist vor allem dort gefragt, wo andere verstummen; aus Bequemlichkeit, aus Angst vor der nächsten Wahl, aus Rücksicht auf die Dividende. Klartext wäre überall dort dringend von Nöten, wo "Umdenken" um der Menschen willen unerlässlich ist und die anderen sich davor drücken.

Die Kirchen wissen das wohl, und im Prinzip sehen sie es auch so. Solange sie aber nur das Konsensfähige zu sagen wagen, und nicht auch das Unbequeme oder gar Unerhörte,- das Erlaubte nur und nicht auch das, was über 'die normative Kraft des Faktischen' hinausweist, werden ihre Ratschläge, und seien sie noch so gut gemeint, am Ende nichts bewirken. -

----

"Der Welt gewachsen bleiben..." SWF, 27. 7. 97
Zu Werner Simpfendörfers Buch:
ERNST LANGE - Versuch eines Porträts

Erstmals von sich reden machte Ernst Lange Mitte der sechziger Jahre mit dem "Experiment Ladenkirche". In Berlin, Brunsbüttler Damm, hatte der junge evangelische Pastor eine leerstehende Bäckerei zum Zentrum seiner neuen Gemeinde gemacht. Begründung: Er wolle "die Wandlungsfähigkeit einer normalen Ortsgemeinde erproben", in der Hoffnung, "den radikalen Veränderungen einer Industriegesellschaft" gerecht zu werden.
Zögernd hatte die Berliner Kirchenleitung Langes Pläne genehmigt. Vielleicht in der Einsicht, dass Kirche tatsächlich neue Wege suchen muss, um die Menschen im raschen Wandel der Zeit noch zu erreichen. Und wohl auch in der Erkenntnis, dass der vielseitig begabte junge Pfarrer mit seinem ungewöhnlichen Engagement und der sprudelnden Fülle unorthodoxer Ideen sich mit den ausgetretenen Pfaden traditioneller Kirchlichkeit ohnehin nicht zufrieden geben würde. Denn "der Dreiundzwanzigjährige war der Kirche in ihrer herkömmlichen Gestalt durch seine Lebenserfahrung, seine innere Einstellung und seine brillante Begabung eigentlich schon entwachsen."

So jedenfalls beschreibt Werner Simpfendörfer den jungen Ernst Lange in seinem "Versuch eines Porträts". (Wichern, 97) Und liefert damit den Schlüssel zum Verständnis von Langes Denken und Tun. Simpfendörfer porträtiert "einen kritischen Liebhaber der Kirche" und seine leidenschaftlichen Bemühungen, dieser Kirche zu jener "Zeitgemäßheit" zu verhelfen, die sie wieder tauglich machen könnte für den Alltag der Menschen.

Dieses Ziel hatte Lange auf seinem kurzen, aber wechselvollen und äußerst intensiven Lebensweg immer vor Augen. Ob als Jugend- und Gemeindepfarrer oder Professor für praktische Theologie, als Direktor beim Ökumenischen Rat der Kirchen in Genf oder zuletzt als Chef einer Planungsabteilung der Evangelischen Kirche in Deutschland, - stets ging es ihm "um die Frage, wie Christen wachsen, damit sie der Welt, in der hinfort geglaubt, geliebt und gehofft werden muss, gewachsen bleiben". Wie Bonhoeffer ging es ihm letztlich um "Kirche für andere". -

Dass Lange sich damit übernommen hat, dass depressive Schatten ihn jahrelang verfolgten, und er ihnen schließlich -siebenundvierzigjährig- unterlag, ist nicht nur seiner inneren Zerbrechlichkeit zuzuschreiben, sondern dem Gewicht der Aufgaben, die er sich gestellt hatte, - und wohl auch der mangelnden Rückendeckung durch seine Kirche.

Umso wichtiger ist das Buch, das Werner Simpfendörfer zwanzig Jahre nach Langes Tod nun vorgelegt hat. Es ist ein Glücksfall, ein längst überfälliges Dokument, und ein Vermächtnis.
Ein Glücksfall, weil Simpfendörfer, selbst Pfarrer, namhafter Ökumeniker, Kirchenreformer und einer von Ernst Langes guten Freunden, nicht nur mit großer Sorgfalt Fülle, Vielfalt und Fakten dieses Lebens zusammengetragen hat. Auch die treibenden Kräfte hat er sichtbar gemacht, die das alles hervorbringen konnten. - Und Simpfendörfer hat den Zugang geöffnet zu dem Menschen Ernst Lange; - zu diesem hochbegabten, übersensiblen, von Kindheit her verletzten und verletzbaren Manne, der, klar- und weitsichtig wie wenige, und brennend wie eine Kerze von zwei Enden her, die "Relevanz" des Christentums in dieser und für diese Welt zu bewahren suchte. -
Ein überfälliges Dokument ist das Buch vor allem als Zeugnis eines unermüdlichen, zupackenden und von unbeirrter Hoffnung getragenen Erneuerungswillens in einer Zeit, in der es zwar allenthalben in der Kirche gärte, die notwendigen Aufbrüche aber weithin an verkrusteten Strukturen, an geistlicher und geistiger Enge, an Kleinglauben, Phantasielosigkeit und Mittelmäßigkeit gescheitert sind.

Wie deutlich Ernst Lange selbst das gewusst und darunter gelitten hat, kann man nur ahnen. -
Und schließlich ist das Buch ein Vermächtnis. Wer immer von Kirche mehr und überzeugenderes erwartet, als sie derzeit bietet, findet hier Anregung und Ermutigung. Das gilt für engagierte "Laien" ebenso wie für jedermann und jede Frau in kirchenleitender Verantwortung. Ernst Langes Visionen, seine Entwürfe, Konzepte und Planungen sind noch immer aktuell,- und die meisten sind noch immer unbequem. Auch deshalb hat die Kirche sie ziemlich vergessen,- vielleicht sogar verdrängt.
Simpfendörfer hat gegen dieses Vergessen angeschrieben. Sein eigener plötzlicher Tod macht das Buch auch zu *seinem* Vermächtnis. Die rasch notwendig gewordene zweite Auflage lässt hoffen, dass seine Botschaft verstanden wird. -

----

Erste Schritte auf schwierigem Gelände
Die Leuenberger Kirchengemeinschaft sucht ihre Position in Europa
epd/kirchl. Presse, 18. 3. 98

Das Thema auf dem Einladungsprospekt ließ aufhorchen: "Der Protestantismus als lebens- und gesellschaftsprägende Kraft in Europa." Ähnlich vollmundig artikuliert sich protestantisches Selbstverständnis zwar seit Jahrzehnten immer wieder, für die "Leuenberger" aber ist das ein ganz neuer Zungenschlag. Denn die inzwischen 98 vorwiegend europäischen Unterzeichnerkirchen der "Leuenberger Konkordie" (von 1973) waren bisher allenfalls eine "Lehrgemeinschaft", darum bemüht, die mit der Konkordie errungenen theologischen Gemeinsamkeiten - wie die 'Abendmahlsgemeinschaft' - im Bewusstsein ihrer Glieder zu verankern.
Inzwischen aber sei es an der Zeit, über die innerkirchlichen Fragen hinauszugehen und auch gesellschaftspolitische Verantwortung für

das sich vereinigende Europa wahrzunehmen. So befand der langjährige Präsident der "Leuenberger", der rheinische Präses Peter Beier schon lange vor seinem plötzlichen Tod. Und seine Nachfolger nutzten den 25. Geburtstag der Konkordie zu einem dreitägigen Symposium, um die Möglichkeiten für einen solchen "Schritt nach draußen" auszuloten.

Dabei zeigte sich freilich schnell, wie ungewohnt den Leuenbergern diese Blickrichtung ist, und wie viele Hindernisse sich den Vermessungsarbeiten auf diesem schwierigen Terrain entgegenstellen. Das begann mit den drei Hauptreferenten. Die brachten zwar viel persönliches Gewicht ein, ihre Sachbeiträge indessen umkreisten das Tagungsthema mehr, als dass sie es präzisierten:
Der französische Botschafter in Bonn, Francois Scheer, hielt "protestantische Antworten auf die politischen und gesellschaftlichen Herausforderungen in Europa" zwar für eine "unbedingte Aufgabe der Kirchen" - wie prinzipiell alle anderen Redner auch -, aber er war am unterschiedlichen Staat-Kirche-Verhältnis in den europäischen Ländern mehr interessiert als an Zielrichtung und Kompetenz kirchlicher Antworten auf europäische Fragen.
Für Bischof Hartmut Löwe, den Bevollmächtigten der EKD bei der Bundesregierung, waren "Protestantische Profile in Geschichte und Gegenwart" markant genug, um "ohne Neurosen" - (will sagen ohne politische Ambitionen) - dem "Projekt Europa" entgegenzusehen; - und der ungarische Bischof Gusztav Bölcskei setzte vor allem auf ökumenische Perspektiven, um künftige "Zusammenarbeit der Kirchen im heutigen Europa" vor "Nivellierung" zu bewahren.

Derart auf sich selbst gestellt, zogen die vorwiegend kirchentheologischen Teilnehmer - auch angesichts der nur wenigen anwesenden Politiker und Wirtschaftler- sich auf vertrauteres Gelände zurück: Auf die Suche nach der eigenen Identität. Das war aufschlussreich und bisweilen sogar spannend. Selbst Kenner kirchlicher Verhältnisse staunten über die diffizilen Unterschiede und Differenzen, die bei der Beschreibung protestantischer Strukturen und Befindlichkeiten in den Ländern Europas zum Vorschein kamen. Da denken Minderheitenkirchen anders als Mehrheiten, in den Oststaaten setzt man andere Prioritäten als im Westen, die Lutheraner im Norden Europas sind ohnehin keine Vollmitglieder. So entstand ein penibler Disput über kirchliche und theologische Selbstverständnisse, aber das eigentliche Thema der Tagung, die Frage nach der 'lebens- und gesellschaftsprägenden Kraft' der Protestanten in Europa, verschwand langsam aber unaufhaltsam hinterm Horizont. Die Hoffnung, dass die evangelischen Kirchen sich auf einen gemeinsamen Aufgabenkatalog in und gegenüber der europäischen Staatengemeinschaft einigen könnten, ist angesichts der protestantischen Vielfalt und Eigenbrötelei derzeit nahezu null.

Dass diese Erkenntnis nicht neu ist, macht sie nicht tröstlicher. Auch andere international besetzte kirchliche Gremien haben sich an den Versuchen gesellschaftspolitischer Mitverantwortung schon die Zähne ausgebissen, beispielsweise die "Konferenz Europäischer Kirchen" (KEK). Aber statt bei denen zu lernen, wie es *nicht* geht, wollten die Leuenberger nun ihrerseits das Rad noch einmal ganz neu erfinden.

Schlimmer noch: Als auch nur von Ferne der Gedanke aufkam, die Leuenberger Kirchen könnten sich mit Hilfe einer europäischen protestantischen Synode eine Aktionsplattform schaffen, witterten die KEK-Anhänger Konkurrenz und legten Sperrfeuer. Und prompt reagierten die Konkordienvertreter frei nach Karl Valentin: "Mögen hätte ich schon wollen, aber dürfen habe ich' mich nicht getraut. "

Aus Straßburg also - wieder mal - 'nichts Neues'? - Fürs erste gewiss. Aber Kirchen haben bekanntlich einen langen Atem. Und das wie auch immer vereinte Europa wird auch in zehn Jahren wohlverstandene Mitverantwortung der Christen gut gebrauchen können. Die Leuenberger müssen deshalb vor einem zweiten Anlauf nicht zurückschrecken. Sie sollten ihn dann nur gründlicher vorbereiten.

147

"**Nur was sich wandelt, bleibt**" (Heinz Zahrnt)
Eindrücke von einer Tagung über die "Zukunft der Kirche"
Württemb. Gemeindeblatt, 10. 2. 99

Natürlich war das meiste nicht sonderlich originell. Wie sollte es auch. Dass Kirche sich gründlich ändern muss, um die Zukunft zu bestehen, pfeifen die Spatzen auch von württembergischen Kirchendächern. Und Änderungsvorschläge gibt es inzwischen zuhauf; vernünftige und unvernünftige, einsichtige und provozierende, machbare und aussichtslose.
Da ist von der soundsovielten Tagung zu diesem Thema kaum neues zu erwarten. Selbst wenn fünfzig Leute zusammenkommen, denen die einschlägigen Fragen vertraut sind, und die allesamt - zur knappen Hälfte Theologen, ansonsten engagierte Laien - dem "progressiven" Flügel der Kirche zuneigen; - gelegentliche Aufmüpfigkeit eingeschlossen. Immerhin sammelten sie sich um ein Thesenpapier mit dem Kennwort "Landeskirche Zwanzigzehn". Es wurde 1995 verfasst von einer Arbeitsgruppe der synodalen Fraktion "Offene Kirche", und zum Teil heftig diskutiert von der Kirchenleitung bis hinein in die Gemeinden. Was da im Blick auf eine Kirche im Jahre 2010 ansatzweise bedacht und gefordert wird, rüttelt schon mal an geheiligten Tabus, ist bisweilen unbequem und durchaus nicht immer nach jedermanns und jeder Frau Kirchengeschmack.

Auf der Linie dieses Papiers weiterzudenken, war Aufgabe und Ziel der Tagung. Und zwar nicht auf der üblichen Grundlage wegweisender Referate, die dann vom Plenum begackert und bald zu den Akten genommen werden, sondern in kreativer Anstrengung aller Anwesenden. Die trugen erst mal zusammen, welche Themen und Stichworte ihnen wichtig erscheinen, und diskutierten dann jedes Stichwort in wechselnden Kleingruppen und begrenzter Zeit in der Hoffnung, mit dem (meist längst bekannten) Problem endlich ein

paar Schritte voranzukommen. "Open space" heißt die nicht mehr ganz neue Methode. Sie hat den Vorteil, dass sie unentwegt die Phantasie aller Beteiligten mobilisiert und Raum gibt für unorthodoxe Ideen und für den Mut, hier und da erst mal laut "ins Unreine" zu denken.
Beides aber ist wichtig angesichts des unendlich breiten Kirchengrabens zwischen dem Erkennen eines Problems und der Bereitschaft oder gar Fähigkeit, es zu lösen. Kaum eine Institution hat sich ja gegen Veränderung stärker immunisiert als die Kirche. Aus Angst, es könnte am "Eigentlichen", am Evangelium gerüttelt werden, blockieren kirchenleitende Gremien am liebsten alles, was sich bewegt, und erschweren so hartnäckig eine zeitgemäße Verständigung mit der "Welt".

Hier liegt die eigentliche Bedeutung der Bad Boller Tagung. Sie markiert - als kleiner Schritt auf einem langen Weg - den Versuch, den unausweichlichen Erneuerungs- und Veränderungsprozess der Kirche "von unten", aus der Sicht des "Kirchenvolks" zu beleben und anzutreiben. Dabei geht es zunächst noch gar nicht um bestimmte Inhalte. Das in Boll bedachte und behandelte Spektrum umfasste neben Zweitrangigem nahezu die ganze Palette der kircheninternen und kirchenpolitischen Kernfragen. Von der Gefahr des finanziell bedingten Abbaus "mit dem Rasenmäher" über neue Prioritäten auch in gesellschaftspolitischen Bereichen spannte sich der Bogen bis zum "neuen Pfarrerbild" (incl . Besoldung) oder zur Frage eines angemesseneren Umgangs mit den Kirchengliedern und "Vielleicht-Christen" außerhalb des tradierten Gemeindelebens. Nur die Theologie ist - leider - ein bisschen zu kurz gekommen.-

Sieben der insgesamt mehr als zwanzig Themenbereiche wurden am Ende zu "Projekten" erhoben, die von kleinen Gruppen weiterbearbeitet werden, evtl. bis zur Einspeisung in kirchenleitende Entscheidungsebenen. Erst dann wird sich erweisen, ob der Prozess "Zwanzigzehn" mehr vermag als die meisten gutgemeinten, aber allzu oft wirkungslosen kirchlichen Reformgruppen landauf landab. Die

Chancen sind nicht schlecht. Denn "Zwanzigzehn" lebt mit und von der Schubkraft der "Offenen Kirche". Deshalb lohnt es sich nicht nur für Württemberger, die weitere Entwicklung aufmerksam zu beobachten.-

----

"Reden von Gott in der Welt" - aber wie?- WDR, 5. 9.99 Zur EKD-Synode in Leipzig

Eigentlich ging es um das zentrale Thema aller Kirchen zu allen Zeiten. Um ihren Auftrag schlechthin. Denn "Reden von Gott in der Welt", wie das Schwerpunktthema der letzten EKD-Synode in diesem Jahrhundert bemerkenswert knapp und unmissverständlich überschrieben war, - "reden von Gott in der Welt" ist das wichtigste, was es für die Kirchen je gegeben hat. Eigentlich hätte die Kirchen nie dringlicheres beschäftigen dürfen als die Frage, wie von Gott in der Welt zu reden ist. So, dass die Welt hinhört. Und es müsste die Kirche aufs äußerste beunruhigen, dass ihre Weise, von Gott zu reden, mindestens in unserer westlichen Welt immer weniger Resonanz auslöst. Dass die einen sich langweilen, andere nichts verstehen, und immer mehr die Kirchen für überholt halten.

So gesehen hätte es spannend werden können in Leipzig. Die Frage nach der Rede von Gott in der Welt hätte eine Fülle von Rückfragen der Kirche an sich selbst provozieren müssen,- nach verständlicher und nachvollziehbarer Redeweise der Theologen, nach den traditionellen Verkündigungsformen überhaupt, nach ansteckenden Lebensäußerungen der Gemeinden, und so weiter. Woran liegt es, dass kirchliches Reden so schwach und unattraktiv geworden ist, dass es - neudeutsch gesagt - niemanden mehr vom Hocker holt? - Die Unruhe darüber hätte in Leipzig sichtbar werden müssen; samt Bereitschaft und Mut zu Selbstkritik und neuen Einsichten.

Aber nichts dergleichen ist passiert. Die Herausforderung des Schwerpunktthemas wurde weder angesprochen, noch gar angenommen. Stattdessen ging es - laut Untertitel - um den "missionarischen Auftrag der Kirche an der Schwelle zum 3. Jahrtausend". Eine zentrale Frage zwar auch, aber weit weniger brisant als der Obertitel. Und die Vorbereitungskommission, die den Synodalen das Thema aufbereitet, hat zusätzlich jeden Ansatz zu kritischen Rückfragen von vornherein ausgeblendet. Sie plädiert stattdessen in einem wortreichen Appell an alle Kirchenglieder, in ihrem Alltagsleben den Missionsauftrag nicht zu vergessen, also öfter und offensiver ihren Glauben zu bezeugen, um so der dramatischen Entkirchlichung unserer Gesellschaft entgegenzutreten. An die Stelle einer kritischen Analyse kirchlicher Verkündigungspraxis trat also die Aufforderung zu mehr missionarischem Eifer. Zitat: "Die Synode... bittet die Gemeinden, die Leitungsgremien, die Mitarbeiterinnen und Mitarbeiter und alle Christen, sich...neu auf ihren missionarischen Auftrag zu besinnen." Warum das notwendig ist, wird dann ausführlich durchbuchstabiert. Unter reichlicher Verwendung einschlägiger Bibelzitate, hier und da auch mit erkennbarem Bemühen um Offenheit gegenüber neuen und veränderten Situationen. "Die evangelische Kirche setzt das Glaubensthema und den missionarischen Auftrag an die erste Stelle," heißt es da im Kommissionsentwurf zur sog. "Kundgebung", in der traditionsgemäß die Ergebnisse gebündelt und veröffentlicht werden. Und weiter: "Sie gibt dabei einer Vielfalt von Wegen und Konzepten Raum..." "Eine neue Sprachlehre des Glaubens ist nötig", steht da auch. Mit den Vielen, die dem Glauben entfremdet sind, müsse man "in je unterschiedlicher Weise" reden; dazu gehörten "Selbstbewusstsein und Mut zum Experiment", und sogar (!) der Verzicht auf "Alleinvertretungsansprüche". -

Das klingt nicht schlecht; für Kenner der innerkirchlichen Grabenkämpfe um ein bibelgerechtes Missionsverständnis wirkt manches sogar fast fortschrittlich.

Aber eben nur "fast". Denn alle die schönen Empfehlungen bleiben unverbindlich. Nichts wird konkret. An keiner Stelle ist von den

Voraussetzungen die Rede, den Änderungen theologischer Ausdrucks- und kirchlicher Lebensformen, die nötig wären, um die meisten Christen zum erwünschten Zeugnis ihres Glaubens überhaupt erst zu befähigen.

Auch das sogenannte "Lesebuch zum Schwerpunktthema", das unter dem Titel "Ermutigung zur Mission" den Synodalen "Informationen, Anregungen und Beispiele" liefern soll, hilft da nicht weiter. Es enthält eine Fülle gescheiter Referate zu unterschiedlichen Aspekten der Mission,- auch ein paar angeblich neue Beispiele, aber nichts davon, wie das alles umzusetzen wäre. Auch hier bleibt das Schwerpunktthema trotz seiner aufregenden Überschrift im Argumentationsbereich der Insider stecken. - Das Ergebnis war vorwiegend eine Beschäftigung der Synode mit sich selbst; erfahrungsgemäß ohne Folgen für die Gemeinden, und ganz gewiss ohne Echo in der Öffentlichkeit.

"Nachwort" zum 'Appell aus Baden', epd-Doku. 26/2006

In den vielfältigen Reaktionen auf den 'Appell aus Baden' - ("Was jetzt dringlich ist - Zur christlichen Weltverantwortung am Anfang des 21. Jahrhunderts") - ist mehrfach angeregt worden, die Forderungen und Zielvorstellungen des Papiers noch einmal thesenartig zusammenzufassen und auch zu verdeutlichen, wer die Adressaten sind. Das Folgende war der Versuch, diesen verständlichen Wünschen zu entsprechen:

"Ausgangspunkt unserer Überlegungen war die Beobachtung, dass die Selbstgefährdung der Menschheit seit den Terroranschlägen vom 11. September 2001 ständig und unkontrollierbar wächst, und dass die bisher üblichen Denk- und Verhaltensweisen in Politik, Wirtschaft und Gesellschaft diese Entwicklung offensichtlich nicht aufhalten können.

Das führte zur Frage, welche Rolle die Weltreligionen spielen angesichts eskalierender Probleme, in die sie selbst nicht unwesentlich verstrickt sind. Der Appell aus Baden ruft dazu auf, unbeschadet bleibender Unterschiede die gemeinsame Verantwortung der Religionen für ein friedlicheres und gerechteres Zusammenleben der Menschen zu aktivieren.

Wir wissen, dass nach allgemeiner Einschätzung und Erfahrung eine solche Herausforderung die Kräfte und Möglichkeiten der religiösen Gemeinschaften weit übersteigt. Die Schwierigkeiten und Hindernisse sind auf allen Seiten gewaltig und werden verstärkt durch tiefsitzende Widerstände, die aus dem jeweiligen Selbstverständnis erwachsen.

Dennoch ist es längst überfällige Aufgabe der Religionen, um ihrer Glaubwürdigkeit willen und zum Heil *und Wohl* der Menschen den notwendigen Wandel im Denken und Handeln nicht nur zu fordern, sondern bei sich selbst damit zu beginnen, und im Umgang miteinander Zeichen zu setzen für mehr Menschlichkeit und Menschenwürde.

Der Versuch einer solchen Neubesinnung sollte in den christlichen Kirchen beginnen. In ökumenischem Geist müssen religionsübergreifende Gemeinsamkeiten gesucht und Modelle entwickelt werden gegen Gewalt und für partnerschaftliches Zusammenleben über die bisherigen Grenzen und Gegensätze hinweg.

In diesem Sinne wendet sich der Appell an die Christen auf allen Ebenen und in allen Funktionen. An der Basis müssen die vielen schon vorhandenen Ansätze und Aktivitäten innerhalb und außerhalb der Kirchen gestärkt, erweitert und vernetzt werden, mit deutlichen Signalen an andere Religionsgemeinschaften zur Zusammenarbeit. Kontakte zu entsprechenden nationalen und internationalen Organisationen und Einrichtungen wären nötig zur Verbreitung der Basis und zur Konkretion.

Eine Voraussetzung ist, dass kirchliche Leitungsgremien die Dringlichkeit des Auftrags erkennen, ihn theologisch, kirchen- und gesellschaftspolitisch untermauern und so dazu beitragen, dass das fällige umdenken ermutigt und verstärkt wird. Deshalb wendet sich unser Appell auch an alle kirchlichen Verantwortunmgsträger.

Uns ist bewusst, dass diese Bemühungen nur erste Schritte sein können auf einem langen und steinigen Weg. Wenn wir jedoch Bonhoeffers Vision einer 'Kirche für andere' ernst nehmen wollen, führt nichts an diesem Weg vorbei."

(HJ. Girock, G. Liedke, G. Gerner-Wolfhard)

Dokumentation II

ZITATE - *Aus meinem "Zettelkasten" -*

ALBERTZ, Heinrich
Im ARD-Interview 'Zur Person' hatte Günter Gaus u. a. gefragt: 'Woraus rechtfertigen Sie das weltliche Engagement der Kirche?' Albertz antwortete: "*Wenn ich das (1. Gebot) ernst nehme, und wenn ich Leben und Lehre Jesu ersnt nehme,...dann gibt es doch gar keine andere Antwort auf diese Frage, als dass das Himmelreich keine Sache ist, die irgendwo und irgendwann nach dem jüngsten Tag beginnt.... Ich kann das* (Evangelium) *doch garnicht lesen, ohne mich zu fragen, wie ist das heute und hier, jetzt für mich und für die Gemeinde, dort wo ich lebe, anzuwenden?...*"

BONHOEFFER, Dietrich
„*Unsere Kirche, die in diesen Jahren um ihre Selbsterhaltung gekämpft hat, als wäre sie ein Selbstzweck, ist unfähig, Träger des versöhnenden und erlösenden Wortes für die Menschen und für die Welt zu sein. Darum müssen die früheren Worte kraftlos werden und verstummen, und **unser Christsein wird heute nur in zweierlei bestehen: Im Beten und im Tun des Gerechten** unter den Menschen....Aber der Tag wird kommen, an dem wieder Menschen berufen werden, das Wort Gottes so auszusprechen, dass sich die Welt darunter verändert und erneuert*".
- aus "Widerstand und Ergebung".-
"*...Kirche ist nur dann Kirche, wenn sie für andere da ist*".
- aus dem Taufbrief an seinen Patensohn Dietrich Bethke -

BRECHT, Bert
„*Ich habe bemerkt*", sagte Herr K., „*dass wir viele abschrecken von unserer Lehre dadurch, dass wir auf jede Frage eine Antwort wissen. Könnten wir nicht ...eine Liste der Fragen aufstellen, die uns ganz ungelöst erscheinen?*" -' Geschichten von Herrn K'.-

BUBER, Martin
*„Jede Religion ist eine menschliche Wahrheit...Aber die Religionen, die das wissen,... können miteinander in Verbindung treten und miteinander zu klären versuchen, was von der Menschheit aus getan werden kann, um der Erlösung näher zu kommen; **es ist ein gemeinsames Handeln der Religionen denkbar**...Und noch etwas ist not: Die Religionen müssen mit aller Kraft darauf horchen, was Gottes Wille für diese Stunde ist...."* -
-aus „Nachlese", 1966 von Karin Ulrich-Eschemann in "Dialog statt Verwaltung der Wahrheit; – eine Frage an die Religionen"; ev. aspekte; 4/ 03.
"*Gott wohnt, wo man ihn einlässt...*" -
"*Du sollst deinen Nächsten lieben, er ist wie Du...*" -
"*Jesus habe ich von Jugend an als meinen großen Bruder empfunden.*" -
- Zitate -

CHATAMI, Muh. (Präsident des Iran)
"Wenn die Menschheit an der Schwelle zu einem neuen Jahrhundert ...all ihre Anstrengungen auf die Institutionalisierung des Dialogs richtet, wenn sie Feindseligkeit und Konfrontation durch Diskurs und gegenseitiges Verstehen ersetzt, dann **wird sie künftigen Generationen ein unschätzbares Erbe hinterlassen..**". -Rede vor der UN-Vollversammlung 1998-

COX, Harvay, (baptist. Theologe; Prof. em.an der Harvard Uni; - bekannt auch durch sein Buch 'Stadt ohne Gott", 1965)
"*Der Fundamentalismus ist die heutige evangelische Form des Giftes, das in Gestalt des Bekenntnis-Formulierens schon früh in die Adern des Christentums gelangte. Fundamentalisten geben den Glauben zugunsten des Fürwahrhaltens auf. Ihr Kennzeichen ist stures Beharren darauf, dass Glaube darin bestehe, bestimmte 'Grundsätze' für wahr zu halten.... (Fundamentalisten) reduzieren den Glauben als grundlegende Lebensorientierung auf ein unerschütterliches Festhalten an bestimmten vorgeschriebenen Lehrmeinungen. Umgekehrt fördert diese Auffassung häufig eine verkrampfte Abwehrhaltung und eine geistliche Überheblichkeit, die mit der Liebesethik Jesu nichts zu tun haben...*"
- aus: 'Die Zukunft des Glaubens ...'-

"...Ich habe gezeigt, wie das Christentum als eine Bewegung des vom Geist geleiteten Glaubens begann, dann aber bald zu einer Zusammenstellung von Glaubensüberzeugungen mutierte, die von einer Klerikerkaste verwaltet wurde. Dieser Prozess kehrt sich nun aus mehreren Gründen um. Der Glaube lebt wieder auf, während das Dogma stirbt. Die spirituellen, gemeinschaftlichen und auf Gerechtigkeit ausgerichteten Facetten des Christentums sind nun im fortschreitenden 21. Jahrhundert führend. In ähnlicher Weise geschehen solche Veränderungen auch in anderen Weltreligionen....*Eine Religion, die auf vorgeschriebenen Glaubensüberzeugungen aufbaut, hat keine Zukunft mehr.*"
- aus: "Die Zukunft des Glaubens - Wie die Religion wieder zu den Menschen kommt"; 2010; S. 163, -

EKD-Synode
„*Das Bezeugen des eigenen Glaubens gehört zusammen mit dem Eintreten für das Recht der anderen auf ihr religiöses Bekenntnis*. Kreative Lernfähigkeit gehört zu Ökumene und interreligiösem Dialog ebenso wie zur Mission der evangelischen Kirche... „**Wir werden als Kirche darin glaubwürdig und anziehend, wenn wir nicht immer auf alles eine schnelle Antwort haben**, sondern uns von Gott verändern lassen. Der Umkehr zu Gott entspricht ein Glaube, der Zweifel bekennt, eine Verkündigung, die sich unbequemen Fragen stellt, und eine Mission, die selbst auf dem Weg ist und lernt..*"
- aus der 'Kundgebung' zum Schwerpunktthema "Missionarische Impulse" vom 9. 1. 2011 -

ENGELHARDT, Klaus (bad. Landesbischof und Ratsvorsitzender)
"...*Die Theologie muss den Grundakkord anschlagen, der alles weitere trägt und begleitet. Nur wenn Weltverantwortung wieder selbstverständlich als unverzichtbarer Teil christlichen Glaubensgehorsams begriffen wird, kann es gelingen, unser Verhalten darauf auszurichten und andere davon zu überzeugen'...*"
-aus einem Kommentar zu 'Was jetzt dringlich ist - Zur christlichen Weltverantwortung am Anfang des 21. Jahrhunderts' ; -epd-Dok. 26/2006-

EPPLER, Erhard: (SPD-Politiker; Kirchentagspräsident)
"Die Friedensbewegung muss sich auch noch einer andere Aufgabe stellen. Dem Dialog mit den anderen Religionen, vor allem mit dem Islam..-. Die Friedensbewegung....wird noch gebraucht."
aus: 'Warum ist es so still um die Friedensbewegung?'; SWF' 3/92
"Die Pole Evangelium und Wirklichkeit müssen verbunden werden, wenn Strom fließen soll. Und wenn es dann gelegentlich Funken gibt, zeugt das nur vom Fließen des Stroms..."
"Der Kirchentag ist so etwas wie der Versuch, unsere Wirklichkeit mit dem Evangelium zu konfrontieren...."
"Solange die Kirche so weltlos bleibt, muss die Welt so kirchenfremd bleiben..." - aus Beiträgen im SWF -
"Vielleicht werden sich noch im Laufe des 21. Jahrhunderts Historiker darüber wundern, wie wenig Widerstand die marktradikale Ideologie von den christlichen Kirchen erfahren hat, noch mehr wohl darüber, dass diese radikal unchristliche Lehre gerade von fundamentalistischen Kirchen der USA mitgetragen wurde - und bis heute wird."
- aus: Eine solidarische Leistungsgesellschaft - 2011 - S. 108

FALCKE, Heino (ev. Probst, Erfurt)
"Die ureigenste Aufgabe der christlichen Kirche sehe ich...einmal in der rechtzeitigen und energischen Anmahnung und Förderung von vorausschauender Friedenspolitik. **Die aktuellen kirchenpolitischen Worte** *zu ausgebrochenen Konflikten...***kommen zu spät und haben...meist Kompromisscharakter.** *Zum zweiten hätten die Kirchen energisch und mit stärkerem Engagement für den Auf- und Ausbau von Friedensdiensten einzutreten und dafür, dass diese Friedensdienste endlich die politische Rolle und Relevanz erhalten, die ihnen friedenspolitisch längst zukommt.- ...Das gilt besonders in den heutigen interreligiösen Konflikten.* **Eine Theologie des Friedens muss heute dem interreligiösen Zusammenleben dienen.** *Das ist in ihren fundamentalen Kriterienkatalog aufzunehmen. Die Kirchen müssen die Fundamente ihrer Frömmigkeit und Theologie unter diesem Kriterium einer kritischen Selbstprüfung unterziehen. Das wird nicht ohne große Schmerzen abgehen".*
- aus: "Wo bleibt die Freiheit? -Christ sein in Zeiten der Wende"; 2009 -

„*Das Ereignis von Basel geht nicht auf in dem Ergebnis von Basel. Das Ereignis aber enthält einen Anspruch und eine Prophetie, die sich im Zusammenleben der Kirchen erfüllen will.* **Die Kirchen sollen nicht nur Texte rezipieren und transportieren, sie sollen Kirchen des Friedens und der Gerechtigkeit werden.**" -„Gerechtigkeit und Frieden....." - S. 26)

FRANZISKUS, (Papst)
"**Seid Protagonisten, spielt nach vorne, baut eine Welt der Gerechtigkeit, der Liebe, der Brüderlichkeit, der Solidarität...**"
-aus seinem Appell beim Weltjugendtag in Rio de Janeiro-
"*Die Lehren der Kirche - dogmatische wie moralische - sind nicht alle gleichwertig. Eine dogmatische Seelsorge ist nicht davon besessen, ohne Unterscheidung eine Menge von Lehren aufzudrängen...Wir müssen ein neues Gleichgewicht finden, sonst fällt auch das moralische Gebäude der Kirche wie ein Kartenhaus zusammen, droht seine Frische und den Geschmack des Evangeliums zu verlieren.* **Die Verkündigung des Evangeliums muss einfacher sein, tief ausstrahlend.** *Aus dieser Verkündigung fließen dann die moralischen Folgen...*"
-aus seinem Interview mit Antonio Spadaro SJ; August 2013-

GRAF, Friedrich Wilhelm (Prof., evangelischer Theologe)
In einem Beitrag für die FAZ kritisiert der Professor für Systematische Theologie und Ethik in München "*mangelnde Reformbereitschaft, zu viel Spezialistentum und zu wenig neue Denkansätze*" bei den Theologischen Fakultäten in Deutschland. "*Die konfessionellen Theologien ..hätten in* "*den letzten dreißig Jahren erheblich an religionsanalytischer Deutungskraft eingebüßt*". Zwar gebe es unter den Studenten "***durchaus gebildete, ja brillante Köpfe**. Aber sie schlagen nach exzellenten Examina ...keine akademische Laufbahn ein. Noch weniger gehen sie in die Kir-chen,*" sondern suchten ein berufliches Umfeld, das Chancen freier Kreativität eröffnet...Die Kirchen seien keine attraktiven Arbeitgeber, "*weil hier über Karrieren weniger nach Kriterien von Kompetenz und Leistung, sondern primär im kirchenpolitischen Stellungskrieg und klerikalen Dschungelkampf entschieden wird....Den Kirchen bleiben die weniger Denkfleißigen und leider auch nicht wenige Glaubensenge*".
- nach epd-Wochenspiegel 9/2005 -

HALBFAS, Hubertus; (kath. Theologe)
Das Verdunsten des christlichen Glaubens, wie es in Europa vor sich geht, entzieht sich bis heute der angemessenen Reflexion. Innerhalb der Gesellschaft herrscht mehr Unbetroffenheit als Auseinandersetzung. Angesichts des Kirchenpersonals, bei Theologen, Pfarrern und Religionslehrern, ist man versucht, mit Jesaja zu klagen: 'Die Wächter des Volkes sind blind, sie nehmen nichts wahr: Es sind lauter stumme Hunde, sie können nicht bellen.....So sind die Hirten. Sie verstehen nicht aufzumucken'. (Jes. 56, 10f)..."
*"Solange wir zwischen Jesus und uns eine unüberwindliche Kluft schaffen, verbindet sich sein Reich-Gottes-Programm nicht mit dem Alltag der Welt. **Solange wir Jesus nur anbeten, werden wir ihm nicht folgen.** Das Göttliche, das ihm erfüllte, muss auch in uns zum Durchbruch kommen - als Licht der Welt...Jesus starb, wie er lebte, wie er lehrte - **nicht um die Menschen zu erlösen, sondern um zu zeigen, wie man zu leben hat...**"*
- aus "Glaubensverlust - Warum sich das Christentum neu erfinden muss", Patmos 2011 -

HAMAD, Abdel-Samad, (Publizist, Vordenker eines europäischen Islam; von Islamisten mit dem Tode bedroht)
"Meiner Meinung nach ist der religiöse Faschismus...im Islam selbst begründet, nämlich als der Prophet Mohammed den Islam als Monokultur durchsetzte..." - *"**Die Debatte um den Islam in Deutschland wäre sinnlos, wenn dadurch nicht auch die Beziehung des Staates zu den christlichen Kirchen neu verhandelt würde.** Die Lösung kann nicht sein, dass die muslimischen die gleichen Privilegien wie die Kirchen bekommen, sondern dass die Kirchen auf einige Privilegien verzichten. Es ist nicht religionsfeindlich, sondern religionsfreundlich, zu verlangen, dass die Religionen sich aus Bereichen zurückziehen, die ideologische Neutralität erfordern -...Nur so kann der Staat die gleiche Distanz zu allen seinen Bürgern und Interessengruppen wahren".*
In den Islamkonferenzen. *"...sitzen Schiiten, Sunniten, Aleviten, junge und alte, konservative, liberale und islamkritische Muslime an einem Tisch und diskutieren. Das gibt es nirgendwo sonst in der Welt".* - aus einem Aufsatz über 'die Zukunft der deutschen Islamkonferenz', der er angehört, für "Publik-Forum" ; 12/2013 -

HASENHÜTTL, Gotthold (kath. Theologe)
"Jesus war kein Religionsstifter, er hat nie zu einer bestimmten Religion oder einem Religionswechsel aufgerufen. Er scheint von Religionen nicht viel gehalten zu haben, obwohl er sie nicht radikal ablehnte. **Religionen sind nur sinnvoll, wenn sie zur Vermenschlichung beitragen**...- *Glaubensregeln haben, wie Verkehrsregeln, vorübergehende Bedeutung, ...sind aber für den Glauben nie konstitutiv...***außer den heutigen Fundamentalisten** *(vor allem in amerikanischen Sekten und Erweckungsbewegungen)* **wagt kein christlicher Theologe mehr zu behaupten, die Bibel sei Gottes Wort.** *Vielmehr wird (z.B. im 2. Vatikanischen Konzil) festgehalten, dass in der Bibel Gottes Wort gefunden werden könne..-."*
- aus "Glaube ohne Denkverbote - Für eine humane Religion" (2012)

HEGELE, Günter (evangel. Theologe)
Die **Evangelische Akademikerschaft in Deutschland** ((EAID) **prüft** im Rahmen der Luther-Dekade **herkömmliche Glaubensaussagen** und neue For-mulierungen **auf Verständlichkeit und Wirksamkeit** und stellt dafür 15 Thesen zur Diskussion. (www.kernfragen-des-glaubens.de). Auf Fragen von 'Publik Forum' sagte dazu der evangelische Theologe und EAID-Mitarbeiter Prof. Günter Hegele u. a.:
"Es ist ja oft so in der Kirche, dass man manche Dinge nicht sagt, damit nur ja kein Streit entsteht. Aber andrerseits ist es doch ermutigend, wie viele neue Verständnisformen entstehen, die man als positive Ergänzung zur Tradition ansehen kann und die uns weiterführen - auch im Verhältnis zu anderen, nichtchristlichen Auffassungen. **Es geht uns nicht in erster Linie um Kritik, sondern um eine Pluralität des Glaubens..."**
"...***Schließlich ist auch die Frage****, wie heute Kirche zu verstehen ist: Ob als Glaubensgemeinschaft oder als Lebensgemeinschaft oder als Traditionsgemeinschaft, die das fortsetzt und bewahrt, was früher gedacht und geglaubt worden ist - oder* **ob Kirche auch eine Gemeinschaft ist, in der Verständnisweisen und Glaubensformen neu entstehen...**"
"...Zunächst ist es eine Diskussion für am Glauben interessierte und theologisch informierte Teilnehmende. Aber wir versuchen möglichst die Gemeinden zu beteiligen, auch Nichtakademiker, ja Nichtmitglieder der Kirchen. Aber es ist sehr schwer, das möglichst einfach zu formulieren. Deshalb hoffen wir, dass auf unserer Diskussionsplattform Beiträge einer "Theologie von unten" erscheinen....Wir werden versuchen, die wesentlichen

Ergebnisse... in die Arbeit der Kirchen einzubringen. Wir hoffen, damit zur weiteren Diskussion und auch zur Erneuerung des Glaubensverständnisses beizutragen." -   - s. Publik-Forum 12/2013 -

HEINEMANN, Gustav (Bundespräsident, Präses der EKD-Synode)
"Die in Uppsala versammelten Christen haben spätestens auf dieser Konferenz begriffen, dass diese Zusage Gottes -('Siehe, ich mache alles neu')- nicht mehr allein auf ein besseres Jenseits bezogen werden kann, das die Christen mit gefalteten Händen zu erwarten hätten, sondern dass sie zu verstehen ist als Herausforderung an die Christen, jetzt und hier in seinem Namen aber mit ihren menschlichen Kräften auf diese Herausforderung schon hinzuarbeiten..-. - Über den Mut zur Utopie: *"...Ein Jahrhundert, so heißt es, vergeht in unserer Zeit schon in zehn Jahren. Wie sollen wir da Schritt halten, wenn wir nicht den Mut haben, heute schon zu denken und zu planen, und wohl auch schon zu erproben, was frühestens morgen realisierbar erscheint?..."* - aus dem Aufsatz: 'Politisch Lied, ein neues Lied' - in der SWF-Sendereihe "Maßstäbe für die Zukunft -..." - Furche, 1970 -

HERTZSCH, Klaus-Peter; (Prof. em. für Praktische Theologie, Jena)
"...Das Zusammenwirken der Christenheit, der Judenheit, der Weltreligionen...hilft wenig, solange die wirklich wirksamen Entscheidungen nicht mehr bei den Regierungen...und schon gar nicht an den Wahlurnen der kleinen Leute fallen, sondern auf den Chefetagen der Weltwirtschaft und ihrer Manager. Und die sagen uns klar und ehrlich: Wir sind keine caritativen Einrichtungen, sondern wollen maximalen Gewinn machen.. Ich bin sehr beunruhigt,...(denn) niemand weiß wirklich einen Ausweg, - auch die redlichen aber schüchternen Sozialworte unserer Kirchen nicht...Für das Problem, was mich um meiner Enkel willen zutiefst bedrängt, scheint nicht nur Echo, sondern Ausweg zu fehlen.....Gott helfe seinen Kirchen und all seinen Menschen". -aus seinem Kommentar zu "Was jetzt dringlich ist - Zur christl. Weltverantwortung am Anfang des 21. Jhts "; epd-Dok. 26/09-

HIRSI-ALI, Ayaan, (Islam-Kritikerin)
"Reformiert Euch! Warum der Islam sich ändern muß" (Buchtitel, Knaus)
 Verlangt mehr Unterstützung für diejenigen, die den Islam modernisieren wollen. *"...Der Westen ist feige...-"* (Aus WELT-Interview 23. 4. 15)

JENS, Walter (Schriftsteller, Prof. für Rhetorik)
"*...Es wäre nützlich, wenn wir hinter all dem* christlichen *Firnis, dem* christlichen *Abendland, das, wohin man blickt, radikal emanzipationsfeindlich war,...hinter den* christlichen *Parteien, die den status quo als gottgewollt verteidigen,...wenn wir hinter all dem christlichen Firnis wieder die Figur, -nein, nicht die Figur: den leibhaftigen Menschen sichtbar machten, der als Anwalt einer verlorenen, aber niemals aufzugebenden Sache: der Liebe zum Nächsten und der Liebe zu Gott mit dem, was sich da* christlich *nennt, nicht das Geringste zu tun hat...*"
- aus der Rede "Christliche Religion und Religion Christi" in der Sammlung "Ort der Handlung ist Deutschland"; Kindler, 1981, S. 63 -

JETTER, Werner; (evang. Prof. für Praktische Theologie in Tübingen)
"*Die Kirche muss sich...im ökumenischen Kontext ihrer heutigen geschichtlichen und gesellschaftlichen Erfahrungen über ihre eigene Sendung, ihre innere Einstellung zum Zeitgeschick sowie über die hauptsächlichen Krisenstellen ihrer überkommenen Einrichtungen klar werden und praktische Folgerungen theologischer und organisatorischer Art daraus ziehen....*" - "Was wird aus der Kirche?", Kreuz -Verlag 1968; S. 5 -
"*Die ökumenische Bewegung ...ist mit ihrer Öffnung für die Weltprobleme zum großformatigen Modell heutigen kirchlichen Dienstes geworden. Sie könnte...christlichen Laien...Mitverantwortung eröffnen, sollte jedoch auch auf den unteren Ebenen des kirchlichen Lebens die konfessionellen Fronten entschärfen...*" -ebd. S. 7-
"*Im Grund ist...die ganze Zusammenarbeit, die vom Weltrat der Kirchen seit länger als einem Menschenalter in Gang gebracht wird,...ein beständiger programmatischer Vorgriff auf die Zukunft der Kirche...*". - ebd. S. 15 -
"**Keine Reform der Gestalt der Kirche...kann gelingen, wenn sie sich nicht auch in ihren Denkstrukturen erneuern** *und in ihrem Zeitgefühl und Sendungsbewusstsein sensibilisieren* **und verändern läst.**" ebd. S. 9 -
"*Die gesellschaftliche Mithilfe de organisierten Christenheit (kann) aus einer bloßen Begleiterscheinung...zu einer gezielt und bewusst in Angriff genommenen demokratischen Öffentlichkeitsaufgabe -, zu einem Beitrag zu den sozialethischen Problemen des Berufslebens und des politischen Geschehens werden.*" - ebd. S. 10 -

"Der Gottesdienst....muss sich primär als Angebot verstehen, wenn er sich nicht als selbstgenügsamer Kulturakt mit seinem eigenen Stattfinden begnügen will, sondern so welt- und lebensbezogen wie das Evangelium und der Glaube bleiben soll." - ebd. S 11 -

JÖRNS, Klaus-Peter (evangel. Theologe, Prof. em.)
"...*Auch in der evangelischen Kirche ist den 'Gläubigen' eine ...Freiheit zu urteilen, wie sie die Theologenschaft für sich in Anspruch genommen hat und nimmt, **nie vermittelt worden**. Wer sie als 'Laie' in seinem Glauben und Denken gleichwohl praktiziert hat, hat sich dadurch oft als nicht mehr dazugehörig empfunden. Und nicht wenige sind aus der Kirche ausgetre-ten, weil sie mit wesentlichen Partien der Bibel oder des Katechismus nicht mehr übereinstimmen konnten und vor sich selbst glaubwürdig bleiben wollten...*" - aus 'Notwendige Abschiede'; 2005/S.48 -
"*Theologie muss dem Glauben dienen, nicht der Glaube der Theologie....Wir müssen uns heute entscheiden, ob wir Jesu Christi Weg und Verkündigung oder weiterhin einer Theologie folgen wollen, die das Evangelium in einem zentralen Punkt widerruft..*" -ebd. S. 49 u. 321-
„*Noch fehlt die demütige Bereitschaft der Religionen, zwischen Gottes eigener Wahrheit und unseren perspektivisch gebrochenen Wahrnehmungen Gottes zu unterscheiden*". - aus:„Mehr LEBEN, bitte"; 2011 -
"*....Optimistisch bin ich, weil ich jenseits aller Glaubensformen sehr viel Offenheit und innere Freiheit finde. Sie lassen darauf hoffen, dass auch die Chancen einer interreligiösen Ökumene bald in den Blick kommen...Das 'Eigene' wird nicht verloren gehen, wenn die ganze Religionsgeschichte als mit dem einen Gott verbunden geglaubt wird...*"
- aus Interview in Publik-Forum 10/2011 zu "*Glaubwürdig von Gott reden - Gründe für eine theologische Kritik der Bibel*" - Radius-Verlag
- Als Initiatoren einer 2012 gegründeten '**Gesellschaft für eine Glaubensreform**' sehen K.-P. **Jörns** und der Katholik Hubertus **Halbfas** ihre Aufgabe darin, es Menschen des 21. Jahrhunderts zu ermöglichen, "*denken und leben zu können, was sie glauben*". Mit anderen Worten: *Religion soll dem Leben dienen, und nicht das Leben der Religion*; - und Christine **Heubeck-Schlaeger**, Vorstandsmitglied der Gesellschaft, erläutert: "*Wir wollen keine neue Kirche gründen...Aber ich glaube, wir sind uns einig darin, dass wir die alten Dogmen nicht mehr akzeptieren.*

Wie aber bringen wir neue Formulierungen in die Kirche hinein? Wir müssen uns eine Strategie überlegen."
-aus "Die Spurenleser", Publik-Forum 12/13-

JUTZLER, Konrad; (Prälat, ev. Rundfunkpfarrer beim SWF)
"(Christliche Information) wird weder von Beweisen für Gott noch vom Tode Gottes reden. Sie wird weiter wissen lassen, dass sie an ihn glaubt. Sie wird weder dem Wahn von alles könnenden Möglichkeiten des Menschen noch der Verzweiflung über menschliche Ohnmacht verfallen. Sie wird das Böse weder für harmlos und wegoperierbar noch für unüberwindlich ausgeben. Christliche Information stellt den Menschen an seinen Platz und ans Werk. Zwei Stichworte werden sie kennzeichnen: 'Nüchternheit' und 'Hoffnung'."
- Beitrag: 'Die Pflicht zur Information' in der SWF-Sendereihe "Maßstäbe für die Zukunft -....", Furche 1970 -
"Hüten Sie sich mehr als vor allem anderen vor den geistlichen Fertigbauteilen und den theologischen Versatzstücken". -Ermahnung des SWF-Rundfunkpfarrers gegenüber Autoren von Morgenandachten -

KHORCHIDE, Mouhanad (islam. Prof. für Religionspädagik)
"...Ich sehe keinen restriktiven Gott, der verherrlicht werden will, sondern einen Liebenden, der nach Mitliebenden sucht. Er schenkt Liebe und erwartet eine liebende Antwort...- Die Offenbarung lässt viel Raum, um allgemeine Prinzipien daraus abzuleiten. Deshalb können wir mit der Offenbarung auch in einer sich wandelnden Gesellschaft leben..." -
Publik-Forum 22/2013 -

KIERKEGAARD, Sören (evang. Theologe und Philosoph)
"In der Christenheit herrscht ein ewiges Sonntagsgewäsch über die herrlichen und unschätzbaren Wahrheiten des Christentums, seinen milden Trost; aber es lässt sich nicht leugnen, dass man deutlich merkt, dass es 1800 Jahre her ist, seit Christus lebte..."
"Das Christentum ist eine Existenzmitteilung, keine Lehre..."
- aus seinen theologischen Schriften -

KLAIBER, Walter (method. Bischof und ACK-Vorsitzender)
"*Das christliche Vermächtnis wird nicht erfüllt, wenn wir es in das Sacktuch unserer Frömmigkeit einschließen...*"
- im ökumen. Gottesdienst zur Weltgebetswoche 2004 -

KRECK, Walter (ev. Theologe, Prof., Schüler von Karl Barth)
"*Was ohnehin in allen Zeitungen steht, muss nicht christliche Ethik noch einmal einschärfen. Wohl aber sollte sie* da, wo die Stimme des öffentlichen Gewissens zum Schweigen gebracht wird, wo offenkundige Gruppeninteressen Tabus errichten, wo Politiker aus Rücksicht auf ihre Wähler gehemmt sind, wo es also etwas kostet und eher Schläge als Lob einbringt, **den Mut haben, in der Freiheit von Menschenfurcht den Finger auf die wunden Stellen des gesellschaftlichen Lebens zu legen.**"- aus "Von der Freiheit eines Christenmenschen", in der SWF-Sendereihe "Maßstäbe für die Zukunft -...", Furche 1970 -

KOGON, Eugen (kath. Publizist, Soziologe und Politikwissenschaftler)
"*...Wie man heutzutage Christ werden und bleiben kann??-* **Wir müssen eine Fülle von Einkleidungen aus den letzten 1900 Jahren** *- ich würde mal sagen -* **obsolet werden lassen**, *nicht mehr so wichtig nehmen. Jesus hat, wenn er sagte, 'glaubst du?', nicht einen Lehrsatz gemeint, sondern Vertrauen. Und nun muss die Kirche, damit sie sich wieder verständlich machen kann mit dieser elementaren Botschaft, die kein Politiker verkünden kann,- welcher Politiker könnte von der Liebe reden!?- (aber* **dass die Welt auf Liebe angewiesen ist, - dass unsere ganze globale Existenz heute auf die Bergpredigt angewiesen ist,** *das liegt doch eigentlich zutage), -* **das müsste die Kirche sagen über alle Zweckmäßigkeiten hinaus** *und durch alle Zweckmäßigkeiten hindurch.* **Das ist ihre Aufgabe, - und nicht, Lehrsätze zu verkünden, die die Welt nicht mehr versteht...**"
"*...Mir kommt, wenn ich das mit einem Vergleich sagen soll, dieser Teil der (kath.) Kirche wie ein Einsiedlerkrebs vor; ein kleines, sehr kluges Tier mit einem ungeheuren Panzer, den es sich errichtet hat, in dem es sich nur schwerfällig bewegt. Der Panzer muss weg. Damit das kluge Tier in einer viel schnelleren und besseren Weise in einer völlig veränderten Umgebung seinen neuen Weg findet und das der Welt sagt, worauf es ankommt..-...Ich*

bin nicht für die Abschaffung von Institutionen, davon ist gar keine Rede. *Aber aus der Gesetzlichkeit...müssen wir uns schon befreien*, so wie wir uns vom mosaischen Gesetz befreit haben, das seine Funktion hatte in der Geschichte, natürlich. Aber dann sind wir gewachsen und wir wachsen weiter; und manches, - ich sage nicht, dass man es abschaffen soll, - man soll etwas anderes, das Leben selbst, aus Liebe wichtiger nehmen als die Formen.." - aus einem Interview für die SWF- Sendung "Der wankende Fels - Paul VI. und die Frage nach dem Petrusamt"; -(12. 9. 71)-

KRUSE, Martin (ev. Theologe, u. a. EKD-Ratsvorsitzender)
"*Es gibt keinen Rückzug der Kirche auf sich selbst. Der Glaube kann nur bewahrt werden, wenn er sich in der Welt bewährt*". - Interview, Trier - "*Es müsste uns doch alle die Frage umtreiben, wie man in unserer Zeit Christ werden und Christ bleiben kann.* - Diskussionsbeitrag auf einer Tagung der EKD-Kirchenkonferenz, 1985. Daraus entstand das Schwer-punktthema der EKD-Synode 1988 in Bad Wildungen. -

KÜNG, Hans
"*Kein Frieden unter den Nationen ohne Frieden unter den Religionen. Kein Frieden unter den Religionen ohne Dialog zwischen den Religionen*". - Grundaussage zu seinem Thema "Weltethos"; um 1990-
"*Existiert Gott? - Antwort auf die Gottestrage der Neuzeit*" -Buchtitel 01-
-"*Nicht zu retten ist eine Kirche, die rückwärtsgewandt ins Mittelalter oder die Reformationszeit oder auch in die Aufklärung verliebt ist. Überleben aber kann eine Kirche, die am christlichen Ursprung orientiert und auf die gegenwärtigen Aufgaben konzentriert ist*"
- "*Nicht zu retten ist eine Kirche, die patriarchal...festgelegt ist. Doch überleben kann eine Kirche, die eine partnerschaftliche Kirche ist...*"
- "*Nicht zu retten ist eine Kirche, die ideologisch verengt konfessionalistischer Exklusivität, Amtsanmaßung und Gemeinschaftsverweigerung verfallen ist. Überleben jedoch kann eine Kirche, die eine ökumenisch offene Kirche ist, die Ökumene nach innen praktiziert und endlich auf viele ökumenische Worte auch ökumenische Taten...folgen lässt.*"
- "*Nicht zu retten ist eine Kirche, die eurozentrisch ist und einen christlichen Alleinanspruch und römischen Imperialismus vertritt. Überleben aber kann eine Kirche, die eine tolerante universale Kirche ist, die Respekt*

hat vor der immer größeren Wahrheit, die deshalb auch von den anderen Religionen zu lernen versucht und den National-, Regional- und Lokalkirchen eine angemessene Autonomie lässt. Und die deshalb auch von den Menschen - Christen wie Nichtchristen - respektiert wird"
- aus dem Schlusskapitel des Buches: 'Ist die Kirche noch zu retten?', - Piper 2011 -

LANGE, Ernst (ev. Theologe und Ökumeniker)
"Es geht um die Frage nach der Lernfähigkeit der Kirchen, nach der Lernfähigkeit der Gewissen, und nach dem Zusammenhang von beidem".
- Aus dem Vortrag "Bildung als Problem und als Funktion der Kirche"; Hofgeismar 1974 -

LEHMANN, Karl, Kardinal
"..Alles kommt darauf an, stets wieder von Neuem das Antlitz des lebenOdigen Gottes zu suchen. Darum steht die Erneuerung der Frage nach Gott an erster Stelle aller Aktivitäten..." - s. Publ.-Forum 22/2013 -

LESSING, Gotthold Ephraim
In der "Ringparabel" lässt Nathan den 'weisen' Richter sagen:
*"...Der echte Ring vermutlich ging verloren...- Wohlan!...***Es strebe von Euch jeder um die Wette, die Kraft des Steins in seinem Ring an' Tag zu legen!*** Komme dieser Kraft mit Sanftmut, mit herzlicher Verträglichkeit, mit Wohltun, mit innigster Ergebenheit in Gott zu Hilf!...- Und wenn sich dann der Steine Kräfte bei euren Kindes-Kindeskindern äußern: So lad ich über tausend tausend Jahre sie wiederum vor diesen Stuhl!..-"*
-aus "Nathan der Weise"-

NIEMÖLLER, Martin
"Was würde Jesus dazu sagen?.." - Niemöllers wichtigste Frage in allen Lebenslagen. (Auch Buchtitel von Heiner Geisler)
"I don't belive in the bible, I belive in Christ!" - Ungeduldiger Einwurf Niemöllers in einer quälenden Debatte hochkarätiger Theologen über die Rechtfertigungslehre auf der lutherischen Weltkonferenz, Helsinki 63 -
"Wir sind 1948 wieder eine verwaltete Kirche geworden, - müssen aus der Behördenkirche herauskommen. Das Rechts- und Ordnungsdenken scheint

mir ein Hindernis für eine neue Orientierung zu sein....dass die Frage der Strukturen so im Vordergrund steht, halte ich für eine Fehlhaltung.. Kirche soll dahin führen, dass dem Willen des Jesus Genüge getan wird.....Predigt Du Jesus?- Wenn nicht,...läufst Du immer nur hinter anderen her. **Die Kirche sollte aber ein Vortrupp sein für eine bessere Welt...**- *Eine (bloße) 'Redenskirche' ist weniger am Inhalt der Predigt interessiert als an der Übereinstimmung mit dem, was innerhalb ihrer Strukturen als rechtmäßig laut wird..."* -aus SWF-Gespräch zum 90. Geburtstag -

ÖKUMENISCHER RAT DER KIRCHEN (ÖRK)
Die Vollversammlung (in Uppsala 1968) sollte „*Möglichkeiten erkunden, gemeinsame Aktionen aller Christen einzuleiten, in Zusammenarbeit und im Dialog mit den Anhängern anderer Religionen und allen Menschen guten Willens.* **--...Ein neuer Stil politischen Denkens und Handelns ist absolut notwendig, wenn die Menschen auf diesem Globus überleben wollen..Uppsala hat unmissverständlich deutlich gemacht, dass den Christen bei diesem Prozess des Umdenkens besondere Verantwortung zukommt."** - (aus der Erklärung der Sektion 4)-

OZ, Amos, (jüdischer Schriftsteller)
" *Jesus ist ein wunderbarer Mensch, der wunderbarste, der je gelebt hat. Aber nur ein Mensch."* -aus Interview in 'Die Zeit', Nr. 11 / 2015-

SCHALOM BEN CHORIN
"***Jesus ist für mich der ewige Bruder,*** *nicht nur der Menschenbruder, sondern mein jüdischer Bruder."*...Den Glauben der Christen an den Gottessohn Jesus versuchte er "*um seinet- und um meinetwillen*" zu begreifen. - aus seinen Schriften -

SCHMIDT, Helmut (Bundeskanzler a. D.)
"*..Entweder werden wir zusammen untergehen, oder aber wir müssen - auf der Grundlage der gemeinsamen Werte unserer unterschiedlichen Religionen -* **einen global...verbreiteten gemeinsamen Kodex von ethischen Grundwerten entwickeln..**" - Rede auf der 8. Konferenz des Obersten Rates für islamische Angelegenheiten in Kairo 1996 -

SCHUTZ, Roger (Gründer der 'Bruderschaft von Taizè')
"...Wie können wir einen Gott verkünden, der reine Liebe ist, während wir getrennt sind und miteinander streiten? Wie können wir vor anderen unseren Glauben überzeugend leben, wenn wir nicht das Wort Jesu beherzigen,eins zu sein, - damit wir glaubwürdig sind, damit die Welt glaubt?!
Die Einheit ist entscheidend. Deshalb müssen wir Christen alles tun, um eins zu sein". - aus einem seiner letzten Interviews -

SCHWEITZER, Albert
"Wer glaubt, ein Christ zu sein, weil er eine Kirche besucht, irrt sich. Man wird ja auch kein Auto, wenn man in eine Garage geht". - Zitat -

SCHULTZ, Hans-Jürgen
"Wird der Glaube professionellen Führern überlassen, so beginnt unvermeidlich sein Verfall. Hier meldet sich...kastenartiges Theologentum, das Lehre vom Leben ablöst und zu einem System automatisiert, sich eine höhere, eine amtliche Kompetenz anmaßt und des Absoluten mächtig dünkt. - aus "Anstiftung zum Christentum"; 1974 -
"Lehrsätze, die nicht zugleich Einsätze sind, sind Leersätze" (ebd.)
"Kirche ist eine „Organisation mit hierarchischem Aufbau und massiven Machtansprüchen..."und braucht für die Zukunft „Ideenreichtum, Spontaneität, kreatives Denken und Handeln vor allem durch Heranziehung von Laien..." (ebd.)
"Wir haben die Kirche weithin gleichgestellt mit einem bestimmten mittelbürgerliche Milieu, mit kleinkariertem Stil und muffiger Atmosphäre.. **Wir geben als Glauben aus, was nur ein Kodex gewisser Meinungen ist...** *Über ihr Verhältnis zum Evangelium ist damit noch gar nichts gesagt. Ihre Fragen, ‚Erwartungen und Hoffnungen kommen angesichts dieser Kirchlichkeit gar nicht erst zum Vorschein....Die Kirche...müsste sich in Bewegung setzen dorthin, wo die Menschen tatsächlich sind. Versäumt sie das und wartet weiterhin, dass man zu ihr komme, wird der Kreis derer, die ..eine aktive Mitgliedschaft in ihr wahrnehmen können, zwangsläufig immer kleiner. Dann wird die Kirche über kurz oder lang zur Sekte oder zum Ghetto."* - - aus "Konversion zur Welt - Gesichtspunkte für die Kirche von morgen"; Furche, 1964 -

"Der Gott Abrahams, Isaaks und Jakobs ist...im Leben und nicht in der Lehre zugegen. Er ist 'der Kommende'.. die Ermöglichung von bisher nicht Dagewesenem...Er ist selber nicht fertig...Der deus absolutus ist tot. Alles Fertige ist tot. Nur in offenen, nicht abgeschlossenen Gedanken kann der Mensch Gottes Gedanken mitdenken...-
...Christen sind, für mich Menschen, die sich nicht in bewahrender Nachahmung erschöpfen, sondern in schöpferischer Nachfolge bewähren...Mich interessiert nicht so sehr die Theologie nach dem Tode Gottes, sondern Gott nach dem Tode der Theologie...
Sicher ist, dass eine bloß metaphysische Theologie, die bis zur Stunde auch den etabliertesten Volkskirchen noch ihr Selbstgefühl besorgt, in Zukunft nicht mehr vertreten werden kann."-'Auch Gott ist nicht fertig"- Kreuz 69-

SÖLLE, Dorothee

"...Ich glaube, eine große Gefahr der Theologie ist, dass man den Mund immer zu voll nimmt. Also man sagt eigentlich mehr, als man glauben kann. Man erschleicht sich die Schätze der Tradition. Und ich habe versucht, so ehrlich wie möglich zu bleiben...- ...(Der Glaube) war für mich die tatsächlich einzige Möglichkeit, auf den Nihilismus zu antworten. Also entweder ist alles nichts, und das Nichts durchdringt alles ,..überfällt die sensibleren Menschen, zerstört ihre Hoffnungen, ihre Lebenskraft, bringt einem bei, dass alles umsonst ist, dass das Böse immer triumphiert,... - oder es gibt etwas anderes. Und da hat mir dieser Mann aus Nazareth geholfen. Ich möchte eigentlich noch nicht mal sagen 'das Christentum", - das ist mir zu dick,- denn das Christentum schreckt einen ja eher von Christus ab. ....- (Zu den Kasualien): ...Ich denke eigentlich, und darauf sollten wir uns als Gesamtkirche auch einrichten: Das stirbt ja ab. Diese Art von Volkskirche, von Beerdigungskirche, von Konfirmations- Trauungs- und Taufkirche geht ihrem Ende entgegen. Und wenn Kirche nichts ist als diese Absegnungen, dann kann man das woanders auch billiger kriegen oder man kann es ganz lassen... Es wird tatsächlich gleichgültig, den Leuten. Die kirchlichen Umfragen, die ja immer falsch gelesen werden, haben gerade umgekehrt bewiesen: Kirche, wo sie sich wirklich einsetzt, für die Schwachen, für die Arbeitslosen, für die Erniedrigten....- wo sie ihren eigenen Ort wieder findet in diesem Imperium, da wird sie auch wieder glaubwürdig...". - Aus einem Interview zum 60. Geburtstag, SWF, 1989. -

SORUSH, Abdokarim (schiit. Vordenker eines Reformislam)
"*Den einen und für alle Zeiten gültigen Islam gibt es nicht, denn religiöse Erkenntnis ist immer wandelbar....Ich vergleiche es normalerweise mit einem Fluss. Der Prophet war nur die Quelle des Flusses. Die gesamte islamische Tradition ist der Fluss. Sie fließt Richtung Ewigkeit. Wir sind ein bestimmter Teil des Flusses, die nächste Generation wird ein anderer Teil sein. Wir sollen niemals annehmen, dass Religion ein stehendes Gewässer ist. Sie ist wie ein fließender Fluss..*" -Deutschl.-funk, 'Tag für Tag', 31.1.14-

STERN, Fritz, (jüdisch-deutscher Historiker, Friedenspreisträger, und seine Frau **SIFTON, Elisabeth,** :"*Bonhoeffer glaubte zu Recht, dass die Bergpredigt in der modernen christ-lichen Glaubenspraxis vergessen oder ignoriert wurde - und wird sie das nicht noch heute?* "
- in ihrem Buch "**Keine gewöhnlichen Männer**"; CH Beck, 2013

VISCHER, Lukas (ev. Theologe, führend im ÖRK)
"*Sind die konfessionellen Grenzen wirklich durchbrochen worden?..- Werden die Möglichkeiten eines neuen europäischen Dialogs genutzt werden? Oder werden wir zu den bisherigen Tagesordnungen zurückkehren? Werden wir den Sinn für die Dringlichkeit unserer Situation behalten? Oder werden wir nach einigen kleinen Schritten in die Routine des heutigen Lebensstils zurückfallen?...*" - aus: „Gerechtigkeit und Frieden umarmen sich
– Europäische Ökumenische Versammlung, Basel 1989" -

VISSER 'T HOOFT, Willem, (Generalsekretär des ÖRK, 1948 - 66;)
„ Es muss uns klar werden, dass die Kirchenglieder, die in der Praxis ihre Verantwortung für die Bedürftigen irgendwo in der Welt leugnen, ebenso der Häresie schuldig sind, wie die, welche die eine oder andere Glaubenswahrheit verwerfen".-aus seiner Rede zur ÖRK-Vollversammlung 1968-
"*Die Kirchen werden ökumenisch sein, oder sie werden nicht mehr sein,..*" --ebd.: Uppsala 68 -

WECKER, Konstantin, (Liedermacher, Schauspieler)
"*Ich fühle mich dem 'Mann aus Nazareth' (wie Drevermann sagt) sehr verbunden, weil er...eine unglaublich schöne, große Idee in die*

Welt gebracht hat: Die der Liebe und des Mitgefühls. **Die Idee hat sich gehalten, aber sie ist leider nicht besonders toll verwaltet worden von den Kirchen.** *Ich kann also sehr wohl eine Liebe zu Christus und zum Christentum teilen. Aber nicht zu dem, was die Kirchen damit angestellt haben".*-aus Interview in Publik-Forum 20/2014 -

v. WEIZSÄCKER, Carl Friedrich
"Der Weltfriede ist **unverneidliche Lebensbedingung des technischen Zeitalters.** *Dafür ist"eine außerordentliche moralische Anstrengung" notwendig."Etwas beispielloses ist von uns verlangt."* -Friedenspreisrede 63-
"Die Menschheit befindet sich heute in einer Krise, deren katastrophaler Höhepunkt wahrscheinlich noch vor uns liegt. Deshalb ist entschlossenes Handeln nötig. - Und jede Meinung, es geht ja in Wirklichkeit gut, wenn wir nur ungefähr so weitermachen wie bisher, ist schlichte Selbstverblendung, Selbstbelügung. Ich kann nicht erwarten, dass es intelligente Menschen gibt, die das glauben".-Auf einer Konferenz zur Vorbereitung eines Konzils über "Gerechtigkeit, Frieden und Bewahrung der Schöpfung"; Kloster Kirchberg 1973-
"Ich frage mich vielleicht weniger, was Christen 'dürfen', als was sie zu erkennen vermöchten, wenn sie nicht Angst vor den Konsequenzen ihrer Erkenntnis hätten..."- "Das Ende der Geduld", Hanser 1987 -
"Notwendig wäre, dass die Institution des Krieges überhaupt überwunden wird......- Heute bin ich der Meinung, dass die Weltreligionen gemeinsam diese Forderung nach Überwindung des Krieges stellen müssten..." -
-v. Weizsäcker an seinem 90. Geburtstag, 2003 -

v. WEIZSÄCKER, Richard (u.a. zweimal Kirchentagspräsident)
"Auch wenn ich nicht jedem formulierten Gedankengang folge, mache ich mir Impuls und Zielrichtung dessen, 'Was jetzt dringlich ist', uneingeschränkt zu eigen. **Im Vordergrund steht** *nach meiner Überzeugung,* **uns mit ganzer Kraft der Ökumene der Religionen zuzuwenden...**
- Aus seinem Kommentar zu "Was jetzt dringlich ist..." - epd-Dok. 26/06

WERNER, Gustav (evangl. Pfarrer)
"Was nicht zur Tat wird, hat keinen Wert." -Wahlspruch des württembergischen Pastors, der gegen den harten Widerstand seiner Lan-

deskirche ein Waisenhaus für Obdachlose gegründet hat, aus dem die heutige 'Gustav-Werner-Stiftung' wurde.

ZAHRNT, Heinz: (ev. Theologe, Chefredakteur 'D.E. Sonntagsblatt')
„*Wir befinden uns in Europa, dem einstigen christlichen Abendland, in einem Abbruch der christlichen Tradition, von dessen Ausmaß sich viele Zeitgenossen, auch Christen, noch gar keine Vorstellung machen. Der Faden, der unsere Zeit mit dem Christentum verbindet, ist hauchdünn geworden, wenn nicht gar schon gerissen. ... In dem eisernen Dreieck von Familie, Beruf und Freizeit scheint für Gott kaum noch Platz zu sein..*"
- Aus einer Predigt im Bibeljahr ? -
"*Wir haben den Glauben nicht politisch zu begründen, wohl aber seinen Grund politisch zu bewahrheiten....Das Heil Gottes widerfährt dem Menschen nicht senkrecht von oben, sondern im tätigen, mitverantworteten Einsatz;...nicht um die Welt zu erlösen, wohl aber, um sie zum Besseren zu verändern. Der endgültige Sieg über die Unordnung der Welt ist Gottes und nicht unser; für die vorläufigen Siege aber tragen wir die Verantwortung..*" -aus "Wohlfahrt anstelle von Seligkeit?" - DS., 11. 5. 75 -
"**Die Bibel** *ist von Menschen geschrieben. Sie* **ist ein menschliches Buch** *und darum kann sie nicht anders gelesen und verstanden und nicht nach anderen Methoden ausgelegt werden als andere menschliche Bücher auch......Es gibt keine geschichtslosen Wahrheiten...*"
-aus „Nur was sich wandelt, bleibt"; Leitartikel zu '50 Jahre Sonntagsblatt'-
"**Das Evangelium geht nicht gleichbleibend durch die Geschichte, sondern,** *indem es... ständig in die sich wandelnde geschichtliche Situation neu aus-gelegt wird,* **entfaltet es sich und wächst...**" - aus "Ausblick" am Ende des Buches: "Martin Luther - in seiner Zeit für unsere Zeit" . - (1974)

ZINK, Jörg
"**Die Bilder von Gott,** *die uns überliefert sind,* **reichen nicht mehr**, *um uns zu zeigen, wer Gott sei. Der Gott, der, wie die Bibel erzählt, die Erde, die Sonne und die Sterne geschaffen hat, ist zu klein geworden. Und das Glaubensbekenntnis muss neu erzählt werden.*" - aus: "Dornen können Rosen tragen..." 2002-

"*Jesus wollte, dass wir* als die von Gott Befähigten in die Verhältnisse um uns her gemeinsam **heilend eingreifen**. So, dass das Ziel der Weltgeschichte durch die dunkle Wirrnis unserer Menschenwelt beginnt hindurchzuleuchten..." - Aus "Ruf in die Freiheit"; 2007 -
"**Die Bergpredigt gibt die Richtung an**. Die Richtung, in die wir heute zu denken haben, in der wir unsere Versuche anstellen müssen, unsere anfängerhaften und vielleicht nicht sehr erfolgreichen...- Immerhin fehlt es uns bislang beinahe gänzlich an Übung und Erfahrung mit diesem Weg, einen Konflikt zu beenden. Aber immer wieder solche Alternativen zu versuchen, zu prüfen und einzusetzen, wird nicht utopisch, sondern notwendig sein, wollen wir erreichen, dass es künftig auf diesem Erdball einigermaßen menschenwürdig zugeht....Insgesamt gilt: Wer will, dass diese Welt so bleibt, wie sie ist, der will nicht, dass sie bleibt...." - ebd. -
"Die Weise, wie ein Mensch die Anrede Gottes hört, muss neu bedacht werden....**Die evangelische Theologie hat die religiöse Erfahrung aus ihrem Nachdenken beinahe völlig ausgegrenzt**. Es wird Zeit, davon zu reden, damit die Lehre der Kirche und die Erfahrung der Menschen zueinander finden und der Glaube seine elementaren Kräfte wiedergewinnt..."
-aus "Gotteswahrnehmung - Wege religiöser Erfahrung"; 2009 -
"Noch immer beherrscht uns unsere eigene Geschichte. **Wir kommen von zuviel her und gehen auf zuwenig zu**. Wir leben in zuviel Gefangenschaft und wissen zu wenig von offenen, noch nicht kartographierten Wegen. Wir achten noch zuviel auf unsere Oberherren, Oberlehrer und Oberrichter und zu wenig auf die Armen im Geiste, auf die wir gewiesen sind.."
- aus seiner Dankesrede zur Preisverleihung durch die Zeitschrift 'Publik Forum' -
"Man kann heute wissen, auf welche Weise immer wieder Konfessionen, Sonderkirchen und Alleinvertretungsansprüche vor Gott entstehen. Man kann wissen, dass ihnen oft Blindheit für das Gemeinsame zugrunde liegt, ...und dass ihr Ursprung meist nicht in der Liebe zur Wahrheit, sondern vor allem in der Rechthaberei...lag und liegt. Dahinter steht eine Arroganz, die die Heiligkeit Gottes antastet. Gott lässt sich nun einmal nicht in Konfessionen eingrenzen. Sowenig Gott sich in Anspruch nehmen lässt für vaterländische Feiern oder als Bundesgenosse in irgendwelchen Kriegen, sowenig für religiöse Sonderwünsche, Sonderansprüche und Sonderdogmatiken. Der Gott, an den ich glaube, ist nicht der, mit dem Kirchenführer

so oder so ihren Alleinvertretungsanspruch für Gott im Namen ihre Konfession festschreiben. **Der Gott der Konfessionen ist ein Götze**". -aus einem Feature zum Thema 'Der kalte Krieg der Konfessionen"; SWF 1991-
"Natürlich gehört die politische Aussage zur Glaubensaussage dazu. Ich kann über nichts mehr reden, wenn ich nicht politisch reden will.... Es gibt überhaupt keine Fragen, die nicht zugleich geistliche, religiöse und politische Fragen sind..."
-aus Interview zum 70. Geburtstag. SWF 1992 -
"Es kommt darauf an, sofern man den Frieden sucht, den Gegner zu gewinnen, nicht ihn zu besiegen. Wir werden nach einer anderen Weise suchen, unsere Welt zu gestalten. Wir brauchen ein anderes Agieren der Menschheit".
-aus 'Die Urkraft des Heiligen - Christlicher Glaube im 21. Jahrh.'; 2003 -
"**Die Einmaligkeit des christlichen Glaubens haben wir** in gewisser Weise **hinter uns**. Ich habe viele Jahre damit verbracht, den religiösen Aussagen der vielen Religionen dieser Welt auf die Spur zu kommen. Und **ich sehe** in vielen Punkten **nicht, warum wir Christen nicht mit Menschen anderer Religionen** dieser Erde **zusammen zu Aussagen über Gott kommen sollten**. Und zu gemeinsamen Weisen, Gott näher zu treten....Aber das erfordert eine Übersetzung. Es fällt einem nicht in den Schoß..." - aus: Interview über "Die Weite des Herzens", Publik-Forum Extra, Nr. 2959 -
"Es muss eine Allianz zustande kommen. Und da sie vor allem unter den Religionen zustande kommen muss,...so wird es eine Allianz zwischen uns Christen und allen anderen Religionen dieser Erde sein. **Wir fragen also: 'Was können wir miteinander tun?' Nicht: 'Wer hat die Wahrheit?'** Und wir antworten nicht 'Natürlich wir!' - Nicht 'Was muss geschehen, damit alle Menschen gute Christen werden?', sondern: 'Wie kann es zwischen uns zu einem neuen Vertrauen und auch zu einem gemeinsamen Einsatz kommen?' -aus einer Reaktion auf den 'Brief von 138 islamischen Gelehrten' an die Christen zum Thema gemeinsamer Verantwortung in der Welt. -
"Ich habe mich nie nach einem Bekenntnis und nach kirchlichen Verlautbarungen gerichtet,..sondern habe versucht, meine Sache zu sagen. Und vielleicht liegt auch ein gutes Stück meines Erfolgs darin begründet, dass die Leute gespürt haben, dass sich hier einer selber ausspricht, mit eigenem Urteil und eigener Meinung, und auch mit eigenem Risiko. Das gehört

*auch dazu...**Andrerseits schadet es nicht, gelegentlich zuzugeben, dass man nicht auf jede Frage eine Antwort hat**. Wenn ich einmal sage, das weiß ich nicht, leidet die Glaubwürdigkeit nicht. Eher ist das Gegenteil der Fall. Man wird vertrauenswürdiger, weil die Leute merken, dass man versucht, ehrlich zu bleiben".*
- aus einem SWF-Interview zu seinem 70. Geburtstag -

Dokumentation III
===============

LITERATURHINWEISE
(Auswahl aus den unfangreichen Arbeiten der Autoren)

ALBERTZ, Heinrich
"*Blumen für Stukenbrock*" - *Biographisches*" -Radius-Verlag 1981 -
COPRAY, Norbert (Hrsg.)
"*Baustelle Christentum* - Glaube und Theologie auf dem Prüfstand"
Grünewald/Publik-Forum 2009
COX, Harvey
"*Stadt ohne Gott*" - deutsch: Kreuz-Verlag1965 -
"*Die Zukunft des Glaubens* - Wie Religion wieder zu den Menschen kommt" - aus dem Amerikanischen; Kreuz-Verlag 2010 -
DUCHROW, Ulrich
"*Gieriges Geld - Auswege aus der Kapitalismusfalle - Befreiungstheologische Perspektiven*" - Kösel 2013
EPPLER, Erhard
"*Ende oder Wende - Von der Machbarkeit des Notwendigen*"
-Kohlhammer, 1975
"*Wege aus der Gefahr*", -Reinbeck 1981
"*Vom Gewaltmonopol zum Gewaltmarkt - Die Privatisierung und Kommerzialisierung der Gewalt*" - suhrkamp edition 2002
FALCKE, Heino
"*Wo bleibt die Freiheit? - Christ sein in Zeiten der Wende*"; - Kreuz 2009 -
GARSTECKI, Joachim
"*Zeitansage Umkehr - Dokumentation eines Aufbruchs*": - Radius 1990 -
GIROCK, Hans-Joachim (Hrsg. SWF-Sendereihen; u. a.:)
"*Alte Botschaft - Neue Wege - Wie erreicht...-(und) was verkündigt die Kirche den Menschen von heute*"; - Quell-Verlag 1966 -
"*Partner von morgen - Das Gespräch zwischen Christentum und marxistischem Atheismus*"; - Kreuz-Verlag 1968
"*Maßstäbe für die Zukunft - Neue Aspekte christlicher Ethik in einer veränderten Welt*" - Furche-Verlag 1970
"*Kirche soll sich ändern - aber wie?...*" - Quell-Verlag 1987 -

Girock, HJ. /Gerner-Wolfhard, G. /Liedke, G.:
"Was jetzt dringlich ist - Zur christlichen Weltverantwortung am Anfang des 21. Jahrhunderts" - *Eine Herausforderung und ein 'Appell aus Baden"-;* (mit Kommentaren); -epd-Dokumentation 26/2006-

GRAF, Friedrich Wilhelm
"Die Wiederkehr der Götter. Religion in der modernen Kultur"; - Beck, 04-
"Kirchendämmerung. Wie die Kirchen unser Vertrauen verspielen"; -
-Beck, 2011-

HALBFAS, Hubertus
"Glaubensverlust - Warum sich das Christentum neu erfinden muss"; Pathmos 2011

HASENHÜTTL, Gotthold
"Glaube ohne Denkverbote - Für eine humane Religion"; -L. Schneider, 12-

HENGSBACH, Friedhelm
"Gottes Volk im Exil - Anstöße zur Kirchenreform" Publ.-Forum Edit. 2014

JAKOB Günter
"Predigten in der Kirche der DDR" - Herbert Reich Evang. Verlag 1973 -

JETTER, Werner
"Was wird aus der Kirche - Beobachtungen - Fragen - Vorschläge"; -68-

JÖRNS, Klaus-Peter
"Notwendige Abschiede - Auf dem Weg zu einem glaubwürdigen Christentum"; - Gütersloher Verlagshaus 2004 -
"Mehr Leben, bitte- Zwölf Schritte zur Freiheit im Glauben"; - Gütersl. 09 -
"UPDATE für den Glauben- Denken und leben können, was man glaubt";
- Gütersloher Verlagshaus 2012 -

KROEGER, Matthias
"Im religiösen Umbruch der Welt. - Der fällige Ruck in den Köpfen der Kirche" - Kohlhammer 2004 -

KÜNG, Hans
"Unfehlbar - eine Anfrage" - Benziger-Verlag 1970
"Existiert Gott?" - Piper 1978
"Christentum und Weltreligionen - Aufforderung zum Dialog.; -Piper 84-
"Projekt Weltethos" - Piper 1990 -
"Ist die Kirche noch zu retten?" - Piper 20011-
"Was bleibt?" - Kerngedanken; - Piper 2013

KUSCHEL, Karl-Josef

"*Martin **Buber**: Herausforderung des Christentums*" -Gütersloh 2015-
LANGE, Ernst
"*Von der Meisterung des Lebens*" -Burckhardthaus-Verlag 1957-
"*Die ökumenische Utopie oder was bewegt die ökumen. Bewegung*" -1986-
NIGG, Walter
"*Das Buch der Ketzer*"; - Diogenes 1986
ÖKUMENISCHER RAT DER KIRCHEN (Hrsg:)
"*Die Kirche als Faktor einer kommenden Weltgesellschaft*"; - Kreuz 1966 -
"*Appell an die Kirchen der Welt*" - Dokumente der Weltkonf. f. Kirche u. Gesellschaft; - Kreuz-Verlag 1967-
"*Von Neu-Delhi nach Uppsala - 1961 - 1968*" - Verlag O. Lembeck 1968 -
"*Von Uppsala nach Nairobi - Ökumenische Bilanz von 1968 - 1975*"; - epd-doku., - Eckart-Verlag 1975-
"*Gerechtigkeit und Frieden umarmen sich*"- Europ. ökumenische Versammlung in Basel; - Friedrich Reinhardt Verlag, !989 -
PAULY, Wolfgang
"*Der befreite Jesus - Unterwegs zum erwachsenen Christentum*"; - Publik-Forum 13 -
PESCH, Otto Hermann (Hrsg.)
"*Gottes Kirche für die Menschen - Erwartungen, Forderungen, Träume*"; - Topos-Verlag 2011 -
ROSIEN, Peter (Hrsg.)
"*Mein Credo - Persönl. Glaubensbekenntnisse, Kommentare, Informationen*" - Publik Forum 1999 -
SCHMIDT, Helmut
"*Religionen in der Verantwortung - Gefährdung des Friedens im Zeitalter der Globalisierung*": - Propyläen 2011
SCHULTZ, Hans Jürgen
"*Kritik an der Kirche*" (Hrsg. Sendereihe), - Kreuz-Verlag 1958 -
"*Frommigkeit in einer weltlichen Welt*" (Hrsg. Sendereihe) -Kreuz 1959-
"*Theologie für Nichttheologen*" (Hrsg. Sendereihe - Kreuz-Verlag 1963 -
"*Konversion zur Welt - Gesichtspunkte für die Kirche von morgen*"; -Furche-Verlag 1964 -
"*Auch Gott ist nicht fertig - Etwas Laienprosa*"; -Kreuz-Verlag 1969-
"*Anstiftung zum Christentum*"; - W. Heyne-Verlag 1981-
"*Dietrich Bonhoeffer - Umkehr zum Leben*"; -Pathmos-Verlag 2009

SIMPFENDÖRFER, Werner
"Ökumenische Spurensuche" -Portraits -; - Quell-Verlag 1989 -
"Ernst Lange - Versuch eines Portraits"; - Wichern-Verlag 1997 -
SÖLLE, Dorothee
"Phantasie und Gehorsam - Überlegungen zu einer zukünftigen christlichen Ethik" - Kreuz-V. 1968 -
"Atheistisch an Gott glauben - Beiträge zur Theologie"; -Walter-Verlag 68-
"Stellvertretung -Ein Kapitel Theologie nach dem Tode Gottes";- Kreuz 82-
"Es muss doch mehr als alles geben. Nachdenken über Gott" - DTV 1995 -
" Jesus. Auf der Suche nach einem neuen Gottesbild" - Econ 1993 -
STAMMLER, Eberhard
"Protestanten ohne Kirche - Last und Chance der Mündigkeit"; -Furche 67-
VISCHER, Lukas
"Ökumenische Skizzen" Zwölf Beiträge; - Verlag O. Lembeck, 1972 -
VISSER 'T HOOFT, Willem A.
"Die ganze Kirche für die ganze Welt" - Kreuz-Verlag 1967
"Die Welt war meine Gemeinde" (Autobiographie) 1973
WEIZSÄCKER, Carl Friedrich, von
"Die Zeit drängt" - Hanser Verlag 1986 -
" Das Ende der Geduld" - 'Die Zeit drängt' in der Diskussion; -Hanser 1987-
ZAHRNT, Heinz
"Die Sache mit Gott - Die protestantische Theologie im 20. Jahrhundert"; Pieper-Verlag 1968
"Martin Luther - in seiner Zeit - für unsere Zeit"; - Bildband"; - 1983 -
"Aufklärung durch Religion - Der dritte Weg"; Piper-Verlag 1987
"Geistes Gegenwart - Die Wiederkehr des Heiligen Geistes"; -Piper 1998-
"Glauben unter leerem Himmel: Ein Lesebuch": Piper-Verlag 2000
ZINK, Jörg
"Das Neue Testament" - übertragen von Jörg Zink; Kreuz-Verlag 1965
"Sieh nach den Sternen - gib acht auf die Gassen" - Erinnerungen; Kreuz-Verlag 1992 -
"Die Urkraft des Heiligen - Christlicher Glaube im 21. Jahrhundert"; Kreuz -Verlag 2003-
"Ruf in die Freiheit - Entwurf einer zukunftsfähigen christl. Ethik"; Gütersloher VH 2007 -
"Vom Geist des frühen Christentums - Den Ursprung wissen";- Kreuz 11-
"Aufrecht unter dem Himmel" - zum 9o Geburtstag; - Gütersloh 2013 -

Dokumentation IV
==============
Namens- und *Stichwort*register

Albertz, Heinrich	47, 154, 177
Arbeitsgem. christl. Kirchen (ACK)	21
" " " *in der DDR*	22
Barth, Karl	11, 73, 165
Beyerhaus, Peter	32
Boff, Leonardo	68
Bonhoeffer, Dietrich	20, 21, 47, 49, 73/4, 143, 154, 171
Brecht, Berthold	154
Buber, Martin	155
Castro, Emilio	34
Chatami, Muh.	155
Copray, Norbert	68, 155, 177 Cox, Harvey
	68, 155, 173
Denkschriften / Texte	8, 60/2, 9 7 99/100, 138, 140
Deutsch. Ev. Kirchentag	19, 30, 111, 118/9
Duchrow, Ulrich	37, 177
Engelhardt, Klaus	137
Enzyklika 'Laudato si'	79
Eppler, Erhard;	47, 99, 120
Ethik	14, 44/5, 50, 61, 71, 79, 130/2, 155,
	158, 165, 177, 180
Ev. Kirche in Deutschland (EKD)	8ff, 60/2
Falcke, Heino	22ff, 48, 120, 157, 177
Forck, Gottfried	44, 48, 121
Franziskus, Papst	68, 79, 158
Friedenskonzil	20
Fundamentalismus	34, 57ff, 76, 155
Garstecki, Joachim	48, 177
Gerner-Wolfhard, Gottfried	153, 177
Girock, Hans-Joachim	4, 153, 177
Gollwitzer, Helmut	47/8, 68, 96/7
Graf, Friedrich-Wilhelm	68, 158, 178

Gundlach, Thies	58
Halbfas, Hubertus	68, 159, 169, 178
Hamad Abdel-Samad	159
Hasenhüttl, Gotthold	68, 160 , 178
Hegele, Günter	69, 160
Heinemann, Gustav	47, 161
Hengsbach, Friedhelm	178
Hertzsch, Klaus-Peter	48, 161
Huber, Wolfgang	44/5, 56/7, 68, 119, 133
Islam	67, 80, 82/5, 157, 1559/60, 164/8, 171, 177
Jakob. Günter	178
Jens, Walter	162
Jetter, Werner	162, 178
Jörns, Klaus-Peter	51, 67/8, 163, 178
Jutzler, Konrad	164
Käßmann, Margot	37
Khorchide, Mouhanad	82/3, 87, 164
King, Martin-Luther	80/1, 87
Kierkegaard, Sören	75, 164
Klaiber, Walter	165
Konfessionen	27, 36, 46, 80, 106, 130, 174/5
Kogon, Eugen	165
Krause, Christian	43, 119
Kreck, Walter	165
Kroeger, Matthias	68. 178
Krusche, Günter u. Werner	48
Kruse, Werner	40, 47, 166
Küng, Hans	66, 68, 87, 168, 176
Künneth, Walter	30
Lange, Ernst	37, 47/8, 142/4,
Lehmann, Karl	82, 87, 167
Lessing, Gotthold Ephraim	167
Liedke, Gerhard	153, 177
Margull, Hans-Jochen	93
Medien	25, 58, 61/4, 66, 116, 121, 127, 140
Mission(skonferenzen)	8, 10, 18, 31/5, 59, 92/3, 151
Muslim. Gelehrte: Off. Brief	86
Niemöller, Martin	11, 37, 47, 75, 78, 127/9, 167

Nigg, Walter	179
Ökumeme der Religionen	67, 172, 189/90
Ökumen. Rat der Kirchen (ÖRK)	11, 13/4, 17/9, 21, 24, 34/7, 59/60, 105/7, 179
Ökumen. Versamml. in Basel	22, 59, 66, 171
Oestreicher, Paul	47
Oz, Amos	168
Paradigmenwechsel	78/9
Pauly, Wolfgang	179
Peres, Schimon	86
Pesch, Otto Hermann	58, 68, 179
'political correctness'	62
Rahner, Karl	82
Raiser, Konrad	37
Religionsunterricht	45/6, 113, 130/3, 135
Rosien, Peter	179
Schalom Ben Chorin	168
Scharf, Kurt	18, 47/8
Schönherr, Annemarie	48, 119
Schmidt, Helmut	96, 168, 179
Schultz, Hans Jürgen	1, 37, 49/51, 55, 63, 65, 68, 75, 88, 169, 179
Schutz, Roger	168
Schweitzer, Albert	169
Simon, Helmut	48
Simpfendörfer, Werner	37/8, 47/9, 142/4
Sölle, Dorothee	47/8, 68, 73, 136, 170, 180
Sorush, Abdolkarim	171
Stammler, Eberhard	47, 180
Stern, Fritz u. Sifton, Elisabeth	171
Synoden	18, 38, 43, 108, 110, 113, 116, 126
Tillich, Paul	70, 73
Umdenken	2, 16, 28, 55, 61, 78/80, 87, 95, 100 127, 137/8, 141, 153, 168
Veränderungen	9, 28, 40, 43, 47, 66, 75, 79/80, 108, 113, 142, 156, 185
Vereinigung der dtsch. Kirchen	41/2, 45/6, 113/5, 133/5
Vischer, Lukas	24, 171, 180
Visser 't Hooft, Willem A.	11/2, 24/5, 63, 171

Wecker, Konstantin	171
Weizsäcker, Carl Friedrich von	21, 24, 68, 172, 179
Weizsäcker, Richard von	37, 48, 58, 169, 172, 191
Weder, Hans	40
Welverantwortung	2, 5, 10, 13, 22, 65, 151, 156, 161, 178, 186, 190, 192
Weltkonf. für Ki. und Gesellschaft	14, 66, 106, 167
Werner, Gustav	100/4, 172/3
Wölber, Hans-Otto	39
Zahrnt, Heinz	47/9, 147, 173, 180
Zink, Jörg	46, 48, 50, 67/8, 74, 173, 181
Zollitsch, Robert	58

====================

Nachwort
zur zweiten Auflage

Mein Versuch, die 'Zukunftsfähigkeit' der Kirchen zu hinterfragen, hat ein zwiespältiges Echo ausgelöst. Vertreter der 'Institution' fanden den kritischen Rückblick auf die Entwicklung seit den 1950er Jahren -die 'Bestandsaufnahme'- zu negativ, und die Wünsche nach substanziellen Veränderungen teilweise inakzeptabel. Die weit nach vorne gerichteten 'Herausforderungen' sind darüber aus dem Blickfeld geraten. Folgerichtig gab es kirchlicherseites wenig Resonanz, und damit auch keine Unterstützung der erhofften 'Diskussion'. Andrerseits waren zahlreiche persönliche Reaktionen auf die Vorausexemplare so ermutigend, (s. S. 186 ff.)), dass ich auf einen zweiten Anlauf nicht verzichten wollte.

Bei der Überarbeitung und Aktualisierung für die jetzige 2. ('BoD')-Ausgabe habe ich die Herausforderungen und Hoffnungen - auch die offensichtlich 'unrealistischen' - deutlicher zu begründen versucht. Zu wesentlichen Kürzungen des Rückblicks und der 'Dokumentationen' konnte ich mich nicht entschließen.. Das hätte zwar den Zukunftsvorstellungen mehr Gewicht verliehen. Mir schien jedoch wichtig, die umfassende 'Kritik des Journalisten' nicht nur zu behaupten, sondern nachvollziehbar zu begründen. Und außerdem: Die unausweichliche Auseinandersetzung mit dem sperrigen Thema steht vor allem der nachwachsenden Generation bevor. Für deren Suche nach neuen Wegen sollten die Kenntnis und die Erfahrungen der 'Alten' unverzichtbare Grundlage und notwendige Voraussetzung sein. -

Juni 1215   Hans-Joachim Girock

Zu: "Sind die Kirchen noch zukunftsfähig...?
Aus den **Reaktionen** auf die erste Auflage.
- Anregungen zur erhofften Diskussion -
-- 1. 3. 2015

Dietrich, *Eberhard, Württemb. Landespfarrer f. Kindergottesdienst; Dekan in Calw; z. Zt. Arbeit mit Predikanten; Predigtvorlagen; Bibelkurse:*
"... Gestern zeigte mir **Jörg Zink** mit großer Zustimmung Ihr Buch 'Sind die Kirchen noch zukunftsfähig'. Ich freue mich, dass ich auf diese Weise davon erfahren habe. Wenn möglich, schicken Sie mir zwei Exemplare...Ich bin sehr gespannt und werde davon erzählen..".

Engelhardt, Klaus, Prof. Dr., *Bad. Landesbischof und EKD-Ratsvorsitzender i. R.*
"...Ich stimme uneingeschränkt Ihrer Feststellung und Klage darüber zu, dass die weltweite Ökumene und ihre Herausforderungen für viele Gemeinden keine Relevanz haben...Das hat mich oft genervt, dass es in unseren Gemeinden, was Ökumene und Weltverantwortung angeht, soviel starres Kirchturmdenken und 'Frömmigkeit ohne Welt' gibt...Die Mehrheit der Gemeinden bestätigt Bonhoeffers Klage, dass es vor allem um Selbsterhaltung geht ...-
Ich kann Ihnen nicht folgen, wenn Sie erklären, die Konzentration auf die Jesus-Botschaft sei 'gleichbedeutend mit dem Verzicht auf wesentliche Bestandteile des Glaubens, wie er sich im Laufe der Kirchengeschichte entwickelt hat und uns in Dogmen, Lehrsätzen, Bekenntnissen und in einer Fülle von Vorschriften und Behauptungen täglich begegnet...' (S.72) - Als ich das las, musste ich kräftig schlucken....Eine Erneuerung der Kirche und des Glaubens kann es nicht geben, ohne dass wir uns auch an Dogma und Bekenntnis abarbeiten....-
...Ich versuche stotternd zu sagen, was es real im Blick auf unsere Kirche und auf unser Christsein bedeutet, dass unserem Glauben und unserem Tun das zuvorkommende Handeln Gottes in der Sendung Jesu vorausgeht. Das ist unaufgebbare Mitte des Evangeliums, Kern der Jesusbotschaft, Fundament, auf dem wir stehen, und daher auch Impuls, Motor für das, was entschieden zu sagen und zu tun ist. Dieses Zuvorkommen Gottes auch nur annähernd zu begreifen, ist Aufgabe von Theologie, die sich auch im Dialog mit anderen Religionen am dreieinigen Gott orientiert...-
Unser Tun ist -Gott sei Dank!- aber auch als 'komplettes Stückwerk' (so E. Eppler über sein polit. Wirken) nicht ohne Wirkung, wenn wir Vertrauen haben zum zuvorkommenden Handeln Gottes....Dieses Vertrauen gibt der Botschaft...Eindeutigkeit und Biss und macht sie zukunftsfähig..." -

Eppler, Erhard, SPP-Politiker; Bundesentwicklungsminister, zweimal Kirchentagspräsident; aktiv in der Friedensarbeit; Bücher zu Gesellschafts- u. Wirtschaftspolitik
"..In Ihrer Broschüre habe ich manches entdeckt, was mich auch bewegt. Aber was soll eine Kirche tun, wenn ihr Glaubensbekenntnis aus einer ganz anderen Welt stammt und sie sich auf ein neues nicht einigen kann? -".

Fischer, Ulrich, bad. Landesbischof i. R.; schrieb u. a. das Vorwort zum 'Appell aus Baden -: Was jetzt dringlich ist - Zur christl. Weltverantw. im 21. Jh.' (epd 28/ 2006)
"...Ihre große Enttäuschung, dass die wichtigen Impulse der ökumenischen Bewegung so wenig Resonanz in unseren Kirchen gefunden haben..., teile ich mit Ihnen... - Was mich aber stört, ist Ihre Sicht des Handelns von Kirchenleitungen. Ihre Sicht von "Kirche der Freiheit' kann ich überhaupt nicht teilen. Mehr noch finde ich es ärgerlich, wenn Sie durchgängig kirchenleitendes Handeln so qualifizieren, als ginge es nur um 'Befestigung des Bestehenden und um von Skrupeln ungetrübte Verweise auf die Prägekraft der Tradition'. Sie sprechen 'vom latenten Widerstand der etablierten Kirchen...gegen die Ökumene, von Verdrängung, Beschönigung, Uneinsichtigkeit, von Angst vor neuen Wegen...' - Keineswegs bestreite ich, dass es das alles in unserer Kirche auch gibt, aber damit das kirchenleitende Handeln....insgesamt zu qualifizieren, finde ich ausgesprochen unfair'.... - Ihr Text hat mich auch noch in einer anderen Hinsicht wenig überzeugt. Sie zitieren fast ausschließlich Autoren der 50er - 80er Jahre. Allzu sehr scheint mir Ihr Blick...rückwärtsgewandt zu sein. Nur im letzten Teil, in Ihren 'Nachgedanken', ändert sich die Perspektive wohltuend und konstruktiv....-
Ich meinte Ihnen eine ehrliche Antwort schuldig zu sein, und danke Ihnen für Ihr provozierendes Nachdenken, dem ich aber an vielen Stellen leider nicht folgen kann..."

Gebert, Werner, ev. Theologe, Sprecher des ökumen. Arbeits- und Freundeskreises 'Hinterzartener Kamingespräche', der auf Werner Simpfendörfer zurückgeht.
"...Meine Bewunderung betrifft (u. a.)...Ihr Festhalten am Träumen gegen die Resignation. Gut finde ich auch, dass Sie Hans-Jürgen Schultz aus der Versenkung hervorholen, ganz zu schweigen von Ernst Lange....-Vielleicht realisiert sich...Ihr Traum, dass Ihre Gedanken die theologischen Fakultäten erreichen. Auf jeden Fall wünsche ich es Ihnen...-Viele ziehen inzwischen aus der von Ihnen geschilderten Misere den Schluss, aus der Kirche auszuwandern...Sie glauben nicht mehr, dass aus dem Tanker ein Segelschiff wird. - Nachdenklich macht mich die Tatsache, dass noch kein Verlag zugegriffen hat. Sind die ökumenischen und kirchlichen Themen schon derart out, dass sich zu wenige Käufer finden?..." -

Grötzinger Eberhard, ev. Theologe, hat auf Anregung von und mit E. Dietrich (s. o.) in größerer Runde württemb. Pfarrer und anderer (meist emeritierter) kirchlicher

Amtsträger das Buch diskutiert und darüber einen sechsseitigen Bericht geschrieben. Dort erinnert er an Hand vieler Beispiele zunächst daran, "....dass viele Ziele, für die wir ...gekämpft haben, später erreicht wurden -", *um danach kritisch zu fragen,* "....wie viel Wirkung man generell von Papieren erwarten kann, die von Gremien, Kongressen, Vollversammlungen beschlossen werden....Der Weg der Transformation von der Konsultationsebene bis zu den handelnden Akteuren....vor Ort ist lang.....Der Transfer in die Gemeinden hinein kann viel eher durch Begegnungen und durch Partnerschaften gelingen,...die den Horizont erweitern und ein neues Bewusstsein schaf-fen..... - Wir haben uns gefragt, ob die Ursache für die überaus pessimistische Sicht der heutigen kirchlichen Wirklichkeit in Ihrer Schrift nicht im Bedeutungsverlust der Kirche in der Gesellschaft des 21. Jahrhunderts zu suchen ist....Zu kritisieren ist in der Tat, dass es bei vielen Beratungen der kirchlichen Gremien in erster Linie um die Sorge geht, wie die überkommene kirchliche Organisation für zukünftige Zeiten fit gemacht werden könnte. Die Kirche, in die wir einst hineingewachsen sind, wird es vermutlich nicht mehr lange geben. Und das ist gut so. Je mehr diese Kirche, die wesentliche Strukturen ihrer einstigen Gestalt als Staatskirche verdankt, an Bedeutung verliert, umso besser. Die Kirche der Zukunft muss stärker als bisher eine Kirche sein, die von der Basis...getragen wird, da die gesellschaftlichen Stützen der Institution nach und nach wegfallen werden.... - 'Sind die Kirchen noch zukunftsfähig?', fragen Sie. Wir konnten die Frage nicht beantworten....Die Frage nach der Zukunft der Kirche wird man unterscheiden müssen von der Frage, ob Gott selber noch eine Zukunft habe in der pluralistischen Gesellschaft des 21. Jahrhunderts. Auch das wissen wir nicht. Aber als Theologen können wir doch sagen: Wenn es überhaupt Sinn macht, an Gott zu glauben, dann brauchen wir uns um seine Zukunft keine Sorgen zu machen! ...- Sie sehen, dass Ihr Diskussionsbeitrag unter uns eine lebhafte Diskussion ausgelöst hat. Daher möchten wir Ihnen danken für die schonungslose Ehrlichkeit, mit der Sie Bilanz gezogen und uns zur Bestimmung unseres eigenen Standorts und zur eigenen Bewertung der kirchlichen Entwicklung in den letzten Jahrzehnten veranlasst haben..-"

Hegele Günter, ev. Theologe, langjähriger Landesjungendpfarrer in Bayern,- verschiedene kirchl. Ämter. In der Ev. Akademikerschaft Mitarbeiter an der Zeitschrift 'Aspekte' und an der Arbeitsgruppe 'neuer Umgang mit Glaubensfragen' (www. Kernfragen-des-Glaubens.de). Betreut die EAiD-Internetplattform 'Reformation geht weiter- auch für den Glauben'.
"Ihre kritische Einstellung den Kirchen gegenüber halte ich für sehr berechtigt....Sie machen klar und erinnern daran, dass Korrektur und Erneuerung bei den Kirchen nicht erst in der Gegenwart entstanden und fällig sind, sondern schon früher und an vielen Stellen...- Besonders wertvoll finde ich an Ihrer 'Bestandsaufnahme' und auch bei den Zukunftshoffnungen, dass Sie Ihre Er-

fahrungen als Journalist und Kirchenfunkredakteur einbringen; - konstruktive Kritik...eines mit der Gemeinschaft verbundenen Beobachters....-"

Janowski Hans Norbert, *ev. Theologe und Journalist, langjähriger Mitarbeiter und Chefredakteur der Monatsschrift 'Evangelische Kommentare'; Direktor des Gemeinschaftswerks der Ev. Publizistik, ('GEP').*
"...Deine Rekonstruktion der ökumenischen Reformaktivitäten und die große Klage darüber, dass sie verhallen und am Selbsterhaltungsinteresse der kirchlichen Institution scheitern, halte ich - obwohl sie resignativ wirken - für ausgesprochen nützlich...
Deine Nachgedanken, die im Anschluss an die Genfer Impulse, an Zink, Schultz und Küngs Weltethos (Lange und Simpf. nicht zu vergessen) sowie an den Brief der 138 Muslime und Korchide zu einer 'Ökumene der Religionen' ...führen, sind ebenso konsequent wie utopisch. Sie setzen, um es kurz zu sagen, voraus, dass die Initiatoren und ihre Gemeinschaften an Gott glauben (wenn auch auf verschiedene Weise). Hier ist freilich angesichts der sich selbst säkularisierenden Kirchen auch bei den bekennenden Vertretern der Glaubensgemeinschaften Skepsis angebracht. 'Glaubt ihr nicht, so bleibt ihr nicht', ...ohne dieses Fundament wird das Bemühen, entschlossen für die Respektierung der Menschenrechte, von Würde und Erhaltung des Lebens einzutreten sowie dabei Alleinvertretungsansprüche aufzugeben, in diplomatischen Pragmatismus und taktisches Kalkül abrutschen.-
Du siehst das Problem ja mit aller Klarheit: Ohne Religionsfrieden kein Weltfrieden - das setzt voraus, dass wir nach der eigenen Substanz fahnden und mit uns selbst Frieden schließen - kritisch unsere Bestände aufräumend. Die Anregungen von Jörns /Halbfas und Zink/Lange/Schultz geben dazu einen kräftigen Anstoß.... -

Gibt es Hoffnung wieder alles Erwarten? Die Kirchen betreiben trotz der vielen Reformappelle im ganzen Bestands-, um nicht zu sagen Glaubensverwaltung. In den Gemeinden sieht das vielfach besser aus, und bei den Protestanten ohne Kirche, etwa vielen Kirchentagschristen, auch. Die ökumenischen Impulse sind erschlafft, die Nord-Süd-Achse quietscht, die Netzwerke sind aber nicht gerissen. Ich setze wie Du bescheiden auf die Phantasie und Initiativkraft, zuweilen Leidenschaft dieser Gruppen. (Euer badischer Nucleus, die Mainzer Ökum. Versammlung, das Plädoyer, Pro- Ökumene, Hinterzarten, Heidelberg etc). Ihre organisatorische Schwäche können sie ausgleichen durch klare, am besten koordinierte Vorstöße in den Kirchen und auf dem Boden der Gemeinden, auch in manchen Synoden. Das Durchhalten und Nichtnachlassen strengt die Seele an, aber ist wahrscheinlich 'alternativlos'.
Bei der nächsten Redaktionssitzung von ProÖkumene werde ich mich zumindest dafür verwenden, auf Deinen Aufruf zu einer Ökumene der Religionen

hinzuweisen (durch Abdruck oder Kommentar) und unsererseits daran mit Nachdruck weiter zu arbeiten...-"

Jörns, Klaus-Peter, ev. Theologe, Prof. em. an theol. Hochschulen und Universitäten. Autor mehrerer Bücher zu theol. und kirchl. Grundsatzfragen; u. a. "Notwendige Abschiede - auf dem Weg zu einem glaubwürdigen Christentum"(Gütersloh 2004). Vorsitzender der 'Gesellschaft für eine Glaubensreform e. V.' (zus. mit dem kath. Theologen Hubertus Halbfas)
"...Ich finde es sehr schön, dass Sie dieses Thema so klar und so deutlich angesprochen haben. Denn es ging und geht ja wirklich genau um diese Frage, wenn Sie Menschen...dazu aufgefordert haben, aus der Deckung zu kommen und sich dem Ernst der Lage zu stellen. Insofern glaube ich nicht, dass Sie sich 'zu weit aus dem Fenster gelehnt' haben....- Auch wenn ich bisher nur dazu gekommen bin, hier und da in Ihrem Buch zu lesen, so bin ich gewiss, dass es zur rechten Zeit erschienen ist..."

Kindt, Dr. Hildburg, Ärztin, Prof. für Psychiatrie
"...Ich bin von Ihrer außerordentlich klugen Analyse sehr begeistert - wunderbar Ihre 'Nachgedanken' - ein wahres Schatzkästlein die 'Dokumentationen', - so persönlich gehalten, ein lebendiges Zeugnis denkender und emphatischer Christen; (in Anlehnung an Karl Rahners Antwort auf die Frage, ob er Christ sei: 'Ich hoffe es'!)....-
Und Sie haben ja so sehr recht: Weltverantwortung können wir nur <u>gemeinsam</u> übernehmen...- Ich wünsche Ihrem Buch eine große Verbreitung und kluge Kommentare. ...Wie kann ich weitere Exemplare erstehen?-""

Sander, Herwig, ev. Theologe und Journalist; u. a. Kirchenfunkredakteur beim SDR in Stuttgart.
"...Du musst unbedingt sehen, dass das Buch veröffentlicht wird. Solange man nicht drüber diskutiert, kann es nicht weiterhelfen...-Wenn möglich, bitte ich um 5 oder 6 Exemplare. Ich hab da ein paar Adressen..."

Weiß, Thomas, Pfr. der Lutherkirche in Baden-Baden und Bezirksbeauftragter für Erwachsenenbildung,- in einem Lesehinweis im Gemeindebrief
" ...In einem journalistischen Essay entfaltet der Autor - durchaus mit spitzer Feder - was für ihn die Grundthemen einer zukünftigen Kirche sind oder sein müssten. Dabei... schlägt sein Herz spürbar bei den beiden großen Themen der Ökumene: Bei der Bemühung um die Einheit der Christen und bei der 'Weltverantwortung' der Kirchen. Allerdings führt diese Übersicht zu der ernüchternden Erkenntnis: "Wir waren schon mal weiter". - Womit Hans-Joachim Girock schlichtweg recht hat. Die Enttäuschung über eine Kirche, der es wohl 'nicht an Aufmerksamkeit (fehlt) über das, was in der Welt geschieht', aber 'an Eindeutigkeit und an Biss', wird mit der Lektüre ...nachvollziehbar. Sein Gang

durch die Kirchengeschichte lässt es an Klarsicht und Kritik nicht fehlen...- Da scheint der Dialog zwischen dem Journalisten und dem Theologen angezeigt und ergiebig....In jedem Fall: Girocks "journalistischer Diskussionsbeitrag" verdient es, gelesen zu werden, er gereicht in der Tat zur "Herausforderung".

Weizsäcker, Richard von, *Bundespräsident i. R., zweimal Präsident des Dtsch. Evang. Kirchentags, zeitweilig Mitglied des Rates der EKD und im Zentralausschuss des ÖRK.*
"....Ihre fundierte und auf die wahrhaft zentralen Aufgaben der Kirchen und von uns Christen in der heutigen Welt konzentrierte Betrachtung ist eine notwendige Herausforderung, der sich hoffentlich doch ein größeres Publikum aufmerksam zuwenden wird. Meinerseits hoffe ich zuversichtlich, mich in den kommenden, ruhigeren Tagen intensiver mit Ihren Überlegungen auseinandersetzen zu können....- " (4.12.14)

Hans-Joachim Girock,
geb. 1928, ist Journalist und war lange Zeit verantwortlicher Redakteur und Abteilungsleiter beim SWF-Kirchenfunk in Baden-Baden.

In seinen Programmen und eigenen Arbeiten ging es immer wieder um die Frage, ob und wie die Kirchen die christliche Botschaft verständlicher, überzeugender und wirksamer vertreten und verbreiten können, als ihnen das seit langem gelingt.- Diese Frage bestimmt auch die hier vorgelegten Überlegungen. Sie analysieren die Arbeit und das Erscheinungsbild besonders der Evangelischen Kirche in Deutschland und der Ökumene seit Mitte des vorigen Jahrhunderts und verdeutlichen mit vielen Beispielen die Herausforderungen, denen sich die Christen und ihre Kirchen in unserer Zeit stellen müssten, um 'zukunftsfähig' zu sein oder zu werden. Dafür ist allerdings im 21. Jahrhundert nicht nur bei den Christen, sondern auch in den anderen Religionsgeminschaften die Bereitschaft nötig, das jeweilige Selbstverständnis zugunsten größerer und gemeinsamer 'Weltverantwortung' zu überprüfen und zu verändern. Die *Einweisung ins Diesseits* müsste so wichtig werden wie die *Einweisung ins Jenseits* (Hans Jürgen Schultz) .Und gelten müsste das für alle großen Religionen.
- Eine 'Hoffnung wider alle Hoffnung'? -